Bruno Würtenberger

DIE FREUNDE DES LICHTS

Bruno Würtenberger

DIE FREUNDE DES LICHTS

Erlebnisse mit Lichtwesen
und ihre Botschaft an uns

GOVINDA-VERLAG
Neuhausen · Altenburg

Herausgegeben von Ronald Zürrer

Interessierte Leser sind herzlich eingeladen, sich mit dem Verlag in Verbindung zu setzen:

Govinda-Verlag (Schweiz):
Postfach 257, 8212 Neuhausen am Rheinfall

Govinda-Verlag (Deutschland):
Schellenberg 11, 79798 Altenburg am Hochrhein

Erste Auflage – September 1996
Zweite Auflage – Januar 1998
Dritte Auflage – Mai 2000

Lektorat und Layout: Ronald Zürrer, Altenburg
Umschlaggestaltung: M8 Labor für Gestaltung, Berlin
Umschlagbild: «Engel» von Hans Georg Leiendecker, Mönchengladbach
Gesamtherstellung: Wiener Verlag, Himberg
Printed in Austria

ISBN 3-906347-34-6

Inhalt

Vorwort

von Stefan von Jankovich

Liebe Leserinnen und Leser des vorliegenden Buches «Die Freunde des Lichts» von Bruno Würtenberger!

In der gegenwärtigen Übergangsphase zum Wassermann-Zeitalter sind wir alle Zeuge einer noch nie dagewesenen Wandlung im Denken der Menschen. Vieles von dem, was heute bei einem Großteil unserer Zeitgenossen bereits als selbstverständlich gilt, war vor einigen Jahrzehnten noch Tabu, verboten oder gar lächerlich. In früheren Zeiten haben nur wenige große Deuter die verborgenen Wahrheiten unserer Existenz erkannt und diese oft nur in verschlüsselter Form oder als «Märchen» getarnt in die Öffentlichkeit gebracht.

Deshalb freue ich mich ganz besonders, daß Bruno Würtenberger dieses Buch geschrieben hat. Es wird vielen Menschen nicht nur die Augen, sondern auch die Herzen öffnen für eine längst vergessene Welt und Weisheit, welche nun, zum Abschluß dieses Jahrtausends, als Licht der universellen Liebe und Erkenntnis erneut unser Erdendasein erhellt.

Bruno Würtenberger ist – ich kann dies aus meiner eigenen Erfahrung mit ihm sagen –, ein äußerst sensibler Mensch, der die empfangenen Botschaften aus der geistigen Welt stets in ehrlicher und demütiger Weise, ja aus Berufung, an die Öffentlichkeit weitergibt. Somit ist dieses Buch keine «Science-fiction» und nicht einfach der Phantasie des Autors entsprungen, sondern es ist vielmehr die

Autobiographie eines Menschen, welcher die große Gnade einer hohen Medialität besitzt.

Alle medialen Wahrnehmungen, die hier beschrieben werden, sind gewiß von subjektiver Natur und nicht «greifbare», objektive oder beweisbare Realität. Somit macht es auch keinen Sinn, sie rational diskutieren zu wollen. Für den Autor allerdings sind diese Erfahrungen wahre Tatsachen. Es ist seine Realität. Ob es auch die Ihrige ist, bestimmen Sie selbst.

Ich möchte jedoch betonen, daß eine solche ehrliche, persönliche Anschauung von großem Wert ist. Denn jeder Mensch ist ein Individuum, eine einmalige Schöpfung Gottes, und jeder Mensch hat seinen eigenen, individuellen Weg zu Gott und auf diesem Wege eigene, individuelle Gotteserfahrungen. Wie schon Buddha sagte: «Nicht das Ziel ist unser Ziel, sondern der Weg ist unser Ziel.» So sind wir alle immer Wahrheitssuchende, Studierende, Lehrlinge. Und wir alle werden immer nur auf unserem eigenen, spezifischen Weg vorwärtsgehen können.

Auch der Autor geht seinen eigenen Weg. Er sieht sich dabei nicht als «Prophet», und er erlebt keine Verzückung im Sinne einer totalen Verschmelzung mit Gott, wie sie jene begnadeten Mystiker und Heiligen der Vergangenheit und auch der Gegenwart erfahren durften. Vielmehr ist er ein «gewöhnlicher Mensch» wie wir alle, dessen Talent jedoch seine hochgradige Medialität ist, die er bewußt als Hilfe für seinen Mitmenschen einsetzt.

Um den Inhalt des Buches angemessen beurteilen zu können, möchte ich Sie bitten, zudem folgendes zu beachten: Das jeweilige Gottesbild eines Menschen wird stets durch die verschiedensten Faktoren bestimmt, wie etwa Seelenprägung, Glaube, Erziehung, soziales Umfeld, spirituelle Schulung und persönliche, innere Erfahrungen. So sind auch die einzelnen Namen der in diesem Buch erwähnten geistigen Botschafter bestimmt durch das individuelle Gottesbild des Autors. Im Grunde genommen aber sind diese Namen unwichtig und austauschbar.

Denn die Wahrheit ist nie abhängig von äußeren Namen oder Begriffen, sondern sie offenbart sich stets in weisen Worten. Wo immer man liebevolle, weise Worte vernimmt – sei es von jung oder alt, von Mann oder Frau, vom Lehrer oder vom Lehrling, von der eigenen inneren Stimme oder eben aus dem vorliegenden Buch –, so sind dies Worte des Lichtes, der Liebe und der Aufklärung und somit göttliche Worte. Auf diese Weise können wir alle ein wenig «Lichtträger» sein.

Ich freue mich, daß Bruno Würtenberger mit diesem Buch nun die Rolle des öffentlichen «Lichtarbeiters» bewußt auf sich genommen hat, was bestimmt nicht immer leicht sein wird. Denn gerade seine konkrete, überzeugte Stellungnahme zu gewissen Themen, wie zum Beispiel zum Vegetarismus, mögen einige Kontroversen auslösen. Man könnte in Versuchung geraten, die einzelnen Botschaften und Behauptungen auseinanderzunehmen und intellektuelle Argumente für und wider sie ins Feld zu führen, doch dies wäre nicht sinnvoll. Denn wir sind aufgefordert, den edlen Geist zu erkennen, der hinter allen Aussagen steht, und dann jene Teile für uns herauszupflücken, die für unsere eigenen nächsten Schritte nützlich sind und die wir in unserem gegenwärtigen Leben anwenden können.

Jeder Mensch soll seine eigene Meinung haben, und so möge auch der kritische Leser die Überzeugungen des Autors einfach stehen lassen. Ich persönlich bin Bruno Würtenberger sehr dankbar, daß er mit diesem Buch nun seine Lichtarbeit erstmals in einem breiteren Rahmen veröffentlicht und dadurch einen Beitrag zur Wiederherstellung des Planes Gottes in uns leistet.

Stefan von Jankovich,
Zürich, im Juli 1996

Vorbemerkung

Dieses Buch entstand aus einem inneren Bedürfnis, allen Menschen, die sich auf dem Weg zum Licht befinden, Mut zu machen weiterzugehen.

Obwohl ich noch jung bin, habe ich mich entschlossen, im Stile einer «Autobiographie» zu schreiben. Natürlich kann ich dabei nicht alles, was ich bis heute erlebt habe, in dieser kleinen Schrift wiedergeben, und doch sind hier mit Ausnahme einiger wenigen Begebenheiten die entscheidenden Etappen meines bisherigen Lebens festgehalten. Ich hoffe, daß Du, liebe Leserin und lieber Leser, in meiner Geschichte vielleicht einige Parallelen zu Deinem eigenen Leben entdecken und somit erkennen kannst, daß jede Erfahrung des Lebens ein weiterer Schritt zur Erleuchtung ist.

Es geht auf dem geistigen Weg nicht darum, im Hier und Jetzt bereits vollkommen zu sein, sondern darum, immer weiter zu wachsen und sich zu veredeln. Mit «sich veredeln» meine ich in erster Linie: liebevoller und dankbarer werden. Denn Liebe und Dankbarkeit sind die Grundmauern, auf denen Dein spirituelles «Gebäude» stehen muß, damit es nicht einstürzt. Gott, der Schöpfer allen Seins, ist der Inbegriff der vollkommenen, bedingungslosen Liebe, und wir, als Seine Geschöpfe und Diener, können an dieser Liebe teilhaben, wenn wir in unseren Gedanken, Gefühlen und Handlungen Dankbarkeit für Seine Herrlichkeit und für Seine Gnade zum Ausdruck bringen.

Gott-Vater, Gott-Mutter, Gott-Heiliger-Geist – diese dreifaltige Schöpferkraft möge auch Deine Lebensbasis sein! Dann hast Du für Dein ganzes Leben ein Fundament, das kein Erdbeben, weder ein inneres noch ein äußeres, zu erschüttern vermag. Und dann kannst Du auch eine Stütze sein für Deinen Nächsten, ein Tröster für die Verzweifelten, ein Heilkanal für die Kranken in dieser Welt. Ja, dann gibt es auch für Dich keine Grenzen mehr und Du wirst imstande sein, göttliche Werke zu verrichten.

Es wird in Dir dieselbe unstillbare Sehnsucht sein wie in mir – die Sehnsucht, die alle Großen dieser Erde gemeinsam in sich tragen: das Bedürfnis, mit der unendlichen Liebe Gottes zu verschmelzen und eins zu werden in bedingungsloser Liebe zu Ihm. Dann werden wir wahrhaftige Sonnen sein, die das Licht der Wahrheit, der Liebe und der Weisheit in alle Richtungen verströmen lassen, und dann erst, liebe Leserin und lieber Leser, beginnt das wahre Leben.

Ich möchte Dich nun also zu einer Reise in mein Leben einladen. Bitte nimm aus dieser meiner Geschichte alles, was Dir für Deinen eigenen inneren Weg von Nutzen sein kann. Versuche, den Sinn meiner Erfahrungen in Dein Leben zu übertragen, und erkenne, daß Du nicht alleine bist.

ॐ

Bitte beachte: Alles, was im folgenden *kursiv* geschrieben *und* in Anführungszeichen (« ») gesetzt ist, sind Durchgaben aus der geistigen Welt. Was nur *kursiv* gesetzt ist, sind frühere Texte von mir selbst.

Danksagung

Ich danke Gott für alle ungenannten Helferinnen und Helfer, die mir bei der Verwirklichung dieses Buches mit Rat, Tat und finanziellen Mitteln zur Seite gestanden sind. Diese Erfahrung hat in mir einmal mehr das Vertrauen gestärkt, daß wir alles zur Verfügung gestellt bekommen, was wir zum Leben und zur Erfüllung unserer Aufgaben brauchen. Ich danke auch allen Freunden des Lichts sehr herzlich.

Mein ganz besonderer Dank gehört meiner wunderbaren Frau Cornelia, unserem Sohn Florian und unserer lieben, treuen Hündin Nändy. Sie alle haben den größten Verdienst an diesem Buch, denn sie waren es, die meine Gemeinschaft so viele Stunden, Tage und Nächte entbehren mußten, während ich meinen Auftrag, dieses Buch zu verfassen, erfüllte. Ihre unendliche Geduld, Liebe und Fürsorge haben in dieser Zeit unsere Familie und die Freunde zusammengehalten. Hiermit möchte ich offiziell versprechen, mich zu bessern und in Zukunft meine zahlreichen Pläne und Vorhaben klüger einzuteilen, so daß stets genügend Raum und Zeit für ein harmonisches Familienleben bleiben wird.

Ein weiterer Dank gebührt auch meinen Eltern Ettore und Raymonde Würtenberger sowie meiner Schwester Germaine und ihrem Ehemann Marcos. Obwohl keiner von ihnen aktiv esoterisches Gedankengut pflegt, haben sie alle mich dennoch stets in meinen Tätigkeiten ermutigt und unterstützt. Diese Bereitschaft, dem anderen zu helfen, *seinen Weg* zu gehen, sogar dann, wenn man selbst anderer Meinung ist, zeugt von großer Liebe. Überhaupt möchte ich festhalten, daß ich die Liebe meiner Eltern zu mir erst mit der Geburt meines eigenen Kindes zu begreifen und zu schätzen begonnen habe.

Schön, daß es Euch alle gibt!

1. Kapitel

Es begann am 24.12.1960

Es begann alles am 24. Dezember 1960. Da nämlich bin ich zu einer weiteren Erdenpilgerfahrt aufgebrochen. Es war dies also mein Geburtstag in eine Welt, ja in einen Körper, der zunächst jegliche geistige Erfahrung zu verhindern suchte, aus Angst, nicht mehr das Wichtigste zu sein – eine, wie sich in späteren Jahren herausstellen sollte, völlig unbegründete Befürchtung.

Eigentlich wollte ich Zauberer werden. Ich wollte das Böse wegzaubern und das Gute heraufbeschwören. Schon als kleiner Junge, wenn wir fruhmorgens nach Italien in die Ferien fuhren, habe ich gezaubert, um beispielsweise schönes Ferienwetter zu machen. Ich habe jeweils inbrünstig gewünscht: «Sünneli, Sünneli, chum, chum, chum!» («Sonne, Sonne, komm, komm, komm!»). Und siehe da, ennet dem Gotthard, als der Tag langsam orangegelb erwachte, zeigte sich dann tatsächlich die goldene Kugel. Mein Zauber hatte also geholfen!

Heute bin ich jedoch dafür dankbar, daß mir jener kindliche Wunsch, Zauberer zu werden, nicht erfüllt wurde. Denn mit der Zeit wurde mir bewußt, daß so manches vermeintlich große Glück sehr oft ein Nachteil für unsere innere Entwicklung ist. Dennoch begleitet mich auch heute noch meine Kindlichkeit, an Wunder zu glauben, durch mein Leben.

Fluchtversuche

Im Alter von vierzehn Monaten wollte ich die Erde bereits wieder verlassen und suchte, mit den beschränkten Mitteln eines Kleinkindes, krampfhaft nach einer Fluchtmöglichkeit. Gerade erst gehfähig, wartete ich auf eine gute Gelegenheit. Eines Morgens, Mutter kochte gerade ihren Kaffee, kam mir die Idee: Verbrennen, ja, verbrennen, das ist die Lösung! Mit wackeligen Beinchen tapste ich in die Küche, streckte mit aller Mühe meine Hand nach der mir unendlich hoch erscheinenden Herdplatte aus, ergriff die kochende Wasserkanne und schwups ... goß alles über mich.

Vater als Zahnprothetiker wußte genau, was zu tun war. Hastig riß er mir die versengten Kleider vom Leib, zog mir buchstäblich die verbrannte Haut ab, rief ein Taxi und eilte mit mir ins Kinderkrankenhaus von Zürich. Im Spital angekommen, stürzte Vater aus dem Fahrzeug und wollte gerade mit mir in die Notfallaufnahme rennen, da packte ihn von hinten eine Hand und schrie: «Hallo, hallo, nicht so schnell, zuerst bezahlen!» Wunderbar, dachte ich, noch ein paar Minuten Verzögerung, und ich bin drüben, in meiner wahren Heimat, der geistigen Welt.

Bestimmt hätte es noch einen zweiten Notfall gegeben, hätte Vater in diesem Moment seine Hände zum Schlagen frei gehabt. Nun, er ließ sich – heute sage ich: glücklicherweise – nicht aufhalten, und so kam es, daß ich nach einigen Wochen im Koma mit gut fünfzehn Monaten bereits zum zweiten Mal geboren wurde. Die mühseligen Kämpfe und das Hin und Her einer Kinderseele, die sich in einem solchen Zustand befindet, möchte ich dem einfühlsamen Leser nicht zumuten. Was mir davon, rein körperlich, allerdings geblieben ist, sind ein Haufen Narben.

Meine Eltern haben in dieser für sie unendlich schweren Zeit so manches an geistigen Erkenntnissen gewonnen. Unter dem Druck der Ungewißheit, ob ich nun sterben würde oder nicht, haben sie sich intensiv mit der jenseitigen Welt, mit Gott und mit dem Sinn des Lebens und Sterbens befaßt.

Es war dies also nicht nur eine Entwicklungschance für mich selbst, sondern für alle Beteiligten. Denn das Feuer hatte uns alle zum einen zwar geschmerzt, zum anderen jedoch zugleich auch zusammengeschweißt. Die Liebe des einen für den andern wuchs, und nach meiner Entlassung aus der Klinik wußten wir alle, wie wertvoll jeder einzelne Tag in unserem Leben ist. Dieses Bewußtsein ist bis heute erhalten geblieben.

Wie ich Jahrzehnte später erfahren durfte, hat mich damals, als ich im Koma lag, mein Meister Jesus Christus dahingehend aufgeklärt, daß ich für ihn auf Erden noch einen Auftrag zu erfüllen habe. Es sei noch zu früh, um schon heimzukehren, und somit wurde ich von Gott wieder in meinen jungen Körper zurückgeführt.

Übrigens: Wenn ich im vorliegenden Buch Namen wie «Gott», «Jesus Christus», «Maria» usw. erwähne, so meine ich damit niemals eine «katholische Maria», einen «reformierten Gott» oder dergleichen konfessionell bedingte Auffassungen. Was ich mit «Gott» meine, ist stets der untrennbare, alle und alles vereinende Schöpfer allen Seins, unser aller Urquell, unser aller Weg und unser aller Ziel. Für jene Leser, die mit der christlichen Kirche verwoben und verbunden sind, möchte ich festhalten, daß sowohl Jesus als auch Maria jüdischen Ursprungs waren.

Wichtig ist es für mich zu wissen, daß jeder Mensch, wo auch immer er sich hingezogen fühlt – ob zur Kirche, zur Wissenschaft, zu den Buddhisten, zum Islam, zu den Krishnas oder zu irgendeinem anderen Orden, irgendeiner Kongregation oder Glaubensgemeinschaft –, so er wahrhaftig ein Gottessucher ist, garantiert auch fündig wird. Denn: Wer sucht, der findet. Und eines der elementarsten geistigen Grundgesetze lautet: **«Ein jeder ehre Gott im Nächsten, achte und liebe ihn so, wie er ist.»** Damit möchte ich dem Leser mitteilen, daß ich mich nicht auf irgendeine Konfession beziehe oder beschränke und daß ich auch keinen der zahlreichen Wege zu Gott verurteile. Dies zu berücksichtigen ist wichtig, damit die Durchgaben, die in diesem Buch wiedergegeben werden, auch richtig verstanden werden können. Ein jeder nehme sich aus ihnen das heraus, was er annehmen kann. Man lese jedoch nicht nur mit dem Kopf, sondern vor allem mit dem Herzen – ganz nach dem Motto: «Wer Ohren hat, der höre; wer Augen hat, der sehe; wer ein Herz hat, der verstehe und erkenne, wessen Geist in meinem Herzen brennt!»

Nun, um noch einmal einen kurzen Exkurs in meine Kindheit zu unternehmen, ein weiteres Erlebnis von Klein-Bruno. Gut vier Jahre alt, suchte ich wiederum nach einer Chance, der Erdenschwere zu entfliehen. Ich wartete also erneut auf eine günstige Gelegenheit.

Eines Tages – ich ging gerade an der Hand meiner um ein Jahr älteren Schwester – erkannte ich die Möglichkeiten des Straßenverkehrs. Kaum war Mutter, auf die wir beide warteten, auf der anderen Straßenseite zu erblicken, hüpfte ich ihr freudig entgegen. Meine Unvorsichtigkeit ließ mich das Ziel, Mutter, jedoch nicht erreichen. Und obwohl mir ein Auto über den Bauch gefahren war – Spital ... Nierenriß ... Leberriß –, war ich immer noch am Leben. Was mir davon bis heute geblieben ist, sind Nierenschmerzen, Bauchschmerzen, Rückenschmerzen und die Gewißheit, daß ich hier wohl tatsächlich noch einiges zu erledigen habe.

Kein Wunder also, daß ich schon als Kind betete – nicht weil ich mußte oder weil ich damals schon um die immense Kraft der Gebete wußte, sondern einfach, weil es mir ein Bedürfnis war. So kniete ich allabendlich aus einem starken, inneren Drang heraus vor meinem Bett nieder und dankte Gott für mein Leben und für Seine Liebe zu mir ... bis sich eines Tages eine andere «innere Stimme» mit folgenden Worten bei mir meldete: «Bruno, siehst du denn nicht, wie abhängig du bist? Du kannst ja nicht einmal ohne zu beten ins Bett gehen und kniest dich hin wie unter Zwang; völlig besessen bist du davon, und völlig unfrei!»

Dummerweise habe ich damals diese Worte nur mit dem Kopf, dem Verstand und der Logik betrachtet, ja, sie richtiggehend analysiert, anstatt mit dem Herzen zu fühlen, woher diese «Eingebungen» kamen. Doch: **Ohne Herz ist keine Vernunft möglich, ohne Liebe keine Weisheit, und ohne Gott kein wahres Leben.**

So habe ich also unvernünftigerweise mit dem regelmäßigen Beten aufgehört. Ich wollte ja «frei» sein und habe somit mein Fortschreiten auf dem geistigen Weg um Jahre verzögert. Nun, jeder Weg, jedes Erlebnis und jede Erfahrung dient uns zur Erkenntnis des Wesentlichen. Bei Gott sind auch Umwege gestattet, denn würden nur jene Geschwister zu Gott zurückfinden, welche ohne jemals zu fehlen ans Ziel kommen, so wäre Gott in Seinen Himmeln wohl sehr, sehr einsam.

Ich muß gestehen: Nicht Gott hat mich in jener Zeit verlassen, nicht meine geistigen Führer haben ihre gütige Hilfe von mir zurückgezogen, sondern ich selbst war es, der sich vom wahren Leben entfernt hat. So trat ich nun den Weg nach außen an und verließ Stück um Stück die wunderbare Innenwelt des Geistes.

Erst rund zehn Jahre später trat ein weiteres entscheidendes Erlebnis in mein Leben. In den Sommerferien in Spanien sah ich eines Nachts, es war so gegen 23 Uhr, ein riesiges, hell strahlendes UFO. Ich war natürlich sehr überrascht und bestaunte diese sonderbare und doch wundervolle Lichterscheinung. Da wir uns an jenem Abend gerade bei einem Fest aufhielten, sah ich mich um, doch niemandem sonst schien das Objekt am Nachthimmel aufzufallen. «Du hast wohl zuviel Sangria getrunken!», meinten die anderen nur. Ich aber rieb mir in den Augen und schaute noch einmal genau hin. «Oh, wie schön!», dachte ich – und zack, wie wenn man einen Lichtschalter kippt, war es plötzlich verschwunden.

Etwa zwei Stunden später schlenderte ich den Strand entlang und setzte mich irgendwo in den Sand. Ich muß dann wohl eingeschlafen sein, denn das nächste, was ich realisierte, waren die Stimmen vieler Menschen und eine große Hitze. Wen wundert's, denn es war bereits gegen Mittag und ich lag noch immer völlig angezogen im Sand! Was auch immer in jener Nacht genau geschehen sein mag, von nun an war ich jedenfalls von UFOs fasziniert. Ähnliche Vorfälle häuften sich im Laufe der Zeit, und bis zum heutigen Tage kamen und kommen ständig neue Grenzerfahrungen hinzu.

Bevor ich jedoch einen echten geistigen Weg antrat, begann ich inmitten des Lebens, im Zürcher Niederdorf, eine Ausbildung als Koch. Das Diplom der Hotelfachschule krönte einige Jahre später meine weltliche Karriere. Nach manchen schweren Liebeserfahrungen, wie sie wohl viele Menschen erleben, bewarb ich mich als Sous-Chef auf einer Luxus-Yacht und reiste nun alsbald auf dem Privatschiff von Herrn Grundig, dem deutschen Radio- und TV-Magnaten, durch die Welt.

So lernte ich überall Menschen kennen, sprach mit ihnen über ihre Sorgen und Ängste und machte bald eine für mich damals erstaunliche Entdeckung: Alle Menschen auf der ganzen Welt haben mehr oder weniger dieselben Probleme, dieselben Ängste und dieselben Wünsche: Geld, Erfolg, Gesundheit und Liebe – leider in genau dieser Reihenfolge und damit, wie so vieles, gerade verkehrt herum.

Kümmere Dich um die Liebe, die wahre geistige Liebe – und die Gesundheit, das Glück und der Erfolg werden von alleine folgen, auch in irdischen Belangen!

Es würde den Rahmen dieses Buches bei weitem sprengen, würde ich hier mein ganzes Leben niederschreiben. Eines jedoch möchte ich an dieser Stelle nicht unerwähnt lassen, nämlich daß ich sofort Vegetarier geworden wäre, hätte ich gewußt, welch schwerwiegendes Karma ich mir mit dem Kochen und dem Essen von Fleisch aufbürdete. Nun, heute bin ich es.

Der Weg des Lichts

In diesem Buch soll jedoch nicht ich selbst das zentrale Thema sein, sondern vielmehr die Aussagen und Belehrungen meiner geistigen Begleiter, die sich *«Die Freunde des Lichts»* nennen. Es handelt sich dabei um sogenannte Solarlichtwesen, welche mich im Auftrag von Jesus Christus immer wieder besuchen, belehren und schulen.

Es mag für manchen Leser vielleicht etwas befremdend klingen, wenn ich behaupte, daß ich darüber hinaus ab und zu auch den Heiland persönlich erleben darf. Ich habe mir lange überlegt, ob ich dies so direkt sagen oder es doch besser für mich behalten soll. Die geistige Welt wünscht jedoch von uns allen uneingeschränkte Offenheit und Ehrlichkeit, auch auf die Gefahr hin, belächelt zu werden. Denn es gehört mit zu meiner Aufgabe, den Menschen aufzuzeigen, daß Gott nicht jemand ist, der sich in weiter Ferne befindet, sondern daß Er im Herzen eines jeden weilt.

Gerade in der heutigen Umbruch-Zeit, oft auch End-Zeit genannt, gibt es viele gottergebene Menschen, die den Heiland direkt erfahren dürfen und die seine Worte verkünden. Doch, so sagt er, genauso wie man ihn damals ans Kreuz genagelt hat, so würde man es auch heute wieder tun. In eine psychiatrische Anstalt, so sagte er, würde man ihn wohl stecken. Und jene, die seine Wiederkunft im physischen Menschenkleide erwarten, werden enttäuscht sein, denn das zweite Mal erscheint er im Geiste. Doch für jene Geschwister, die verschlossene Herzen in sich tragen, ist und bleibt er unsichtbar.

Es liegt also an jedem Menschen selbst, seine geistigen Augen zu öffnen. Der Schlüssel dazu heißt: LIEBE!

Wenn Gott in jedem von uns lebt, so kann auch ein jeder Gott in seinem Inneren erleben, jeder nach seiner Vorstellung und nach seinem jeweiligen Glauben. Ich erlebe Ihn gemäß meinen individuellen Voraussetzungen in der Gestalt Seines Sohnes Jesus Christus. Was ist denn schon dabei, wenn ein Kind seinem Vater oder seinem Bruder begegnet? Ich meine, wir sollten lernen, auch diese Begebenheiten wieder zu akzeptieren und sie in unser Leben zu integrieren.

Wo das Zweifeln endet, wo die Unsicherheit dem Vertrauen weicht und Gott sich in uns wieder entfalten kann, da beginnt das wahre Leben.

Ich möchte in diesem Buch mit Dir, liebe Leserin und lieber Leser, meine Erfahrungen teilen und Dir wenn möglich damit ein wenig Stütze und Lebenshilfe sein. Bitte, laß es zu, und öffne Dein Herz, Deine Seele und Deinen Geist. Mögest Du von Gott aufs reichste gesegnet sein; Liebe, Licht, Kraft und Freude sende ich in Dein Herz hinein.

Als ich zum ersten Mal einen verstorbenen Menschen, ein Geistwesen also, sah, hatte ich ein etwas seltsames Gefühl. Ich war vielleicht zehn Jahre alt, es war nachts, und ich lag bereits im Bett, als sich in meinem Schlafzimmer von alleine die Türe öffnete. Langsam kam meine erst kürzlich verstorbene Urgroßmutter herein. Ich kannte sie als alte, verwitwete Italienerfrau, stets in schwarze Kleider gehüllt. Und genauso erschien sie jetzt vor meinem Bett. Ich versuchte mir einzureden: «Du träumst!» Doch Zia, so nannten wir sie, kam immer näher und ergriff schließlich meine Hand. Endlos lange Sekunden verstrichen, bis sich meine Angst verflüchtigte und ich in die Lage kam, geistig ihre Worte wahrzunehmen. Sie lächelte mir zu und sagte nur: *«Alles ist gut.»*

Erst viel später wurde mir bewußt, daß Zia, die sonst immer nur italienisch sprach, deutsch mit mir gesprochen hatte. Und wiederum erst viel später konnte ich eine andere wichtige Erfahrung machen: Ich spürte zwar ihre Liebe und ihr großes Zutrauen zu mir – war ich doch der einzige in der Familie, der für solche Begegnungen offen war –, aber das Licht, so wie ich es heute von den höheren, solaren Lichtwesen her kenne, hatte gefehlt.

Das Ziel vor Augen

In meinem jungen Leben entwickelte sich fortan immer stärker ein großer, sehnlicher Wunsch: Ich wünschte mir, irgendwann mit dem göttlichen Licht und der göttlichen Liebe verschmelzen zu dürfen. Eines Tages – es war bereits in den achtziger Jahren und ich meditierte gerade auf das göttliche Licht – kam dann endlich die lang ersehnte Begegnung. Ich stand plötzlich vor einer riesigen, strahlend weißen Sonne. «Wau!», schrie ich innerlich, «jetzt bist du da!»

Ich hörte eine Stimme, die sagte: *«Bruno, Du stehst jetzt vor dem Licht. Du hast nun die Gelegenheit, in dieses Licht hineinzugehen und mit ihm zu verschmelzen.»* Und ich? Ich traute mich nicht! Ich hatte Angst hineinzutauchen, weil ich plötzlich befürchtete, daß ich, einmal aufgelöst im göttlichen Sein, die Verbindung zu meinem irdischen Körper und meinem irdischen Leben, welches mir nun auf einmal so lieb war, verlieren könnte. Heute weiß ich, daß diese Angst völlig unbegründet war. Kein Mensch verliert die Verbindung zu seinem Körper, solange die Silberschnur vom Nabel zur Unendlichkeit noch intakt ist.

Mein Ego hingegen war es und mein Körperbewußtsein, das sich ängstigte, danach vielleicht nicht mehr das Wichtigste in meinem Leben zu sein. Man muß nämlich wissen, daß jede Zelle ein eigenes Bewußtsein in sich trägt. Jede Zelle hat Gedanken und Gefühle, empfindet sowohl Angst als auch Freude, sowohl Schmerz als auch Zärtlichkeit. Unsere Zellen kommunizieren untereinander, ja sie «denken» sogar und haben verständlicherweise ebenfalls den innigen Wunsch, am Leben zu bleiben.

Nun, jene Möglichkeit, direkt ins Licht zu gehen, hat sich leider bis heute nicht wiederholt. Diese Erfahrung hat mich jedoch gelehrt, daß es wichtig ist, daß wir zuerst an unserem Vertrauen in Gott arbeiten, bevor wir uns in die Welt des Übersinnlichen und Göttlichen begeben. Und doch werde ich das Ziel nicht mehr aus den Augen verlieren.

2. Kapitel

«Wir sind die Freunde des Lichts»

«Wir sind die Freunde des Lichts und kommen zu Dir aus der dritten Solarebene.»

Mit diesen Worten meldete sich erstmalig im Mai 1993 eine bestimmte Gruppe geistiger Wesenheiten bei mir. Doch schon lange bevor dieser erste, bewußte Kontakt zustande kam, «geisterte» mir der Begriff «Freunde des Lichts» im Kopf herum.

«Wir kommen im Auftrag des strahlenden Meisters aller Universen und aller Geschöpfe – Jesus Christus. Er ist die reinste, klarste, wahrste und bedingungsloseste Liebe ...»

Ich hatte zunächst einige Mühe zu verstehen, daß es nun wirklich schon beginnen sollte und daß sich die geistige Welt nun so klar und deutlich bei mir meldete. Denn ich hatte, wie so viele andere wohl auch, stets geglaubt, daß man ein ganz besonderer Mensch sein müsse, um mit den Lichtwelten und -wesen in Kontakt zu kommen. Nun, dem ist anscheinend nicht so, denn ich bin noch immer ein gewöhnlicher Mensch wie jeder andere, voller Fehler und Unebenheiten, und ich weiß bis heute noch nicht genau: weshalb gerade ich?

Ebenso, wie sie zu mir sprechen, so könnten die Lichtwesen auch zu Dir sprechen! Hast Du schon einmal versucht, Deine innere Herzensstimme wahrzunehmen, im Gebet, in der Meditation oder im täglichen Zwiegespräch mit Gott? Tue es, und Du wirst erstaunt sein, was dann geschehen kann. Und bedenke: Übung macht den Meister!

«Wir sind die Freunde des Lichts, und wir besuchen Dich aus guten Gründen, denn Du sollst ein Vermittler der Liebe, des Lichtes und der Wahrheit für uns sein. Wir sind Deine Freunde und die Freunde der ganzen Menschheit. Wir verurteilen niemanden, und wir haben gelernt, geduldig zu sein. Das Menschengeschlecht steckt noch in den Kinderschuhen und will die Wahrheit nicht hören. So möchten wir einige Menschen zu Dir hinführen, damit Du sie, als einer der ihren, vorbereiten hilfst, auf daß sie für den kommenden Einstrom des Lichtes bereit und geöffnet sind. Wir danken Dir dafür und werden Dir im Laufe der Zeit immer mehr Lichtgeschwister zur Seite stellen, sowohl geistige als auch irdische. Wir grüßen Dich, Friede sei mit Dir!»

Bereits ein Jahr später unterstützten mich über zweihundert irdische Lichtfreunde. Sie alle motivierten und motivieren mich immer wieder aufs neue, kommen zu unseren gemeinsamen Meditationen und bereiten sich innerlich intensiv darauf vor, bald selbst als Lichtträger tätig zu sein.

Viele der mir zur Seite gestellten Geschwister führen heute bereits eine eigene Praxis und arbeiten als Medien oder Heiler. Sie sind aufgrund der Führung ihrer eigenen inneren Stimme zu mir gestoßen und haben sich anerboten, mich und die Freunde des Lichts mit Tat und Liebe zu unterstützen. Wunderbar ist es für mich, miterleben zu dürfen, wie sich die Worte meiner lichtvollen Begleiter immer mehr erfüllen, wie wir als geistige Familie immer mehr zusammenwachsen dürfen und wie einer für den anderen da ist. Und wie es uns in folgender Durchgabe empfohlen wurde, nehmen wir alle unser Schicksal selbst in die Hand:

«Ja, Liebe soll werden und Licht auf Erden. Ein jeder von Euch ist in der Lage, das Licht – Gott – anzurufen, es in sein Herz aufzunehmen und es aus sich herausströmen zu lassen. Begnügt Euch nicht nur mit einem Fünkchen des Lichts, sondern bittet um die

ganze Strahlenkraft aller Sonnen, damit Ihr gemeinsam mit uns die Erde und alle auf ihr lebenden Geschöpfe, die noch an diese Erde und an die Materie gebunden sind, erleuchten könnt.

Helft uns im Verströmen von Liebe, Geborgenheit, Verständnis, Licht, Kraft und Zuversicht. Fühlt Euch bitte nicht einem ungewissen Schicksal ausgeliefert, sondern nehmt Euer Leben in Eure eigenen Hände, übergebt es alsdann Eurem Schöpfer und dankt Ihm für alles, ja wirklich für alles, was Ihr erleben, erfahren und empfinden dürft in Eurem so wunderbaren Leben, welches ein Geschenk der Liebe Gottes an uns alle ist.»

Die Kraft der wahren Liebe

Immer wieder vermittelt uns die geistige Welt wertvolle Hinweise und Ratschläge zur Entwicklung unserer Medialität sowie wichtige Erkenntnisse über einzelne Vorgänge und Bedingungen der medialen Arbeit. So beraten die Freunde des Lichts auch mich immer wieder, wie ich mich verhalten soll, damit gute Kontakte zustande kommen. Beispielsweise hieß es eines Tages:

«Wir grüßen Dich! Es ist uns eine Freude, wiederum mit Dir sprechen zu dürfen. Damit der Kontakt zwischen uns und Dir hergestellt werden kann, benötigen wir vollkommene Ruhe. Doch ist damit nicht nur die äußere Ruhe gemeint, sondern vor allem Deine innere Ruhe und Harmonie. Wir üben fleißig mit Dir und bitten Dich, daß Du immer häufiger Gott um die Gnade des Kontaktes mit uns bittest.»

Diese Empfehlung, Gott um die Gnade des Kontaktes zu bitten, zielt darauf ab, mögliche Fremdeinflüsse aus den niederen Astralwelten zu verhindern. (Auf dieses Thema werde ich in einem späteren Kapitel noch ausführlicher eingehen.) Ich habe die Erfahrung gemacht, daß das, was die geistige Welt rät, für jeden, der es annehmen kann, von großem Nutzen ist. So hieß es in einer anderen Botschaft:

«Du bist ein williges Werkzeug, das sich schon früher bereiterklärt hat, in den freiwilligen Dienst der Lichtarbeiter einzutreten, wann immer es sei. Nun, lieber Bruno, jetzt ist es soweit. Wir werden Dir Tore öffnen, damit Du das Licht der Liebe und der Wahrheit noch vielen Menschen weitergeben kannst. Bereite Dich jedoch auf große Anforderungen vor. Denn Du weißt ja: Wo Licht ist, ist auch Schatten. Wisse aber stets auch, daß das Licht immer Sieger ist! Und wisse, daß wir und Deine Dir zugeteilten Engel immer an Deiner Seite stehen, mit Dir gehen und mit Dir kämpfen.

Liebe ist ein heiliges Wort! *Sage Deinen Mitmenschen, daß die Liebe in dem Moment, wo man zwar von ihr spricht, sie jedoch nicht lebt, entheiligt wird! Die Liebe wird erst zur wahren Liebe durch die Tat. Kein Geld und keine noch so große Spende kommt einer Liebestat gleich. Die Liebe ist der vertikale Balken des Kreuzes, der weder an Zeit noch an Raum gebunden ist. Liebe ist das Losungswort, um die Materie zu überwinden. Liebe ist weder an die Schwerkraft noch an die Vergänglichkeit gebunden, ja, die Liebe ist das einzige, was sich wirklich frei bewegen kann. Sie kennt keine Grenzen und kein Selbstmitleid, sie kennt nur Freude und Barmherzigkeit, denn Liebe befreit.»*

Einige Wochen später führten die Freunde des Lichts das gleiche Thema wie folgt weiter aus:

«Wir kommen zu Dir in Liebe, in Freundschaft und in Verbundenheit. Laß uns Dir einige Dinge sagen zum Stand der heutigen Menschheit. Die Liebe wurde zur Leidenschaft und Selbstbefriedigung degradiert, ja sogar deformiert. Das heilige Antlitz der Liebe wurde von den meisten Menschen durch ihre niedere Natur be-

schmutzt und verunstaltet. Die wahre Liebe, welche von Boten aus den hohen, lichten Geisteswelten ununterbrochen zur Erde gebracht wird, wird leider nicht, oder nur von wenigen, als solche erkannt. Ja, oft sogar wird sie von den Menschen wissentlich aus ihrem Leben verbannt. Die wahre Liebe gilt heute als langweilig und uninteressant, und so läßt sie die Herzen der meisten Menschen kalt. Und ein kaltes Herz, lieber Freund, ist kein Gottesherz, sondern ein Steinherz des Ego und des Materialismus – ein Herz, welches voller Angst und Zweifel ist.

Wacht also auf, Ihr Freunde des Lichts, die Ihr auf Erden inkarniert seid! Die Zeit ist nun gereift, Eure Aufgaben zu übernehmen, für deren Erfüllung Ihr Euch einverleibt habt, wacht auf! Vieles ging verloren, vieles habt Ihr vergessen, so auch, daß Ihr Lichtarbeiter seid und daß ein jeder von Euch eine ganz bestimmte Aufgabe hat, die an jenem Ort beginnt, an dem er sich gerade jetzt befindet. Ihr braucht nicht in der ganzen Welt umherzureisen, um Euren Lehrer oder Meister zu suchen. Wenn die Zeit reif ist, wird ER Euch finden. Suchet zuerst den Meister aller Meister, der in Eurem Herzen wohnt! Öffnet Eure Herzen und erkennt, daß Ihr, wenn Ihr es wollt, selbst Licht seid, selbst Liebe seid, und daß reine Liebe und reines Licht aus Euch herausstrahlen könnte.

Es bedarf nur eines bewußten, willentlichen Entscheides von Euch, indem Ihr sagt: ‹Lieber Gott, allmächtiger Schöpfer allen Seins, Gott-Vater, Gott-Mutter, Gott-Heiliger-Geist, bitte komm in mein Herz hinein, oh bitte, schenke mir Deine Liebe, Dein Licht und die Kraft des Heiligen Geistes! Laß Dein Liebesfeuer alles in mir verbrennen, was mich jetzt noch von Dir trennt! Laß mich ein Kind des Lichtes sein, laß nur noch Deine Liebe aus mir herausströmen, laß mich nur noch das Schöne sehen, das Gute hören, das Wahre fühlen und das Liebevolle tun! Ich bin bereit, Dein Wille geschehe. Amen.›

Liebe Freunde, wenn Ihr auf diese Art und Weise betet, öffnet Ihr Euch für den göttlichen Gnadenstrom. Ihr müßt die guten Kräfte einladen und sie bitten, zu Euch zu kommen, denn sonst seid Ihr um- und belagert von dunklen Energien, die Euch auf Eurem Lebens- und Erleuchtungsweg aufhalten wollen und die Eure Entwicklung zum Lichte hin behindern, ja, oft sogar gänzlich verhindern können.

Es gibt nur eine Gewähr, sie heißt: LIEBE! So grüßen wir Euch im Namen der Liebe, im Zeichen des Kreuzes und in der Kraft des Lichtes, das in jedem von Euch brennt und das nur auf seine Erweckung wartet. Erweckt es mit Eurem Leben, lebt in Liebe, in Frieden und im Vertrauen auf uns, die wir Eure himmlischen Geschwister sind, und in Verbundenheit mit Gott, der alles lenkt, der alles weiß und der alles sieht, liebt und vergibt. Friede sei mit Euch!»

Daß uns unsere Lichtgeschwister in ihrer großen Liebe zu uns auch immer wieder einmal ermahnen und zurechtweisen, ist ein weiterer Beweis für ihre wahre Freundschaft. Eine Woche später bekam ich beispielsweise die folgenden Belehrungen:

«Liebe, Liebe ist der Schlüssel zum kosmischen Bewußtsein. Wir grüßen Dich in Liebe und danken Dir für Deine Verbundenheit zu uns, den Freunden des Lichts. ... Liebe Erdengeschwister, werdet Euch doch endlich bewußt, daß alle Vollkommenheit bereits in Euch ruht! Laßt doch endlich los von Euren Gedanken des Hasses, des Neides und des Egoismus. Seid da, einer für den anderen, um Euch gegenseitig emporzuhelfen ins göttliche Licht. Erhebt Euer Tun in die höheren Chakras, löst Euch von Eurer Erdgebundenheit und wisset: Genauso, wie Ihr heute lebt, denkt, fühlt und arbeitet, so werdet Ihr dies auch in der jenseitigen Welt tun.

Fragt Euch, ob Ihr so, wie Ihr heute lebt, jetzt gerade in diesem Moment, gestern und heute, Eurem Schöpfer gegenübertreten möchtet. Fragt Euch dies jeden Tag! Es wird Euch antreiben in der Arbeit an Euch selbst.

Auch wenn Ihr bei Euren Übungen und Meditationen ab und zu ein schlechtes Gewissen bekommt, erkennt dieses Gewissen als die

Stimme Gottes in Euch und wisset: Gott bestraft Euch niemals! Ihr bestraft Euch immer nur selbst. Deshalb ist es wichtig, daß Ihr die Gesetze kennt, denn nur wer die Gesetze kennt, kann auch ihnen gemäß sein Leben gestalten.

Liebe Geschwister, gestaltet doch Euer Leben nicht einfach nach Euren oberflächlichen Gelüsten und nach Euren nie endenden Wünschen, sondern übergebt alles in die Hände Gottes, indem Ihr zu Ihm sagt: ‹Gott, Dein möchte ich sein, bitte leite mich, führe mich, schütze mich und laß mich Dein Diener sein. Bitte mache Du mit mir, was immer Du willst. Ich liebe Dich, ich vertraue Dir und ich weiß, daß Du weißt, was ich brauche. In Deine Hände übergebe ich mein ganzes Leben. Ja, Dein Wille geschehe, in mir, durch mich, für Dich. Amen.›

Vergeßt nicht das ‹Amen›, denn es ist wie Eure Unterschrift. Ihr bezeugt damit: so sei es! Ihr sagt Gott damit, daß Ihr diese Worte bewußt und mit der Absicht und dem Willen, sie zu verwirklichen, ausgesprochen habt. Und, liebe Freunde, Er nimmt Euch beim Wort. Seid also bereit, arbeitet an Euch, damit Ihr vorbereitet seid, wenn in der geistigen Welt der Ruf ertönt: ‹Es ist vollbracht!›, und folgende Aussage Christi wahrgeworden sein wird: ‹Auf Erden wie im Himmel.›»

Die Kraft des persönlichen Gebets

Wann immer es uns möglich ist, sollten wir laut beten und sollten dabei auch genau jene Energien gezielt und mit Namen anrufen, die wir ansprechen möchten. Denn: wie oben, so unten!

Stell Dir vor, Du erblicktest in einer großen Menschenmenge einen alten Freund, nennen wir ihn Robert. Schon lange hast Du ihn nicht mehr gesehen, und gerne würdest Du ein paar Worte mit ihm wechseln. Nur hast Du leider gerade seinen Namen vergessen. Also rufst Du vielleicht: «Hans!». Robert wird weitergehen und nicht erkennen, daß er es war, der gerufen worden ist. Folglich wird Dir die Begegnung mit ihm versagt bleiben. Du könntest natürlich auch einfach rufen: «He, Du da!» oder etwas ähnliches. Einige Menschen würden sich daraufhin vielleicht umdrehen, doch ob auch Robert reagiert, ist ungewiß.

Wie dieses einfache Beispiel zeigt, es ist allemal besser und sicherer, eine bestimmte Person, mit der Du in Kontakt treten möchtest, laut und deutlich bei ihrem eigenen Namen zu rufen. Dies gilt auch in bezug auf die jenseitigen, geistigen Dimensionen. Denn rufst Du einfach in den Himmel hinauf: «Ich rufe das Licht», so mußt Du bedenken, daß – genauso, wie es auf der Erde viele Roberts gibt – in der geistigen Welt viele «Lichter» existieren.

Willst Du Dir also die geistige Arbeit erleichtern und Dir viele mögliche Unannehmlichkeiten ersparen, so werde Dir, bevor Du rufst, zunächst darüber bewußt, was genau Du haben möchtest. Ist es das Licht der Liebe, das Licht der Weisheit, das Licht der Erkenntnis, das Licht des Vergebens, das Licht des Schutzes ...? Ist es das Licht des Erzengels Michael? Dieses ist übrigens lapislazuliblau. Oder jenes des Erzengels Raphael? Es ist blau-weiß. Oder jenes von Christus? Es ist silbern. Das Licht des Erzengels Gabriel ist scharlachrot, jenes des Erzengels Uriel erscheint grünlich, und jenes des Erzengels Zadkiel dunkelgrün, usw.

Alle diese Energien sind Lichtstrahlen, und doch hat ein jeder Strahl, eine jede Farbtönung in sich eine andere Form, einen anderen Ton und eine andere Aufgabe. Michael ist der Regent des Machtstrahles, der Reinigung und des Lichtschutzes, Raphael betreut den Heilstrahl, Christus den Liebes- und Lebensstrahl, Gabriel den Strahl der Mystik und der Weisheit, Uriel den Strahl des Wachstums, und Zadkiel ist für die göttlichen Klänge verantwortlich. (Für weitere Einzelheiten siehe die entsprechende Tabelle im Anhang.)

Wie gesagt: wie oben, so unten. Wenn Du bei der Fernbedienung Deines Fernsehers auf die Taste Nr. 1 drückst, dann erscheint nicht das Programm, das auf Taste Nr. 8 einprogrammiert ist. Und wenn

Du nicht weißt, auf welchem Kanal der Film läuft, der Dich interessiert, dann kann es sein, daß Du Dir etwas ansehen mußt, was Du gar nicht möchtest. Am Ende der Geschichte bist Du frustriert, traurig und verärgert. Und dies alles nur, weil Du nicht wußtest, welche Taste zu betätigen, welches Licht anzurufen war.

Nun, hören wir weiter, was die geistige Welt uns zu sagen hat:

«Liebe Freunde, wir grüßen Euch aus den Ebenen des Lichtes im Namen unseres Herrn, Jesus Christus. Dank, Lob, Ehre und Preis seien ihm dafür gegeben, daß wir unter seiner Führung zu Euch sprechen dürfen. Das innere Wort ist empfindlich und wird durch äußeren Lärm, Disharmonie und Unruhe oft gestört. Und wenn nicht die Gottesmutter Maria ihren Schutz- und Schirmmantel über einem Medium ausbreiten würde, so wären keine guten, nützlichen, wahren und reinen Botschaften möglich. ... So wie Christus und Gott in Liebe eins sind, sind auch Jesus und Maria eins, und genauso werdet Ihr Euch eines Tages wieder Eurer Einheit in Liebe mit Gott bewußt werden. Wer jedoch die Einheit, welche andere Menschen erleben, ablehnt, ist nicht eins mit sich selbst und kann demzufolge auch noch nicht die Einswerdung mit Gottes Liebe erfahren.

Diese Einswerdung ist einem jeden Schöpfungsteil gegeben. Es ist eine reine Bewußtseinsfrage. Wer ein offenes Bewußtsein hat, der hat auch ein offenes Herz und lebt demzufolge in der Liebe, durch die Liebe und für die Liebe. Es existiert für ihn nicht mehr Gut und Böse, und er lebt nicht mehr in der irdischen Polarität, sondern in der himmlischen Dualität. Er erkennt alles, auch sich selbst, als einen Teil und Diener von Gott.

Gott ist alles, Er war alles, und Er wird immer alles sein. Er ist die unveränderliche Liebe. Es existiert gar nichts außerhalb der göttlichen Dreifaltigkeit. Deshalb findet Ihr auch überall die Einheit in der Vielheit und die Dreiheit in der Einheit. Versucht also immer in der Verschiedenheit das Eine zu sehen. Seht in allem und in jedem nur das Licht, nur die Liebe und nur das Strahlen der Liebe Gottes!

Laßt Euch von niemandem täuschen, weder von Mensch noch Geist, denn der Schein trügt. Schaut nicht mit Euren Augen, sondern mit Eurem Herzen, denn Eure Augen sind blind und Eure Ohren sind taub. Benützt Eure Herzen, und Ihr werdet sehen; benützt Eure Herzen, und Ihr werdet hören; benützt Eure Herzen, und Ihr werdet empfinden – und finden, wonach Eure Seele sich schon seit Ewigkeiten sehnt. Ja, liebe Geschwister, nur Euer Herz vermag Euch den Rückweg in Eure geistige Heimat zu beleuchten und Euch den rechten Weg zu weisen.

Wir grüßen Euch in der Liebe des Erhabenen, in der Kraft Seines Geistes und im Segen Seiner Dreifaltigkeit. Friede sei mit Euch, Friede über alle Grenzen, vor allem über Eure eigenen Bewußtseinsgrenzen.»

Einige Tage später sprach die geistige Welt wiederum in einem noch eindringlicheren Ton zu mir:

«Zum Licht kommt nur Licht, und zur Liebe kommt nur Liebe. Denn alles ist an das Gesetz der Resonanz gebunden. Sagt Euren Wissenschaftlern, daß es keine ‹neuen Erkenntnisse› gibt. Sie sollen nicht nach neuen Erkenntnissen suchen, sondern besser die alten Weisheiten erforschen. Denn die alten Weisheiten und die göttlichen Gesetze bleiben ewiglich dieselben. Sie sind alle unveränderlich, weil sie vom Unveränderlichen, von Gott, erschaffen wurden. ... Sagt Euren Ärzten, sie fänden die Gesundheit nicht bei den Kranken und das Leben nicht bei den Toten. ...

Sagt den Menschen, wie dumm sie oft sind, lassen sie sich doch von Blinden führen. Ruft Euren Mitmenschen zu: Erwachet! Erwachet aus Eurem von den Medien (Zeitschriften, Radio, TV usw.) erzeugten hypnotischen Schlaf und aus Euren Alpträumen, öffnet Eure Augen für die Wirklichkeit und macht Euch bereit, die Wahrheit zu ertragen. Denn wenn der Tag kommt – und er kommt bestimmt –, an dem ein jeder von Euch in den göttlichen Spiegel schauen muß und sich so sieht, wie er wirklich ist, wo er gefehlt hat und wo er steht, dann glaubt bitte nicht, daß Gott gerade bei Euch Seine Augen zudrücken wird. Gott läßt nicht mit sich handeln und feilschen, denn Er ist die absolute Wahrheit, Liebe und Gerechtigkeit. Keines Seiner Kinder wird bevorzugt, und alle, ausnahmslos alle werden stets gleich behandelt. Deshalb raten wir Euch, denn die Zeit ist kurz bemessen, dies: Arbeitet jetzt an Euch, so gut Ihr es könnt. ...

Nun wünschen wir Dir eine Gute Nacht. Vergiß nicht, um Schutz zu beten und Licht in die Welt zu senden sowie Deiner Patienten zu gedenken, die so sehr der Hilfe Gottes bedürfen. Denk auch an die Tiere, die leiden, und bitte darum, daß die Menschen doch erkennen mögen, daß das Essen von Fleisch für Gott ein Greuel ist. Wir sind darob sehr, sehr traurig. Liebe, Licht, Kraft und Mitgefühl senden Euch Eure Freunde des Lichts.»

3. Kapitel

Von Schutzengeln und dem Heiland

Daß unsere geistigen Freunde des Lichts uns nicht nur den Honig, sondern manchmal auch eine durchaus bittere Medizin zu kosten geben, ist in der eben zitierten Durchsage deutlich geworden. Viel eindrücklicher als Worte sind jedoch jene bildhaften Erlebnisse, über die ich in diesem Kapitel berichten möchte.

Liebe Leserin und lieber Leser, ich bitte Dich dabei in aller Demut um folgendes: Glaube mir bitte, daß die hier beschriebenen Geschehnisse für mich Realität, ja mehr noch, Wirklichkeit sind. Es gibt nur leider kaum Worte, um die Schönheit des Geistigen und die geistigen Vorgänge gebührend beschreiben zu können. So bin ich also ganz darauf angewiesen, daß Du ernsthaft versuchst, in meine Welt einzutauchen, so daß auch Du meine Freude nachvollziehen kannst.

Es sind zum Teil nur kleine, nichtsdestoweniger aber sehr wichtige Begebenheiten, die mir immer wieder tiefe Erkenntnisse bescheren. Ich habe durch diese Art des Geschultwerdens gelernt, daß uns Erkenntnisse nur dann effektiv klar werden können, wenn wir die Dinge nicht nur sehen, hören, riechen oder fühlen, sondern sie zugleich auch innerlich und geistig wahrnehmen und empfinden können. Dies allerdings ist nur mit unseren inneren Sinnen möglich, und es geschieht meistens spontan.

Ich kann mich noch gut daran erinnern, wie ich eines Morgens – es war vor etwa sieben Jahren – erwachte, die Augen öffnete und staunte: Die ganze Zimmerwand war mit großer, grüner, fluoreszierender Schrift vollgeschrieben. Ich staunte und staunte und dachte dabei: «Endlich! Endlich bekomme ich einen klaren, sichtbaren, deutlichen Hinweis aus der geistigen Welt.» Als ich jedoch nach einigen wunderbaren, mir endlos erscheinenden Sekunden versuchte, die Botschaft zu lesen (zuvor wäre ich gar nicht auf die Idee gekommen, sie lesen zu wollen), zerlief die Schrift wie flüssiges Wachs, und ich vermochte kein einziges Wort zu entziffern.

So und ähnlich haben mich meine geistigen Begleiter des öftern gelehrt, daß man, wenn etwas Feinstoffliches erscheint, nicht genau hinschauen darf und es schon gar nicht fixieren soll, sonst ist es bereits wieder weg. Sehr wahrscheinlich hast Du selbst schon einmal etwas ähnliches erlebt, vielleicht etwa wie im folgenden Beispiel: Du stehst vielleicht in der Küche und schneidest das Gemüse oder bereitest den Salat zu, und plötzlich glaubst Du, es sei jemand an Dir vorbeigelaufen oder besser: vorbeigehuscht. Du hast diese andere Person, etwas schemenhaft, gerade noch in den Augenwinkeln wahrgenommen. Wenn Du dann jedoch genauer hinschaust, ist da gar nichts und niemand zu sehen.

Ich selbst habe auf diese Weise nicht nur verstorbene Menschen, sondern oft auch verstorbene Haustiere in den Wohnungen gesehen. In unzähligen Gesprächen bekam ich auf meine Frage, ob man nicht immer wieder den Eindruck habe, die verstorbene Katze oder der verstorbene Hund tripple wie früher durch das Zimmer, stets dieselbe Antwort: ja. Wenn Du dies oder ähnliches selber schon erlebt hast, dann freue Dich, denn so kann die Hellsicht beginnen.

Lernen beim Spazierengehen

Gehen wir nun wieder zurück zu meiner Geschichte. Vor einigen Jahren wurde ich eingeladen, im Zürcher Kongresshaus einen Vortrag zu halten. Doch ich wußte und wußte nicht, was ich vortragen sollte. Ich wollte nicht immer «nur» mediale Demonstrationen vorführen und die Leute mit einigen persönlichen Durchgaben in Erstaunen versetzen, sondern ich wollte auch einmal etwas «Ernsthaftes» über den Sinn des Lebens vermitteln.

Der Vortragstag rückte näher und näher, und die Freunde in der geistigen Welt sowie auch meine Frau betonten immer wieder: «Nur nicht nervös werden, Bruno. Hab Vertrauen, Gott hat dich noch nie im Stich gelassen. Er wird dir gewiß auch jetzt helfen.»

Und tatsächlich: Bald darauf geschah es, daß ich einige wundervolle Erlebnisse und Belehrungen geschenkt bekam. Bemerkenswerterweise verdanke ich diese Episoden, von denen ich im folgenden berichten möchte, im Grunde genommen meinem (übrigens vegetarisch lebenden!) Hund Nändy. Denn unser allmorgendliche gemeinsame Waldspaziergang wurde für mich immer mehr zu einer täglichen Schulung durch die Lichtwesen, durch die Engel und durch Jesus Christus. Vieles von dem, was ich heute weiß – und damals im Kongresshaus mitteilen konnte –, lernte ich auf diese Weise beim Spazierengehen.

Eines Morgens fragte ich mich beispielsweise bei einer Weggabelung: «Weshalb gehst du eigentlich immer rechts um diese kleine Anhöhe herum, dies ist doch der Pferdeweg?» Bis dahin hatte ich mir diese Frage noch nie gestellt gehabt, ja ich hatte es sogar nicht einmal bemerkt, daß ich immer die rechte Variante des Weges bevorzugte. Ich hatte mich einfach unbewußt angezogen gefühlt. So war ich also noch halb in solchen Gedanken, während ich meinen Blick nach vorne erhob und plötzlich ein wundervolles, zartes und doch mächtiges Lichtwesen am rechten Rande des rechten Weges stehen sah. Das Wesen sagte: *«Ich segne, schütze und heile alle Menschen und Tiere, die hier durchkommen. Dies ist der Grund, weshalb Du stets diesen Weg wählst. Intuitive Menschen und Tiere fühlen sich automatisch dorthin angezogen, wo lichtvolle Wesen zugegen sind.»*

Es war ein herrliches Engelwesen, und ich blieb noch lange dort stehen, dankte ihm, genoß seine Ausstrahlung, ließ mich auftanken und heilen. Diese Begebenheit trug sich an demselben Ort zu, an dem ich auch heute noch fast täglich Gottesboten und Lichtfreunde erleben darf.

Schon am nächsten Tag eilte ich in der Hoffnung, erneut eine Begegnung haben zu dürfen, zusammen mit Nändy wieder an den gleichen Ort. Doch dieses Mal war niemand zu sehen. Ein wenig war ich schon enttäuscht, doch dann hörte ich plötzlich eine Stimme: *«Schütze Dich, Bruno!»* Ich hatte in meiner kleinen Enttäuschung gar nicht bemerkt, daß ich inzwischen bereits weitergegangen war. Ich sah mich um. *«Schütze Dich!»*, hörte ich die Stimme aufs neue.

Jetzt erst bemerkte ich, daß ich neben einer steil abfallenden Böschung stand, doch ich dachte bei mir: Ich bin ja geschützt, ich schütze mich doch jeden Morgen mit einer speziellen Schutzmeditation und hülle mich in Licht ein. Was also war mit dieser Warnung gemeint?

Als mich die Stimme zum dritten Mal aufforderte, mich endlich zu schützen, machte ich eben noch einmal eine kurze Schutzmeditation. Und dies war gut so. Denn kurz danach – ich war noch keine zwei Meter weiter – kam von der steilen Böschung ein Stein herniedergesaust, streifte noch knapp mein Haar und prallte schließlich mit einem lauten Geräusch neben mir auf den Boden. Da mußte ich wahrhaftig laut lachen vor Erleichterung. Ich bedankte mich tausendmal bei Gott und bei der hilfreichen Stimme, die mich gewarnt hatte. Dann hörte ich folgende Erklärung:

«Lieber Bruno, wenn wir sagen, Du sollst Dich schützen, so frage und studiere nicht lange, sondern sei gehorsam und schütze Dich. Du mußt lernen, uns, Gott und Deiner inneren Stimme zu vertrauen. Du sollst nicht nur einfach an Gott glauben, sondern Du sollst auch überzeugt sein, daß Er stets in Dir weilt und Dich überallhin begleitet.»

Dieses Erlebnis war mir eine Lehre, und ich erkannte, daß es manchmal wichtig ist, einfach zu tun, was die Freunde des Lichts von uns verlangen, auch wenn wir im Moment vielleicht nicht verstehen können, weshalb.

An jenem Tage begann es zu schneien. Es fielen herrliche, große Flocken, die sich nach und nach wie ein weißer Teppich auf Mutter Erde legten. Zwei bis drei Tage später – es schneite noch immer –, während ich auf meinem morgendlichen Spaziergang wieder auf den besagten Ort zuging, sah ich von weitem den Heiland auf der kleinen Anhöhe stehen.

Ich wollte es zuerst nicht glauben, und ich schaute immer wieder weg und wieder hin, doch dann blieb ich stehen und lauschte. Jesus ist ein wunderschöner Mann. Man muß ihn einfach lieben, denn seine Ausstrahlung und sein Charisma sind unbeschreiblich. Wenn er erscheint, ist augenblicklich die ganze Atmosphäre um ihn herum, bis ins letzte Atom, angefüllt mit Liebe. Seine Worte, seine Gedanken und Gefühle konnte ich in mich hineinatmen; alles war erfüllt von Göttlichkeit. Dann sprach Jesus zu mir:

«Mein liebes Kind, siehe, meine Liebe ist Licht. Kälte ist Lieblosigkeit, und der Schnee ist mein Licht, welches durch die Kaltherzigkeit der heutigen Menschheit gefroren ist. Soweit haben die Menschen meine Liebe heruntertransformiert, bis zur Erstarrung.»

Tränen stiegen mir in die Augen. Er hatte mir seine eigene tiefe Traurigkeit über uns Menschen offenbart. In diesem Moment schämte ich mich sehr, ein Erdenbürger zu sein. Ich wußte nun plötzlich, weshalb die geistige Welt sagt: *«Die Erde ist entwicklungsmäßig der Kindergarten des Universums.»*

Bedrückt von dieser Begegnung ging ich nach Hause. An diesem Abend kam von den Freunden des Lichts folgende Botschaft durch:

«Wir sind bei Dir, mit Dir und in Dir. Wir sind bei Euch, mit Euch und in Euch allen! So nehmt diese unsere Worte nicht nur äußerlich, sondern – und vor allem – innerlich auf. Versucht den Sinn der Worte

tief in Euren Herzen drinnen zu erfassen. Deshalb begrüßen wir Euch mit unserem Herzenslicht und sagen Euch, daß dies das einzige wahre Licht überhaupt ist. Ja, liebe Freunde, das Licht Gottes ist das Licht der Liebe, das Licht der Gerechtigkeit, das Licht des Verzeihens, des Vergebens und des Vergessens. Nichts Ungutes kann in Gott bestehenbleiben, nichts Ungutes ist je aus Gott entstanden, und nichts außer dem göttlichen Licht vermag in der Ewigkeit zu bestehen.

Ihr sollt nicht nur lichtvoll werden, Ihr sollt nicht nur liebevoll werden, und Ihr sollt nicht nur die Wahrheit, die Gerechtigkeit, das Mitgefühl und das Verständnis üben. Nein, Ihr sollt selbst Licht sein, Liebe sein, ja die Wahrheit selbst sein; Ihr sollt die Gerechtigkeit, das Mitgefühl und das Verständnis sein.

Versteht Ihr den Unterschied zwischen ‹werden› und ‹sein›? Es ist zwar ein kleiner, wohl aber ein schwerwiegender Unterschied, ob Ihr liebevoll werden wollt oder ob Ihr die Liebe selbst seid! Denn im Sein liegt die Gegenwart im Hier und Jetzt, im Sein liegt die Vollkommenheit – Gott, der Allgegenwärtige. Er ist die All-Gegenwart, Er ist der ewig Seiende, nicht der Werdende und auch nicht der Vergangene. ER IST.

Geht hinein in diese Worte, und Ihr werdet Wunderbares erkennen. Fliegt beim Lesen nicht einfach über diese Zeilen hinweg und denkt nicht: ‹Ja ja, das weiß man ja, das habe ich alles schon so oft gelesen und gehört...› Wenn Ihr so denkt, liebe Freunde, dann habt Ihr noch nicht gelernt, mit dem Herzen zu lesen, mit dem Herzen zu hören und zu fühlen. Dann habt Ihr dies alles wohl schon einige Male gehört, doch begriffen habt Ihr es noch nicht.

Wisset: Wenn Ihr im Herzen verankert seid, so kann die Erde beben, Ihr aber bleibt im Segen; können die Meere sich erheben, Ihr aber bleibt am Leben. Bunker, Waffen und Gifte schützen Euch nicht, sondern einzig das göttliche Liebeslicht! So laßt es brennen immerzu, gebt mit dem Leben der Liebe keine Ruh, und seid bereit, alles zu geben, sonst lebt Ihr vorbei am wahren Leben. ...

Ihr also seid Licht und Liebe. Bleibt Licht, bleibt Liebe und seid warmen Herzens, so seid Ihr Lichtarbeiter. Ihr seid aufgerufen, Wärme zu spenden, Liebe zu geben und Freude zu schenken, auf daß keine Kälte mehr in Eurer Nähe ist. Dies ist Euer Auftrag.»

Am nächsten Morgen kam es zu einer weiteren Begegnung mit dem Heiland, und ich durfte folgende Vision erleben: Jesus stand in Übergröße wieder an demselben Ort wie tags zuvor. Obwohl es kalt war und schneite, war mir augenblicklich warm, als ich den leuchtenden Heiland erkannte. Er war wiederum wunderschön anzuschauen, und ich sah, daß er ein jedes Schneeflöcklein mit Seinen Fingerspitzen berührte, worauf es sofort zu funkeln begann.

Man muß sich das so vorstellen, daß der Heiland überall gleichzeitig sein kann, denn im geistigen Bereich lassen sich viele Dinge gleichzeitig wahrnehmen. Deshalb war es für mich nicht erstaunlich, daß kein einziges Flöcklein zu Boden schwebte, ohne daß es zuerst von Gott oder von Seinem Diener berührt wurde. Dies waren seine Worte:

«Liebes Kind, alles, was der Mensch zerstört, mache ich wieder heil. Allem, dem der Mensch durch seine Lieblosigkeit das Leben nimmt, hauche ich es wieder ein. Dies ist auch der Grund, warum es keine zwei Schneeflöcklein gibt, die in ihrer Kristallform gleich sind. Jedes ist anders, denn ein jedes beinhaltet einen anderen Lebensfunken. So ist es mit jedem Teil der Schöpfung. Ja, gar nichts in Gottes Schöpfung ist tot und leblos – außer jene Menschen, die geistig verschlossen und lieblos sind. Und, lieber Sohn, es gehört zu Deiner Aufgabe, ihnen wieder die Augen für mich, für meine Schönheit und meine Liebe zu öffnen. Tue es für mich, ich bitte Dich. »

Einige Tage später – der Schnee war inzwischen bereits weggeschmolzen – machte ich mir Gedanken über das Thema «Grenzen»: Darf man, oder soll man vielleicht sogar, alles erleben, was der

Mensch erleben kann? Ich fragte mich dies insbesondere in bezug auf Dinge wie Sexualität, Alkohol und Drogen.

Ich stand gerade an einem Bach und erinnerte mich in diesem Moment an die Worte von Meister Aïvanhov, der einst sagte: «Ihr sprecht zwar mit den Blumen, doch Ihr solltet ihnen auch zuhören. Sie haben Euch viel zu erzählen. Die ganze Natur spricht mit Euch, versucht also, ihre Sprache zu verstehen.»

Weshalb, so dachte ich, sollte ich nicht einmal ausprobieren, beispielsweise mit dem Bach Kontakt aufzunehmen. Ich stand also ruhig da, betrachtete das fließende Wasser, lobte die Wesen des Wassers – die Najaden, Undinen und Nymphen – und lauschte dem wohltuenden Rauschen des Baches. In mir begann sich alsbald eine sanfte Liebe auszubreiten – ein Zeichen, welches jeder Botschaft oder medialen Erkenntnis vorangeht –, und dann hörte ich eine äußerst ruhige Stimme, die folgendes sprach:

«Weißt Du, ich komme von weit, weit her, von hoch oben, ja eigentlich vom Himmel her. Ich bin Geist. Ich habe die Aufgabe, das Licht des Geistes in die Tiefen der Dunkelheit zu bringen. Ich ströme von den Bergen herunter ins Tal, ich sickere in den Boden hinein und gelange so ins Grundwasser.

Ein Teil von mir wird jedoch schon zuvor von den Bäumen, Pflanzen und Sträuchern aufgesogen, und auf diesem Wege erreiche ich wieder meine Heimat. Auf dieser Ebene bin ich völlig grenzenlos. Ein anderer Teil von mir – jener, der ganz nach unten fließt – hat Grenzen. Siehe, ich darf nicht allzuweit in die Materie hinunter, denn je tiefer ich gehe, desto gefährlicher wird es für mich. So ist es auch bei Euch Menschen!

Gehe ich nämlich zu tief ins Erdreich hinein, wird es für mich immer heißer. Ich laufe dann Gefahr, verbrannt zu werden. Augenblicklich, ja viel zu schnell, wechsle ich so den Zustand von ‹in tiefster Materie sein› zur ‹völligen Vergeistigung›, und muß dann meine ganze Reise wiederholen.

Ihr nennt diesen Vorgang ‹Reinkarnation›. Und laß Dir eines gesagt sein: Würden die Menschen jene von Gott, unserem Schöpfer, gesetzten Grenzen respektieren, so müßtet Ihr nicht immer wiedergeboren werden. Dann gäbe es für Euch keinen Tod und kein Sterben mehr, dann wäret Ihr wahrhaftig frei.»

Ich überlasse es Dir, liebe Leserin und lieber Leser, diese Worte zu interpretieren. Was mich betrifft, so ist mir jedenfalls seitdem in bezug auf das Thema Grenzen einiges klarer.

Gott ist allgegenwärtig

Wir alle wissen, daß Gott überall gegenwärtig ist. Dieses Wissen ist jedoch meist nur in unserem Kopf vorhanden und nicht in unserem Herzen. Genauso war es auch bei mir, jedenfalls bis zu jenem Morgen, als ich wiederum «meinen» Platz – er war für mich längst schon zu einer Art Einweihungsstätte geworden – aufsuchte. Den etwa zwanzigminütigen Weg dorthin benützte ich einmal mehr zum Einschwingen und Kontemplieren. In leichte Meditation versunken, sozusagen eins mit der Natur, ging ich also den Weg entlang, als sich eine innere Stimme meldete und sagte: *«Schau nach vorn, öffne jetzt Deine geistigen Augen.»* Ich blieb also stehen und schaute nach vorn.

Mein «heiliger Ort» lag etwa noch hundert Meter vor mir, und wiederum sah ich den Heiland auf der Anhöhe stehen. Er hatte seine Arme ausgebreitet, er strahlte, funkelte und brillierte. Ein unbeschreibliches Gefühl von unendlicher Kraft und Lebensenergie durchzog mich, so daß ich nur noch dastehen und staunen konnte. Ja, ich bestaunte ihn schweigend.

Plötzlich gab es eine völlig lautlose Explosion – ich kann es nicht besser beschreiben –, und ich sah, wie sich Jesus auflöste. Alles ging blitzschnell, und doch konnte ich den Vorgang zugleich auch in einer Art Zeitlupe genau verfolgen. Er löste sich in unzählige Lichtfunken auf, ja er verströmte sich überallhin. Er floß buchstäblich in die Bäume, in das Gras, die Blumen, die Erde und in die Luft hinein. Von jetzt an wußte ich, was es bedeutet: Gott ist überall!

Dann sah ich, wie Gottes Licht, wie Sein Leben aus den umliegenden Bäumen förmlich aus den Ästen sprühte und auf die nächsten übergriff. In wenigen Sekunden breitete sich auf diese Weise ein wahres Feuerwerk von Licht um die ganze Erde aus, belebte sie, durchflutete und heilte sie.

Dieses Wunder, liebe Leserin und lieber Leser, geschieht überall und ununterbrochen, Tag und Nacht. Ganz gleich, wie wir Menschen uns auch verhalten – ob wir die Erde nun hegen und pflegen oder ob wir sie zu zerstören versuchen –, Gott liebt und erhält immer alle und alles, ohne Bedingungen zu stellen. Und wenn Er uns belehrt, so sind dies keine Befehle, sondern Bitten!

Das schlimmste Übel: Kritiksucht

Ein anderes Mal stand ein wunderschönes Lichtwesen (ich sage «Wesen», weil für mich oft nicht genau ersichtlich ist, ob es sich um einen Mann oder um eine Frau handelt) vor mir und sagte:

«Ihr wollt alle große Eingeweihte sein, Ihr sehnt Euch nach den hohen mystischen Einweihungen und Ihr möchtet ganz oben auf der Himmelsleiter stehen. Doch die kleinen Einweihungen, welche die Sprossen der Himmelsleiter sind, möchtet Ihr nicht, denn diese Stufen heißen: Krankheit, Schmerz, Mühsal und Leid. Wisset jedoch: Es geht keiner die Stufen der großen Einweihungen empor, der nicht auch diese kleinen Sprossen erklommen und bemeistert hat.

Im Klartext heißt dies: Bemeistert Euch selbst, bemeistert Euer niederes Selbst, Eure Triebe, Süchte, Laster und Leidenschaften, Eure Wünsche und das endlose ‹Ich will›. Der Pfad der Einweihung heißt Liebe. Lebt sie zuerst in Euch selbst, dann dürft Ihr sie auch immer mehr von anderen erleben und werdet so Stufe um Stufe in die Geheimnisse Gottes eingeweiht, nicht nur theoretisch, sondern ganz praktisch.»

Neben den hier erwähnten Trieben, Süchten, Lastern und Leidenschaften besitzt das niedere Selbst noch ein weiteres, deutlich sichtbares ungöttliches Merkmal, anhand dessen wir es leicht erkennen und entlarven können – nämlich, daß es gerne andere kritisiert.

Wir alle wissen, wie schwer es ist, ausschließlich reine Gedanken zu hegen und zu pflegen, und so möchte ich behaupten, daß eines der schlimmsten Übel des Menschen, genauer gesagt seiner niederen Natur, die Kritiksucht ist. Ja, es handelt sich dabei wahrlich um eine Sucht, denn der Kritiker sucht und trachtet krankhaft danach, seine Mitmenschen zu verletzen und schlechtzumachen, nur um sich selbst für einen kurzen Moment hervorzuheben.

Doch wisse, wenn Du gierig die Leiter des Erfolges besteigst und dabei anderen rücksichtslos auf die Finger trittst: Hochmut kommt vor dem Fall! Und auf dem Rückweg wirst Du all jenen wieder begegnen, die Du einst mit Deinem Egoismus verletzt hast. Dein unsinniges Kritisieren entspringt einzig Deiner Überheblichkeit und Deinem blinden Hochmut, und nichts, aber auch gar nichts Gutes wird Dir daraus erwachsen.

Sei also auf der Hut und frage Dich stets: Aus welchem Teil meines Selbstes kommen meine Gefühle, meine Gedanken, meine Worte und meine Taten? Sind sie meinem höheren, göttlichen Selbst entsprungen, oder etwa meinem niederen, gottfeindlichen Ego? Sind sie verbunden mit Gott und mit Seinem allverstehenden, liebenden, weisen und verzeihenden Herzen, oder etwa mit den gottabgewandten, dunklen Seiten in mir? Hinterfrage und prüfe Dich und Deine Handlungen auf diese Weise immer wieder, und werde Dir darüber bewußt, wessen Geistes Du bist. Dies ist mein Ratschlag.

Das blinde Kritisieren anderer, wie überhaupt alles destruktive Sprechen, Denken und Fühlen, gleicht einem verheerenden Kriegszustand. Dieser Zustand wird Dich und die Welt um Dich herum vergiften, Gesundes krank machen, Lebendiges töten und das Licht, sowohl in Deinem Innern als auch außerhalb, überschatten. Deine Aura wird dann augenblicklich ihre wahre Schönheit und ihren natürlichen Strahlenkranz verlieren, und Du wirst ein abgestumpfter, unglücklicher Mensch ohne jede Ausstrahlung, ohne jedes Charisma sein.

Jesus sagte nicht von ungefähr: «Ich bin das Licht der Welt.» Verstehst Du jetzt die Bedeutung dieser seiner Worte etwas besser? Immer wieder begehen wir dieselben Fehler, und solange wir diese Fehler immer und immer wiederholen, bleiben wir im Dunkeln, kann auf Erden nichts Neues, nichts Lichtes entstehen. Mein Vater pflegte jeweils zu mir zu sagen: «Mein Junge, alles war schon einmal da. Es gibt nichts Neues auf dieser Welt; die ganze Geschichte wiederholt sich laufend.» Oh, wie habe ich mich damals gegen diese Worte gewehrt! Heute erst weiß ich, was er damit meinte. Und ich werde es hier offiziell sagen: Paps, Du hattest recht.

Wenn Du Deinen Nächsten also wirklich verstehen und ihm wirklich helfen willst, dann solltest Du ihn nicht kritisieren. Vielmehr solltest Du versuchen, Dich liebevoll in Dein Gegenüber hineinzuversetzen. Dann wirst Du Dich mit Sicherheit über niemanden mehr ärgern und keinen Menschen jemals mehr wegen seiner Worte oder Taten verurteilen. Hat uns nicht schon Jesus Christus auf die Wichtigkeit des Verstehens, Vergebens und Vergessens aller Mängel und Fehler der anderen hingewiesen, indem er sagte: «Herr, vergib ihnen, denn sie wissen nicht, was sie tun!»?

Die nachstehenden Worte durfte ich am 15. Dezember 1993, also kurz vor Weihnachten, vernehmen:

«Liebe Freunde, bittet, so wird Euch gegeben werden! Wir kommen zu Euch, weil so viele von Euch immer wieder darum bitten und sich nach unserer ‹himmlischen Begleitung› sehnen. Friede sei mit Euch und Gottes Segen! Wir sind die Freunde des Lichts, und auch

Ihr könnt Freunde des Lichts sein, wenn Ihr die Lichtgesetze versteht und lebt. Das erste Lichtgesetz lautet: **‹Wo Licht ist, kommt nur Licht hin.›** *Das zweite heißt:* **‹Wo Licht ist, ist auch Liebe.›** *Und das dritte besagt:* **‹Jeder, der sich ernsthaft um Licht bemüht, wird auch Licht erhalten.›**

Wie Ihr wißt, wird auf Eurer Erde gegenwärtig das Licht bekämpft, nicht nur von den andern, sondern leider noch allzuoft auch von Euch selbst. Kümmert Euch nicht um des Nachbarn Schwächen, sondern um Eure eigenen! Ärgert Euch nicht ob der Lieblosigkeit anderer, sondern konzentriert Euch alleine darauf, daß Ihr selbst die Liebe lebt. Seid nicht kritisch gegenüber Euren Mitgeschwistern, sondern gegen Euch selbst. Urteilt nicht, richtet nicht und kritisiert nicht, dann seid Ihr Licht, dann seid Ihr unsere und des Heilands Freunde, dann seid Ihr wahrhaftig Freunde des Lichts.

Weshalb sprechen wir von Jesus als dem ‹Heiland›? Weil er der Heiler ist, weil er alles wieder heil, das heißt, wieder ganz macht – wenn Ihr ihn nur laßt. Er ist das ‹gelobte Land›, und in seinem Herzen findet Ihr das Paradies. Der paradiesische Zustand ist ein feinstofflicher, es ist ein Zustand des Bewußtseins.

Daher entscheidet Ihr selbst in jedem Moment Eures Lebens, wo Ihr lebt – ob im ‹Himmel› oder in der ‹Hölle›. Denn beide Zustände, Himmel und Hölle, sind hier, beide stehen zu Eurer Verfügung. Nehmt also jenen Zustand in Euch hinein, den Ihr Euch wünscht, wisset jedoch: Wer sich nicht bewußt für den Himmel, für das Lichte und Göttliche, entscheidet, der fällt den Gesetzen der Gravitation entsprechend nach unten, ins Dunkel, hinab. Denn – und das mag für viele von Euch neu sein – die Gravitation existiert in einem gewissen Sinne auch in den geistigen Welten.

So fordern wir Euch auf: Sagt ja zum Himmel, sagt ja zur Liebe, sagt ja zum Licht und somit ja zu Gott! Seid friedvolle Kämpfer des Lichts, kämpft mit Erzengel Michael und seinen himmlischen Heerscharen, kämpft mit geistigen Lichtschwertern der Liebe, nicht gegen die Dunkelheit, sondern für das Licht, für die Liebe, für den Frieden und für das Leben, das Gott in Euch allen ist. Es gibt nur eine Wahrheit, sie heißt LIEBE!

Als Gott in Jesus Christus auf Eurer Erde wandelte, hat er zu Euch Lichtarbeitern gesagt: ‹Vermehret Euch in der Liebe!›, und nicht, wie es Euch gelehrt wird: ‹Liebet und vermehret Euch!›. Denn um Euch solches zu predigen, käme Gott nicht zu Euch, weist Er Euch doch immer nur in jene Lehren ein, die Ihr noch nicht beherrscht. Dies ist mit ein Grund, warum es nichts Neues auf der Erde geben kann, denn zuerst müßt Ihr das verwirklichen, was Gott schon seit Äonen von Euch erwartet und Euch auch immer wieder durch Seine Werkzeuge und Seine Propheten mitteilt.

Seid also demütig, seid stark und wisset: Wer heute ‹groß› ist, wird morgen ‹klein› sein, und wer heute ‹klein› ist, wird morgen erhoben sein.»

Eine Woche später, nach der üblichen Anrufung, dem Gebet und der Bitte um Kontakt, fuhren meine geistigen Lehrer wie folgt fort:

«Wir grüßen Dich im Namen aller Freunde des Lichts im Diesseits und im Jenseits. Es ist gut, sich vor jeder geistigen Arbeit ganz Gott, dem Heiligen Geist und Jesus Christus zu übergeben. Denn damit er Euch führen, beschützen und inspirieren kann, müßt Ihr Ihn erst darum bitten. Schon des öfteren haben wir Euch gesagt: Bittet, so wird Euch gegeben.

Seid nicht zu stolz zum Bitten und Beten,
seid nicht zu groß, um auf Eure Knie zu gehn.
Ihr Lichtarbeiter solltet nun mutig auftreten
und bereit sein, überall für Gott einzustehn.

Seid sanft im Herzen,
das lindert Schmerzen;
seid wahr im Sein,
das macht Euch rein;

seid klar im Denken
und tut Euch verschenken.

Verschenkt Euch Gott und Seinem Sein
und allen seinen Kinderlein,
dann wird Er öffnen Eure Augen, und Ihr werdet schauen
die wunderbare Schöpfung und warum wir Gott vertrauen.

Es wird die Zeit bald kommen,
wo alles, was bis heute nur ganz verschwommen,
von einem jeden klar wird wahrgenommen.

Seid also bereit, die Wahrheit zu sehen
und auch für die Wahrheit einzustehen,
denn Gott beauftragt uns zum Reden
und schenkt Euch auch mit diesen Worten Seinen Segen.

Und werden die Meere sich wallen,
die Erde beben,
die Orkane stürmen
und das Elend sich türmen,
es wird sein nur zu Gottes Gefallen
und zu Eurem Segen,
denn solche Veränderungen ent-decken das wahre Leben.

Ein wahrer Lichtarbeiter spürt schon heute,
wie das Licht vermehrt nun strömt,
ein jeder Lichtarbeiter lebt schon heut' im Lichte nur,
sieht das Schöne und das Gute und lebt die Liebe pur.
So bitten wir Euch zu beten für die Umkehr dieser Welt,
auf daß sie findet neuen Glauben und die Loslösung vom Geld.

Deshalb schenken wir Euch ein weiteres Gebet,
das tief in Eure Herzen geht,
das auch tief von Herzen kommt zu Euch vom Licht,
und durch ein jedes Dunkel bricht.»

Wie soll man beten?

Immer wieder kommt es vor, daß mich Menschen fragen, wie sie beten sollen. Diese Frage ist auch nicht weiter verwunderlich, da wir gerade das Beten in der heutigen Zeit fast völlig verlernt haben. Ja, Beten gilt heute vielerorts als altmodisch und überkommen, auch und vor allem in den sogenannten «esoterischen» Kreisen. Dort, wo man sich oft auf Biegen und Brechen krampfhaft von den Kirchen abgrenzen möchte, wird meist nur noch meditiert, mental trainiert oder einfach vor sich hin geträumt.

Dieses Abgrenzen hat jedoch nichts mit Spiritualität zu tun, denn Spiritualität ist Liebe, und Liebe vereint und durchglüht alles. Abgrenzen, trennen und sich absondern ist ungöttliches Sein und rührt vom Verstande, vom Ego her.

Wenn ich selbst auch konsequenterweise aus der Kirche ausgetreten bin – was übrigens viele nicht sind, die über die Kirche Schimpf und Schande ausschütten –, so will ich doch nicht behaupten, daß die Kirche nicht auch ein Weg zu Gott sein kann. Beten aber hat nichts mit einer Kirche zu tun. Das Beten wurde als Invokation, als Anrufung Gottes und seiner Engelwesen, schon lange vor dem Entstehen der Kirche in allen Kulturen, auf allen Erdteilen und auch auf anderen bewohnten Planeten in allen Universen praktiziert. Es heißt, daß in dieser wunderbaren göttlichen Schöpfung, in der wir leben dürfen, insgesamt zwölf Universen existieren. Wir auf unserer Erde leben im zwölften Universum, auf dem zwölften Planeten, der ein Schulungsort der fast untersten Stufe ist. Wir Menschen bilden, so will es mir scheinen, eine Schulklasse von extrem lernbehinderten Kindern. Und wir behindern uns laufend aufs neue, anstatt uns zu befreien. So ist jede Kritik und jede Verurteilung, auch oder gerade wenn es die Kirche betrifft, eine weitere Fessel, die uns bindet.

Viele Menschen glauben, das Recht zu besitzen, über andere zu urteilen oder über Zustände und Dinge negativ zu reden, und sie empfinden dies sogar als «Freiheit». Doch solche Menschen sind geistig blind, denn sie sehen nicht die Ketten und Zwangsjacken, welche sie sich mit einem solchen Verhalten selbst umhängen. Im Gegenteil, sie kommen sich in ihren Zwangsjacken sogar noch schick vor und brüsten sich in ihrer Illusion, etwas Besseres zu sein.

Glaubt mir, die Aura solch unglückseliger Geschwister sieht erbärmlich verkrüppelt aus. So manch ein körperlich Verkrüppelter hat im Vergleich zu diesen innerlich verhärteten Menschen eine wunderschöne, leuchtende Ausstrahlung und ist mit hohen Welten in Verbindung.

Jenen unter Euch, die sich danach sehnen, hellsichtig zu sein, muß ich sagen: So weit Ihr nach oben sehen könnt, so weit werdet Ihr auch nach unten sehen. So klar Ihr das Gute erkennen könnt, so klar werdet Ihr auch das Ungute wahrnehmen müssen. Einigen würde bei diesem Anblick vor Schreck wohl fast das Herz still stehen. Andere würden sich vor ihren «besten Freunden» zu fürchten beginnen. Viele würden weder das hohe Glück, noch den tiefen Schrecken loslassen können und wären somit noch mehr gebunden und ganz und gar nicht befreit.

Deshalb dankt Gott, daß Er den Zeitpunkt bestimmt, wann Er Euch die Geistesgabe der Hellsicht schenken möchte. Denn nur Er allein sieht ganz genau, wann Ihr sowohl körperlich als auch seelisch-geistig bereit seid, richtig damit umgehen zu können. Gott allein weiß, wann die Zeit reif ist. Somit empfehle ich Euch auch, Eure Medialität, wenn überhaupt, nur spielerisch und nur auf sanftem Wege zu fördern, niemals mit Gewalt oder mit künstlichen, äußerlichen Mitteln. **Auf dem geistigen Weg geht es am schnellsten vorwärts, wenn man langsam und behutsam voranschreitet.**

Nun will ich aber wieder auf jene oft gestellte Frage, wie man beten soll, zurückkommen. Generell ist hierzu zu sagen, daß das beste Gebet jenes ist, welches aufrichtig ist und von Herzen kommt. Nicht die Worte bestimmen die Qualität eines Gebetes, sondern die Gefühle, die wir in diese Worte und Gedanken hineinlegen. Meine geistigen Begleiter gaben mir am Neujahrstag 1994 folgendes Beispiel hierfür:

«O Herr und Gott, unser Vater, die ersten Gedanken dieses Jahres liegen ganz klar bei Dir. Ich spüre Deine Nähe, ja, ich weiß, Du bist bei mir. Die Luft, die mich umgibt und durchdringt, ist Dein Atem, auch die Wärme meines Herzens bist Du, und der Glanz in meinen Augen ist Dein Licht.

Ich beginne heute einen Tag mit Dir, und ich spüre, Du bleibst bei mir, den ganzen Tag, die ganze Woche, das ganze Jahr, ja mein ganzes Leben lang. Denn in Dir hat mein Leben begonnen und in Dir wird mein Leben enden. So möchte ich auch mein ganzes Leben lang bei Dir sein.

Ich weiß, in jedem Moment beginnt ein neues Jahr, jeder Tag kann der erste eines Jahres oder eines ganzen Lebens sein. Und ich weiß, heute ist mein Tag! Heute habe ich mich entschieden, nur noch für Dich zu leben, allen Menschen Liebe zu geben und, großer Gott, ich bitte hierfür um Deinen Segen.

Laß Frieden sein in der Welt und Glück in allen Herzen, führe, leite und begleite mich in Zeiten der Freude wie auch in Zeiten der Schmerzen. Schenke mir Deine Kraft, um mein Kreuz zu tragen, und es wird federleicht sein; schenke mir Deine Liebe, und ich werde für Dich offen sein; schenke mir Deine Demut, und ich bleibe bescheiden und klein. O wunderbarer Heiland, Jesus Christus, Dein Kind will ich sein, Künder Deiner Liebe und Deines Lichtes, jetzt und für alle Zeit in Ewigkeit. Amen.»

Anschließend vernahm ich die folgenden Worte:

«Gott zum Gruß, liebe Freunde! Wenn Ihr Gottes Kinder sein wollt, so müßt Ihr Gottes Licht, seine Wahrheit und seine Liebe verkünden. Ihr sollt Künder Gottes sein. Seht Ihr den feinen Unterschied: Kinder = Künder! So betrachtet folgenden Ausspruch Jesu

einmal unter diesem Aspekt: ‹So Ihr nicht werdet wie die Kinder, könnt Ihr nicht ins Himmelreich eingehen.› Wer also Gott wirklich kennt und Ihm dienen möchte, liebe Freunde, der kündet von Ihm, und wer Ihn nicht kennt, der wird auch Sein Reich nicht finden. So einfach ist das.

Von Gott künden könnt Ihr auf drei Arten: mit Vorleben, mit Reden oder mit strahlendem Schweigen. Man sagt, Reden sei Silber und Schweigen sei Gold, jedoch ist es oft auch umgekehrt. Daher müßt Ihr in Euch die Gabe der Unterscheidung gut entwickeln, damit Ihr immer genau erkennen könnt, was in diesem Moment gerade ‹Gold› ist – ob Reden oder Schweigen.

Hört stets in Euer Inneres hinein, bevor Ihr sprecht, und fragt dann Euer Herz: Ist es recht? Spürt in Euch hinein: Kommen meine Worte aus der Liebe, oder sind sie für meinen Nächsten nur Hiebe, Schläge einer vom Ego aufgepeitschten Zunge, welche ich besser zügeln sollte? Sprecht nie negativ über Eure Mitgeschwister, urteilt nicht und laßt das Rechten sein, denn das gebührt nur Gott allein. Seht in allen nur das Gute, stützt das Licht und seid bestrebt, es immerzu zu mehren, dann werdet Ihr in den andern, und jene in Euch, den allen innewohnenden Gott verehren. Dann dürft Ihr alle strahlen wie die Sonne und Lebensspender füreinander sein, dann, liebe Freunde, geht auch Ihr auf Erden schon in Gottes Himmelreich hinein.»

4. Kapitel

Prüfet die Geister!

Viele Menschen beneiden uns Medien. Sie denken, wie schön und vorteilhaft es doch sei, wenn man jederzeit die Gelegenheit hat, die Wesen in der geistigen Welt über alles mögliche zu befragen. Dem ist jedoch durchaus nicht so.

Ganz zu Beginn meiner Medialität habe ich hin und wieder allerlei Fragen, die mich gerade beschäftigten, «nach oben» gestellt. Nach einiger Zeit, als ich wieder einmal etwas wissen wollte, bekam ich dann die folgende Antwort zurück: *«Glaubst Du etwa, wir seien Deine private 111-Nummer?»* (Die Nummer 111 ist bei uns in der Schweiz die telephonische Auskunft!)

Wer also glaubt, ich könne, wenn ich irgendwelche Probleme oder Anliegen habe, einfach mal kurz anfragen und erhielte dann sofort eine Lösung, der irrt sich gewaltig. Denn es ist in diesem Zusammenhang wichtig zu verstehen, daß uns die geistigen Gaben nicht für den privaten Eigengebrauch oder -mißbrauch gegeben sind, sondern als göttliche Geschenke, die wir selbstlos unseren Geschwistern zur Verfügung stellen müssen.

Einmal, als ich recht krank war, bat ich die geistigen Freunde um Hilfe. Da sagten sie in großer Liebe zu mir: *«Frage Deine irdischen Freunde oder Deine Frau, oder gehe zu einem Medium. Oder frage einen anderen Therapeuten.»* So «durfte» ich dann drei Jahre lang suchen. In jener Zeit jedoch habe ich verstanden, was es heißt: Der Weg ist das Ziel. Denn in jener Zeit gelang es mir, nach und nach unzählige Laster und schlechte Gewohnheiten loszulassen. So befreite ich mich immer mehr von jenen Dingen, die mich an die Materie binden. Als ich schließlich die Lösung meiner gesundheitlichen Probleme durch ein anderes Medium erhielt – und diese Lösung war im Grunde genommen sehr simpel –, sprach die geistige Welt zu mir: *«Siehst Du, das Wesentliche ist nicht Deine Heilung gewesen, sondern daß Du Dich verändern solltest.»* Alle unguten Eigenschaften, von denen ich mich damals trennen und freimachen konnte, so erkenne ich heute, hätten meine weitere Entwicklung zum Lichtarbeiter be- oder gar verhindert.

Freier Wille und Unterscheidungsvermögen

Frei werden heißt: sich frei machen. In der Welt der verschiedenen Religionssysteme sowie auch in der modernen Esoterik ist es jedoch immer so eine Sache mit der «Freiheit» und mit dem «Befreien». Denn jeder will in erster Linie den anderen «befreien» und «bekehren», und dies, wenn es sein muß, nicht selten auch mit Gewalt. Doch kann sich der einzelne Mensch immer nur freiwillig verändern, und in diesem Sinne auch immer nur selbst befreien, was ihm letzten Endes freilich allein mit der Hilfe und der Gnade Gottes gelingen kann.

Zwar sind die Befreiungsversuche anderer meist gut gemeint, und häufig geschehen sie sogar auch aus Liebe heraus. Aber aus was für einer Liebe? Nun, allzu oft ist es nur die selbstische, verzerrte Liebe der irdischen Beschränktheit, und so kommt es dann, daß wir aus lauter «Liebe» genau das Gegenteil von dem erreichen, was wir ursprünglich wollten. Oft führt nämlich diese weltliche «Liebe» dazu, daß wir den anderen in seinem freien Willen einschränken und ihn auf diese Weise unfrei machen.

Mir wurde dies plötzlich klar, als ich eines Tages zu Hause auf meinem Balkon stand und gerade miterlebte, wie sich eine wunderschöne Biene in einem Spinnennetz verfing. Ich hatte Mitleid mit ihr und wollte sie aus lauter «Liebe» vor ihrem sicheren Tod bewahren. Gedacht, getan. Eben machte sich die Spinne auf den Weg, ihr Opfer zu verspeisen, da ergriff ich das Bienchen, entriß es dem Spinnennetz und legte es behutsam auf die Erde in einen Blumentopf.

Ein Gefühl von Stolz überkam mich, denn ich hatte ja eben einem Tierlein das Leben gerettet. Wäre ich nun wieder ins Wohnzimmer zurückgegangen, so hätte ich wohl jenen Tag freudig und stolz über diese Tat verbracht. Es wäre jedoch eine getäuschte, eine nur scheinbare Freude gewesen, genauso, wie es nicht reine Liebe war, die mich zu dieser Tat gedrängt hatte. Denn reine Liebe ist nicht blind, sondern weise.

Ich wollte mich also bereits wieder einer anderen Tätigkeit zuwenden, da kam spontan der Hinweis aus der geistigen Welt, noch ein wenig stehenzubleiben. So blieb ich auf dem Balkon stehen und wartete ab, was nun geschehen würde. Insgeheim erwartete ich vielleicht sogar ein anerkennendes Dankeschön von meinen Begleitern. Da hörte ich folgende Worte:

«Schau nur, was Du angerichtet hast! Das Netz der Spinne, dieses wundervolle Kunstwerk, hast Du brutal zerstört; das Bienlein ringt, vom Spinnfaden völlig verklebt, hilflos mit dem Tod; die Spinne muß hungern, und Du – Du freust Dich Deiner ‹guten Tat›. Lerne zu unterscheiden und wisse: Liebe ist nicht gleich Liebe, Helfen ist nicht gleich Helfen, und Heilen ist nicht gleich Heilen.»

Ein anderes Mal – meine Frau überlegte gerade, ob sie zu einem befreundeten Therapeuten in eine Behandlung sollte – dachte ich insgeheim bei mir: Es wäre schön, wenn die geistige Welt diesem Therapeuten, so quasi als Gegenleistung, ein paar hilfreiche Worte schenken würde. Da die Freunde in der geistigen Welt alle unsere Gedanken lesen können, ist es nicht weiter verwunderlich, daß sie sich in einer Durchsage einige Tage später auf diesen Vorfall bezogen. In einem etwas ernsteren Tonfall sprachen sie zu mir:

«Lieber Freund, Du bittest um ein paar Worte für Robert. Du weißt ja, daß wir Dir diesen Wunsch nicht abschlagen können, jedoch hoffen wir, daß wir von nun an nicht dauernd über persönliche Dinge befragt werden. Wenn es etwas zu sagen gibt, werden wir uns von selbst bei Dir melden.»

Wie der geistige Kontakt zustande kommt

Es ist übrigens nicht so, daß ich einfach die geistige Welt rufen und meine Begleiter oder gar Gott sozusagen nach Belieben herzitieren kann. Bevor ein Kontakt zustande kommen kann, so wurde ich von der geistigen Welt einst aufgeklärt, bestrahlen mich meine Begleiter stets so lange mit ihrer Liebe, bis ich diesem Ruf der Liebe folge, mich einstimme und mich vorbereite. Diese «Einstrahlung von oben» kann manchmal Tage dauern, bis ich soweit geöffnet bin, um mit meinen Freunden des Lichts sprechen zu können. Wörtlich haben sie dies in einer Botschaft einst so formuliert:

«Wir grüßen Euch, liebe Geschwister auf Erden. Möge diese Welt durch Eure Liebe lichter werden! Lichterfüllte Grüße bringen wir Euch heute von allen Euren lieben Heimgegangenen. Viele von ihnen haben nun auch begonnen, am großen Liebes- und Lichtwerk mitzuarbeiten. Groß ist unsere Freude darob.

Freude empfinden wir auch, wenn wir zu Euch kommen dürfen. Und für jene Leser dieser unserer Botschaften von den Freunden des Lichts, die Bruno noch nicht kennen, möchten wir erläutern, daß nicht er, der Kanal, bestimmt, wann und ob ein Kontakt zustande kommt, sondern Gott. Wenn Gott durch Jesus Christus uns die Erlaubnis schenkt, den Kontakt mit Bruno aufzunehmen, bestrahlen wir ihn aus unseren Herzen so lange mit Liebe, bis er spürt und fühlt, ja tief in seiner Seele empfindet, daß wir bei ihm sind. Er kann uns also nicht nach Belieben persönliche Fragen stellen, denn er bestimmt nicht das Thema unserer Worte. Allerdings müßen wir uns ihm und seinen Erlebnissen angleichen.

Deshalb verändern sich die Themen von einer Botschaft zur anderen hin und wieder, weil auch Bruno immer wieder neue Erfahrungen macht. Auch schleichen sich in seine Niederschriften ab und zu kleine Fehler ein, die jedoch den Sinn der Botschaften nicht verfälschen. Es liegt somit an Euch, ob Ihr Fehler und Ungereimtheiten oder ob Ihr geistige Hilfe und Lernstoff aus diesen Botschaften, welche aus Gottes Liebe zu Euch strömen, herauslesen werdet.

Liebe ist Licht, Liebe ist Kraft, Liebe ist Leben, und Leben ist Geben. Glaube, Mut, Hoffnung und Vertrauen strömen aus der Allmacht Gottes zu Euch; auf Ihn könnt Ihr bauen. Laßt alles los, was ungut ist; wandelt die Traurigkeit um; laßt Blumen erstehen in Eurem Sein, lebt in der Wirklichkeit, nicht im Schein!

Suchet das Gute, und Ihr werdet es finden!
Suchet das Schöne, und Ihr werdet es sehen!
Suchet das Wahre, und Ihr werdet es hören!
Suchet die Liebe, und sie wird Euch gegeben!»

Daß es sich bei den Freunden des Lichts um eine ganze Gruppe von Wesenheiten handelt und nicht nur um eine einzelne Person, spüre ich immer dann, wenn während einer Durchsage der Mentor wechselt. (Als Mentor wird der jenseitige Redner bezeichnet.) Es mag sich nach einem solchen Wechsel zwar immer noch ähnlich anhören, doch die Energie ist jeweils merklich anders.

Hier möchte ich für all jene, die selbst einen geistigen Weg gehen, betonen, daß wir uns niemals gänzlich auf das verlassen können, was wir sehen oder verstehen, und zwar auch im geistigen Bereich nicht! Denn sehr wohl kann der «Teufel», das heißt ein Wesen der Finsternis, zuweilen auch im Engelsgewand erscheinen. Ja, die niederen, dunklen Wesen verstehen es nur allzu gut, uns zu täuschen und in die

Irre zu führen, sei es mit klugen Reden und Vorträgen, sei es mit imponierenden Namen und Titeln, sei es mit großen Versprechungen und Verlockungen, oder sei es sogar mit wundersamen Heilungen!

Nicht umsonst betonen meine geistigen Begleiter immer wieder, wie wichtig es ist, daß wir unser kritisches Unterscheidungsvermögen entwickeln und schulen. «Prüfet die Geister, die zu Euch sprechen», heißt es schon in der Bibel, denn wir wissen: der Schein trügt. Es ist also wesentlich sicherer, sich auf das aufrichtige, innere Gefühl zu verlassen als auf den Verstand.

Die Polarität von Licht und Dunkelheit

An dieser Stelle ist es angebracht, kurz über das Thema der dunklen, niederen Astralwesen und über die Wichtigkeit des Sich-schützens gegen ungute Mächte zu sprechen. **Denn genauso, wie es auf unserer sichtbaren Erde gute und weniger gute Menschen gibt, so gibt es auch in den unsichtbaren, jenseitigen Welten gute und weniger gute Wesen.**

Dies ist, obwohl gewiß ein leidiges, ein doch sehr wichtiges Thema jeder Einweihungswissenschaft. Es ist zwar richtig, daß es von einer gewissen höheren Stufe des geistigen Weges an weder Gut noch Böse noch andere Polaritäten gibt, doch es ist ebenso richtig, daß die Gegensätze von Licht und Dunkelheit, oder eben von Gut und Böse, innerhalb der Polarität, in der wir derzeit leben, immer eine Realität ist und daß wir in unserem Leben dieser Realität auch Rechnung tragen sollten.

Erst in den hohen Geisteswelten wandelt sich die *Polarität* (= das Gegensätzliche, Unvereinbare) in die *Dualität,* also in das sich in göttlicher Liebe gegenseitig bedingende und sich ergänzende Nebeneinanderbestehen unterschiedlicher Schöpfungsteile. Echte Dualität ist somit die Vielheit in der Einheit und die Einheit in der Vielheit. Wir kennen alle den Ausspruch: «Einer für alle, und alle für einen.»

Genaugenommen ist damit folgendes gemeint: Alle (= wir Menschen bzw. wir Seelen oder Geschöpfe) für den Einen (= Gott), und dieser Eine (= Gott) für alle (= uns Geschöpfe). Polarität hingegen ist nicht das harmonische Zusammenwirken unterschiedlicher Individuen, sondern die Spannung zwischen sich gegenseitig ausschließenden und sich bekämpfenden Gegensätzen.

Betrachten wir mit diesem Wissen nun, weshalb es wichtig ist, daß wir uns auf unserem Weg des Lichts und des Göttlichen vor dem anderen, dunklen, ungöttlichen Pol und vor seinen zahlreichen Vertretern schützen – und vor allem auch: *Wie* wir uns vor ihnen schützen können.

Wie Du ja weißt, gibt es jenseits dieser dreidimensionalen, grobstofflichen Sphäre unzählige weitere Dimensionsebenen, die ihrerseits wiederum in etliche Sphären und Stufen unterteilt sind. Du weißt wohl auch, daß ein Mensch, wenn er nach seinem Tode in die feinstoffliche Welt der Verstorbenen übergeht, nicht automatisch ein Heiliger wird, nur weil er seinen grobstofflichen Körper verlassen hat. Und Du weißt ebenfalls, daß wir alle den freien Willen besitzen und frei entscheiden können, was wir – freilich im Rahmen der göttlichen Naturgesetze – mit unserer Existenz anfangen wollen. Dies gilt sowohl vor dem Sterben als auch danach.

Somit kann und wird ein jeder auch nach seinem Tode weiterhin genau das tun und lassen, was er möchte und was seiner Entwicklungsstufe entspricht. Mit anderen Worten: In den feinstofflichen Bereichen der Verstorbenen, die uns umgeben, sind genau die gleichen Typen und Charaktere zu finden wie unter uns lebenden Menschen. Denn es *sind* ja die gleichen Personen, nur einfach ohne einen physischen Leib!

Vor allem jene Menschen, deren Bewußtsein sich in den unteren, dunklen Bereichen befindet – sie werden von der geistigen Welt zuweilen auch als «Tiermenschen» bezeichnet –, halten sich nach ihrem physischen Tod oft Jahrzehnte, manchmal sogar Jahrhunderte oder Jahrtausende als sogenannte erdgebundene oder verirrte Seelen in den niederen Astralwelten oder in irgendwelchen Zwischenwelten in unserer Nähe auf. Dort frönen sie weiterhin all ihren weltlichen Gelüsten und Begierden, denn sie tragen meist noch nicht den Wunsch in sich, sich zu bessern und zu veredeln. Im Gegenteil sind sie sogar hauptsächlich daran interessiert, andere Menschen zu Fall zu bringen und auf ihre Ebene hinunterzuziehen.

Sucht am Beispiel des Rauchens

Weshalb das Sichschützen vor solchen unguten Wesen nötig ist, möchte ich am Beispiel eines starken Rauchers beschreiben. Um das Beispiel nachvollziehen zu können, ist es wichtig, an dieser Stelle zunächst auf einige weitere Zusammenhänge hinzuweisen. Nämlich erstens, daß es keinen süchtigen Menschen gibt – sei es ein Raucher, ein Trinker oder jemand, der sonst von irgend etwas abhängig ist, wie beispielsweise von Kaffee, Fernsehen, Geld, Arbeit oder Sex –, der neben seiner offensichtlichen Sucht nicht auch noch andere, meist weniger vordergründige Süchte pflegt. Im Wort «Sucht» liegt ja das «Suchen»; wir müssen uns also fragen: Was «sucht» ein süchtiger Mensch? Was suchst Du?

Und zweitens, daß sich jeder Mensch – auch oder gerade ein Verstorbener – automatisch zu jenen Wesen hingezogen fühlt, welche die gleichen Süchte pflegen wie er selbst. Gleich und gleich gesellt sich gern, sagt man. Das heißt also, daß eine erdgebundene Geisterseele stets die Gemeinschaft solcher Menschen aufsucht, welche dieselben Gewohnheiten pflegen und denselben Süchten frönen wie das betreffende Wesen zu seinen Lebzeiten auch.

Mit anderen Worten: **Der auf Erden lebende Raucher hat fast ausnahmslos stets eine ganze Anzahl verstorbener, feinstofflicher Raucher um sich herum.** Das ist für mich nicht nur bloße Theorie, sondern ich kann dies tatsächlich immer wieder bei den Menschen direkt wahrnehmen. Da es in der jenseitigen Welt der

Verstorbenen eben keine Zigaretten gibt, stillen diese süchtigen Geistwesen einen Teil ihrer Lust durch den noch lebenden Raucher. Sie halten sich daher stets in dessen Aura auf, wodurch sie die feinstoffliche Schwingung des Rauches in sich hineinsaugen und auf diese Weise feinstofflich ein wenig mitgenießen können.

Doch – und hier liegt die Gefahr – ziehen sie dabei zusätzlich zum Rauch gleich immer auch etwas Lebensenergie des betreffenden Menschen ab. Der irdische Raucher wird also doppelt geschwächt, einerseits durch seine eigene Sucht und andererseits durch den Einfluß der um ihn herum versammelten niederen Geistwesen. Diese Schwächung vermindert nun ihrerseits sowohl die mentale Willenskraft des Verstandes als auch die physische Regenerationsfähigkeit des Körpers. Unwohlsein, Unlust, Frustration, Gefühle der Sinnlosigkeit und letzten Endes auch schwerwiegende Depression können auf diese Weise wachsen und gedeihen.

Entschließt sich ein Raucher nun, mit dem Rauchen aufzuhören, so bemerkt er nicht selten, daß eine «innere Stimme» zu ihm sagt: «Komm schon, nur noch eine! Nur ausnahmsweise!», oder: «Ab morgen höre ich bestimmt auf!» Doch morgen heißt es dann für gewöhnlich erneut: «Morgen höre ich ganz bestimmt auf!» usw. usf. Nun, diese innere Stimme ist wohl kaum die Stimme Gottes oder des höheren Selbst, sondern es handelt sich dabei eben um jene feinstofflichen Wesen, die verständlicherweise nicht wollen, daß wir unsere Sucht loslassen, denn sie können sich bei uns ja nur solange wohlfühlen, wie wir diesen Dingen frönen. Würden wir plötzlich von unserer Sucht Abstand nehmen, so wären auch sie gezwungen, ihre Lage und ihr weiteres Vorgehen neu zu überdenken.

Und genau hier ist die positive Seite der Angelegenheit: Wer es nämlich tatsächlich schafft, sich selbst zu helfen und sich von seinen Süchten zu befreien, der hilft und befreit damit – auch wenn er sich dessen nicht bewußt ist – zugleich auch mehrere andere Seelen. Ja, er bereichert damit die ganze Schöpfung, denn durch seine Entschlossenheit wird die ganze ihn umgebende Sphäre ein wenig heller.

Ein weiteres Thema soll illustrieren, wie wichtig es ist, daß wir uns über diese unsichtbaren, größeren Zusammenhänge bewußt sind und sie in unserer Lebensführung und in unseren Entscheidungen berücksichtigen. Es ist beispielsweise eine Tatsache, daß ein Mörder, der zum Tode verurteilt und hingerichtet wird, für uns Menschen um ein Vielfaches gefährlicher ist als ein lebender. Denn von «drüben» kann er seine krankhaften Neigungen unbemerkt in viele Menschen hineinstrahlen und auf diese Weise für unzählige weitere Morde und Selbstmorde (!) verantwortlich sein.

So gesehen erweist man solchen bösartigen Personen mit dem Todesurteil einen großen Gefallen und fördert sie sogar in ihren unlauteren Absichten. Besser wäre es, einen verwirrten und unwissenden Menschen zu Lebzeiten über diese Dinge zu belehren und ihm zu helfen, von seinen Irrtümern und seinen schlechten Gewohnheiten freizuwerden, so daß er im Jenseits keinen noch größeren Schaden anrichten kann und sich selbst damit nicht noch größeres Elend aufladen wird. Denn auch er muß wissen: Wir alle werden für unsere Handlungen – die guten wie die unguten – zur Verantwortung gezogen und werden die entsprechenden karmischen Konsequenzen ernten müssen.

Was tun?

Nun magst Du natürlich fragen, wie Du bei Dir selbst erkennen kannst, von welchen «Geistern» Du umgeben bist, und vor allem, wie Du Dich vor ihrem unguten Einfluß schützen kannst. Nun, solange Du noch nicht imstande bist, feinstoffliche Wesen direkt wahrzunehmen, ist es für Dich sehr schwer zu erkennen, von wem Du umlagert wirst. Deshalb möchte ich Dir den Rat geben, daß Du das göttliche Licht als steten Begleiter an Deine Seite nimmst. Denn nur das Licht, die Liebe und die Wahrheit Gottes vermögen Dich wahrhaftig zu beschützen.

Bedenke auch: Jene niederen Geistwesen sind in der Lage, als vermeintliche «innere Stimme» Deine Gedanken dahingehend zu beeinflussen, daß Du glaubst, es seien Deine eigenen. So werden sie laufend versuchen, Dir Gedanken und Argumente einzugeben, die Deine Fehler und Schwächen rechtfertigen sollen. Die Gefahr einer solchen feinstofflichen Beeinflussung besteht darin, daß Du Dich früher oder später gar nicht mehr darum bemühst, Deine Fehler, Triebe und Süchte abzulegen, sondern daß Du sie einfach immer nur zu entschuldigen und zu rechtfertigen versuchst, sowohl vor anderen als auch vor Dir selbst. Und sobald Du auf diese Weise Deine Entschlossenheit verlierst und nicht mehr an Dir arbeitest, wirst Du dadurch noch mehr Geistwesen einladen, sich Deiner zu bemächtigen und Dich nach ihrem Gutdünken zu manipulieren.

Um Dir zu helfen, aus diesem Teufelskreis zu entkommen, möchte ich Dir in der Folge eine sehr wirksame Schutzmeditation vorschlagen. Wisse jedoch stets: **Keine Meditation, kein Gebet, kein Edelstein, kein Amulett und keine Zauberei kann Dich effektiv schützen, solange Du nicht selbst an Dir arbeitest und aktiv Dein Bewußtsein und auch Deine praktische Lebensweise verbesserst!**

So betrachte die untenstehende Übung bitte nicht als billigen Ersatz für Deine eigene Bemühung (beispielsweise mit dem Rauchen oder dem Fleischessen aufzuhören oder dergleichen), sondern als Hilfsmittel, um neue Willens- und Lebenskraft, Mut und Frohsinn zu entwickeln. Diese Übung wird Dir helfen, alles Ungute von Dir fernzuhalten, so daß Du möglichst ungestört an Deiner eigenen Veredelung arbeiten kannst.

Die Bedingung freilich ist, daß Du bereit bist, Dich an gewisse konkrete Lebensregeln zu halten. Denn erfüllst Du Dich täglich mit Dunkelheit, so wirst Du immer wieder die dunklen Wesen einladen, Dich zu beeinflussen und zu mißbrauchen. Erfüllst Du Dich jedoch täglich mit Licht, so fühlen sich die lichtvollen Wesen zu Dir hingezogen und helfen Dir mit ihrer wohlmeinenden Energie.

Eine Schutzmeditation

Die Übung funktioniert wie folgt: Setze Dich bequem, mit aufrechter Wirbelsäule und nach oben gerichteten Handflächen auf einen Stuhl und achte darauf, daß beide Füße fest auf dem Boden stehen. Brille und Quarzuhr hast Du zuvor abgelegt und zu enge Gürtel und Hosenknöpfe geöffnet. In dieser einfachen Haltung können die positiven Energien optimal fließen.

Laß Dich nun von gar nichts mehr ablenken oder stören. Ziehe nötigenfalls vorher den Telefonstecker heraus und unterbreche die Türglocke oder beauftrage jemanden, Dich zehn Minuten lang zu vertreten. Am Arbeitsplatz ziehst Du Dich am besten kurz an einen ungestörten Ort zurück.

Schließe jetzt die Augen und konzentriere Dich auf Deinen Atem. Atme ruhig, tief und bewußt. Spüre den Rhythmus des Atems, das ewige Fließen der kosmischen Energien, wie die Gezeiten von Ebbe und Flut, das ewige Werden und Vergehen, Geben und Empfangen, Leben und Sterben, das ewige Ein- und Ausatmen Gottes.

Spüre, wie Du allmählich in Deine Mitte kommst, wie sich Dein Körper entspannt und wie Deine Nerven ruhig werden. Laß alle aufkommenden Gedanken einfach an Deinem Bewußtsein vorbeiziehen – wie die Wolken am Himmel. Erwehre Dich ihrer nicht, doch schenke ihnen auch nicht Deine Aufmerksamkeit. Jede Zelle Deines ganzen Daseins schwingt jetzt in Harmonie mit dem göttlichen Urprinzip von Liebe, Ruhe und Ausgeglichenheit. Atme diese Schwingung tief in Dich hinein, werde ruhig und konzentriere Dich.

Bitte nun Gott und alle Deine geistigen Helfer, Deine persönlichen Führer und Lehrer, die Engel und Lichtwesen um Beistand und um Hilfe für Deinen positiven Lebensweg. Die Antwort wird in Form von Licht zu Dir kommen, deshalb visualisiere jetzt, wie ein schneeweißer, mit Gold und Silber durchwirkter Lichtstrahl durch das Scheitelchakra in Dich hineinströmt und sich langsam in Deinem ganzen Körper verteilt. Fühle, wie Dein ganzes Sein, jede Zelle und jedes Atom von diesem Licht durchdrungen wird. Sieh nun, wie Dich dasselbe Licht mehr und mehr auch von außen einhüllt und wie eine wunderbar leuchtende, strahlende Lichtkugel um Dich herum entsteht. Visualisiere dieses Bild, wie Du durchdrungen und eingehüllt von göttlichem Licht bist, solange, bis Du es tatsächlich fühlen kannst, bist Du wahrnimmst, daß es wirklich so ist. Jetzt bist Du gut geschützt.

Lenke nun Deine Aufmerksamkeit erneut auf den Atem. Sei Dir bewußt, daß Atmen Leben bedeutet, denn Du atmest nicht nur Sauerstoff, sondern Licht! Und Licht ist Liebe, Licht ist Leben, Licht ist Gott. Atme auf diese Weise Gott ganz tief in Dich hinein und wisse: Dieses göttliche Licht ist die Quelle allen Lebens, aller Freude, aller Gesundheit, aller Harmonie und des Wohlstandes in jeder Beziehung.

Nachdem Du dieses Licht noch einmal ganz tief in Dich aufgenommen hast, bedanke Dich bei Gott und bei Deinen Helfern und Freunden aus der geistigen Welt für den erhaltenen Segen, strecke Deinen Körper und öffne Deine Augen. Schon bist Du bereit, «Berge zu versetzen».

Diese einfache, jedoch äußerst wirksame Übung schützt Dich nicht nur gegen sichtbare und unsichtbare Gefahren, sondern sie steigert auch Deine Medialität. Mache diese Meditation, wenn Du magst, morgens, mittags sowie abends vor dem Schlafengehen jeweils rund sieben Minuten lang, und Du wirst nach einiger Zeit in Deinem Leben Wunder erleben!

Cheng der Raucher

Daß ich zuvor das Beispiel eines Rauchers erwähnt habe, kommt nicht von ungefähr, denn ich selbst habe lange Zeit geraucht und weiß daher, wovon ich spreche. Als ich vor einigen Jahren damit aufhörte, durfte ich erstmals erleben, welche immense Kraft unseren Gedanken innewohnt und wie das Gesetz der Resonanz tatsächlich funktioniert.

Es war so: Ich saß auf einer Bank und wartete auf die Straßenbahn. Es war Winter und bitterkalt, und vor mir stand ein eleganter Mann, der genüßlich eine Zigarette rauchte. Ich sah förmlich, wie es ihm mit jedem weiteren Zug wärmer und wohliger wurde. Einerseits war ich stolz und ein wenig verächtlich, denn ich rauchte immerhin bereits seit drei Tagen nicht mehr, andererseits aber malte ich mir innig aus, wie schön es doch wäre, jetzt ebenfalls eine zu rauchen. Plötzlich öffnete mir die geistige Welt für einen kurzen Moment die Augen, zeigte mir Bilder und kommentierte diese wie folgt: *«Du hast dir soeben ein weiteres Karma auferlegt.»*

Daraufhin zeigten mir meine geistigen Begleiter, wie meine Gedanken und Vorstellungen, entsprechend dem Resonanzgesetz, sich sofort irgendwo zu verwirklichen suchten. (Es ist ein Gesetz, daß sich jeder Gedanke in irgendeiner Form manifestieren muß.) Da jedoch mein eigener Wille, mit dem Rauchen aufzuhören, bereits zu stark war, als daß sich meine Gelüste bei mir selbst realisieren konnten, suchten sie sich einen anderen Menschen als «Opfer», der genau wie ich gerade auf Rauchentzug war, dessen Wille jedoch noch etwas schwächer war als der meinige.

So führten mich meine Begleiter nach China. Ich sah dort einen etwa gleichaltrigen Chinesen, der gerade grauenhafte innere Kämpfe durchlebte. *«Siehe, das ist Cheng»,* hörte ich. *«Er hat sich gestern entschlossen, das Rauchen aufzugeben.»* Cheng tat mir aufrichtig leid, denn ich konnte ihn nur allzugut verstehen, machte ich doch genau dieselben Kämpfe und Krämpfe durch wie er. Dann geschah etwas Merkwürdiges: Ich sah meine Gedanken in Form und Farbe in Chengs Aura eindringen. Cheng erlebte eine Art «feinstofflichen Schlag», wurde sofort aggressiv und innerlich schwach und zündete sich eine Zigarette an. Cheng war gescheitert, er rauchte wieder, und ich wurde mir schlagartig bewußt, daß ich mitschuldig war. Als ich mit meinem Bewußtsein wieder zurück in der Schweiz war, sah ich gerade noch die Straßenbahn wegfahren – verpaßt!

Jahre später, als ich mich gerade wieder einmal fragte, weshalb ich noch immer gelegentlich Lust auf Zigaretten verspüre, klärten mich meine Lichtfreunde auf: *«Du wirst so lange immer wieder mit dieser Lust zu kämpfen haben, bis Cheng nicht mehr raucht. Hätte er sich damals regelmäßig geschützt»,* so führten sie weiter aus, *«wäre die Geschichte anders verlaufen. Dann nämlich wären Deine Gedanken an seiner Aura abgeprallt, wären auf direktem Wege zu Dir zurückgekommen und hätten sich unterwegs sogar noch verstärkt. Dann hättest Du selbst wieder angefangen zu rauchen.»* Nun wußte ich also, wie es läuft, und es ist mir seitdem in meinem Leben eine große Hilfe, mich an dieses Gesetz zu erinnern.

Übrigens – diese Information sei für jene unter Euch Lesern, die noch rauchen, angefügt –, habt Ihr gewußt, daß Ihr durch das Rauchen Eurem Blut den Sauerstoff entzieht? Sauerstoff aber ist Atem, ist Geist, und somit entzieht Ihr Euch durch das Rauchen aktiv dem Geiste Gottes!

Weitere Argumente für das Nichtrauchen

Ich möchte zum Schluß dieses Kapitels noch einige weitere gute Gründe anführen, die Euch helfen sollen, mit dem Rauchen aufzuhören. Zum Beispiel:

- Durch den Verbrennungsprozeß von Tabak – ob in der Pfeife oder in Form von Zigaretten, Zigarillos oder wie auch immer – entwickeln sich über 3000 (!) hochgiftige chemische Verbindungen wie z.B. Azeton, diverse Terpentine, Acetaldehyd, Methylsalicylat, glycyrrhische Säuren, Catechol, Naphthylamin, Methanol, Cadmium, Vinylchlorid, Arsenik, ja selbst das radioaktive Polonium 210, das Insektengift DDT und Blausäure, wie es in den Gaskammern der Nazis verwendet wurde.

• Rund 8% einer Zigarette besteht aus chemischen Zusatzstoffen, die als «Struktur-, Geschmacks- und Konservierungsmittel» bezeichnet werden. Diese Gifte, zusammen mit dem Teer und dem Nikotin, sind imstande, bei jedem Menschen das Nervenfluid nachhaltig zu zerstören.

• Bereits eine minimale Dosis von 30 mg (!) Nikotin genügen, um einen Menschen zu töten.

• Statistisch gesehen, verkürzt jede einzelne Zigarette die Lebensdauer um 10 Minuten.

• Bei Raucherinnen, die zusätzlich noch eine Antibabypille nehmen, ist die Gefahr, an Herz/Kreislauf-Beschwerden zu erkranken, rund 3mal höher.

• Die Krebsanfälligkeit ist bei Rauchern (auch wenn man wenig raucht) rund 15mal höher.

• Etwaige Anfälligkeiten der Atemwege steigern sich bei Rauchern um das 40fache.

• In der Schweiz sterben jährlich über 10'000 Menschen an den Folgen des Rauchens; das sind rund 20% aller Todesfälle. Weltweit gehört Tabak zu den häufigsten Todesursachen.

• Jede Minute sterben auf der Erde 6 Menschen an den Folgen des Tabakkonsums; das ist ein Mensch alle 10 Sekunden (!). Pro Jahr ergibt dies weltweit über drei Millionen Rauchertote.

• Allein in der Schweiz (und die Schweiz ist bekanntlich ein sehr kleines Land) werden für die Zigarettenwerbung pro Jahr fast 200 Millionen Franken ausgegeben. Bei rund einer Million Schweizer Rauchern kommen dazu noch täglich 5 Millionen Franken für den Zigarettenkonsum. Es werden also alleine bei uns jährlich mindestens 2 Milliarden (!) Franken «verraucht». Nicht eingerechnet sind hierbei die Abermillionen, welche für die medizinische Behandlung der diversen durch das Rauchen ausgelösten Krankheiten verschlungen werden.

• Heute werden alleine in der Schweiz jährlich rund 20 Milliarden Zigaretten geraucht, 300 Millionen Zigarren und 570 Tonnen Pfeifentabak. Somit wird es den verständigen Leser nicht erstaunen, daß rund 1% der globalen Luftverschmutzung dem Rauchen angelastet werden muß.

• Was in diesem Zusammenhang meistens vergessen wird ist die Tatsache, daß die Produktion von Tabak (Monokulturen!) und die Herstellung von Raucherwaren unheimlich viel Platz und Ressourcen verbrauchen. Zum Beispiel fällt der Produktion von nur rund 20 Stangen Zigaretten ein ganzer Baum aus dem Regenwald zum Opfer! So gesehen ist es ein großer Widerspruch, wenn die Menschen in Tagungen und nächtelangen Streitgesprächen, rauchend, über die «Umweltsünder» Schimpf und Schande ausgießen, ohne zu bemerken, was sie selbst derweil der Umwelt antun.

• Ebenso bedenklich stimmt mich die Tatsache, daß heute bereits 25% aller 16jährigen Kinder rauchen. Es ist also wirklich dringend notwendig, daß wir in dieser Beziehung umdenken lernen, und zwar sowohl in der Erziehung unserer Kinder als auch, und dies ganz besonders, in unserem eigenen Verhalten.

Wir sollten unser regionales, auf kurzsichtiges Genuß- und Profitdenken konditioniertes irdisches Bewußtsein umpolen in ein umfassendes globales, ja sogar universelles und göttliches Bewußtsein!

• Ach ja, fast hätte ich vergessen zu erwähnen, daß ein durchschnittlicher Raucher seiner Lunge eine Radioaktivität in der Größenordnung von rund 250 Röntgenuntersuchungen zumutet ...

5. Kapitel

Die liebe Liebe

In diesem Kapitel möchte ich einige Fragen und Themen aufgreifen, denen ich sowohl in meinem eigenen Leben als auch in meiner Arbeit als Medium und Berater immer wieder begegne, insbesondere in bezug auf die Thematik «Liebe und Partnerschaft». Ich nehme an, daß diese Themen auch Dich, liebe Leserin und lieber Leser, ansprechen werden.

Wer sind die «Freunde des Lichts»?

Oft werde ich gefragt, wer denn die «Freunde des Lichts» genau seien und ob diese Lichtwesen auch Namen hätten. Diesbezüglich äußerten sie sich einst wie folgt selbst:

«Es spricht nun ein anderer Freund des Lichts zu Euch. Namen geben wir Euch noch keine durch, denn Ihr seid noch nicht bereit dafür. Auch unser Medium Bruno nicht. Die Menschen lieben große Namen, und sie wollen alles berühmt machen und hochheben, was einen Namen trägt. Bruno könnte dieser Versuchung noch nicht standhalten. Und auch Ihr alle, die Ihr dies lest, wisset: Ihr steht alle auf derselben Stufe, und keiner ist höher als der Nächste, auch dann nicht, wenn er eine andere Arbeit für Gott tut. Denn vor Gott sind wir wahrhaftig alle gleich.

Ihr Kinder des Lichts, wir sehen, daß viele von Euch in Zweifel, Angst und Sorge leben. Das darf nicht sein, liebe Freunde! In

Depression, Traurigkeit und Angst verschließt Ihr Eure Pforten zum Licht und verschließt Ihr Eure Augen vor der Wahrheit, denn die Wahrheit ist Liebe, Freude, Harmonie, Licht, Kraft und Sonnenschein. So seht Euch in jeder Situation des Lebens beschenkt von Gott. Ja, begnadet seid Ihr, den Weg des Lichtes gehen zu dürfen! Freut Euch darüber und geht diesen Weg beschwingt, erhobenen Hauptes und mit strahlenden Gesichtern. Seid auf diese Weise Vorbild für Eure Brüder und Schwestern.

Wir, Eure älteren Brüder, sind bei Euch alle Tage, habt Vertrauen. Möge sich Gottes und unsere Liebe in Euch, durch Euch und um Euch verströmen. Amen.»

Von alten Seelen und großen Priesterinnen

Manche Menschen erzählen mir, nicht selten voller Stolz, sie seien ganz «alte Seelen» und sie hätten einen ganz besonders hohen Geistführer. So jedenfalls habe es ihnen ein «Medium» eröffnet. Und übrigens, in einem vergangenen Leben seien sie als Pharao, als Priesterin oder als Meister inkarniert gewesen. Sie wollen dann von mir wissen, ob dies alles auch wirklich stimme.

Nun, wenn diese Geschichten alle stimmen würden, dann hätte ich in den vergangenen Jahren bereits mehr Pharaonen kennengelernt, als jemals in allen Pyramiden der Welt Platz gefunden hätten. Darum also nochmals: «Prüfet die Geister, die zu Euch sprechen», hat Jesus gesagt, und damit sind selbstverständlich auch die «lebenden» gemeint!

Diese Empfehlung ist gerade heutzutage, im Hinblick auf die zeitgenössische Esoterik-Szene, äußerst hilfreich. Gerade hier läßt sich nämlich sehr häufig beobachten, wie mit der naiven Neugierde, mit den antrainierten Minderwertigkeitsgefühlen oder mit dem egoistischen Größenwahn der Menschen Schindluder getrieben wird. Man darf sich angesichts dieser Beobachtungen wohl mit Recht fragen: Weshalb bloß wollen alle sowohl in diesem Leben als auch in früheren Leben immer etwas ganz besonderes sein? Weshalb sind auf einmal so viele Esoterik-Konsumenten «alte Seelen» und ehemalige große Magierinnen und Meister, manche sogar «göttliche Inkarnationen»? Und: Wo sind denn all die Bauern, all die Mägde und Knechte, all die Diener und einfachen, gewöhnlichen Leute der früheren Jahrhunderte geblieben? Ist es nicht vielleicht ganz einfach so, daß jene Menschen, die mit ihrem heutigen Leben als «Herr Meier» und «Frau Müller» allzu unzufrieden sind, ihr angekraztes Selbstbewußtsein mit solchen illusorischen Wünschen und mit in frühere Leben hineinprojizerten Vorstellungen aufzupolieren versuchen?

Aber geht diese Rechnung wirklich auf? Wenn wir alle bereits uralte, geistig hochentwickelte Seelen wären, warum wären wir dann immer noch als «Herr Meier» auf Erden inkarniert? Man weiß doch, daß nur jene Seelen wieder neu als Menschen einverleibt werden, die noch nicht genug gelernt haben. Gewiß gibt es einige wenige Ausnahmen, Seelen also, die freiwillig nochmals als Mensch inkarnieren, um anderen auf ihrem Weg zu helfen. Doch diese Ausnahmen sind erstens sehr selten, und zweitens sind sie auch selbstleuchtend. Sie führen nicht das Leben einer gewöhnlichen «Frau Müller», und sie brauchen auch kein dubioses Medium, das ihnen mit erfundenen Geschichten aus früheren Leben schmeichelt.

Wir anderen hingegen – damit meine ich in erster Linie mich selbst, wohl aber auch den überwiegenden Teil meiner Leserinnen und Leser –, die wir ein ganz gewöhnliches Leben führen, wir sind hier, eben weil wir noch *nicht* hochentwickelt sind, eben weil wir noch sehr viel zu lernen und an uns zu arbeiten haben. Größenwahnsinnige Inkarnationsphantasien und Selbstlügen, die nur unserem eitlen Ego entspringen, werden uns auf unserem wahren geistigen Weg nicht helfen können. Im Gegenteil, sie stellen auf diesem Weg ein ernstzunehmendes Hindernis dar, und wir sind gut beraten, sie baldmöglichst hinter uns zu lassen.

Dualseelen und Partnerschaft

Eine andere häufig gestellte Frage lautet: «Was hat es mit den sogenannten Dualseelen auf sich? Hat jeder Mensch eine Partnerseele?» Diese Frage kann ich mit einem ganz klaren «Ja» beantworten. Nur muß es nicht unbedingt sein, daß diese Partnerseele derzeit ebenfalls auf der Erde inkarniert ist. Doch all jenen, die noch am Suchen sind, sei gesagt: Wenn Du Deiner Partnerseele tatsächlich begegnest, dann besteht kaum die Gefahr, daß Du sie nicht erkennen wirst! Im Grunde genommen brauchst Du sie nicht einmal zu suchen; es kann auch Dir genauso ergehen wie mir.

Meine Partnerseele ist meine Frau Conny. Sie kam eines Tages einfach an der Hand eines Freundes auf einen kurzen Besuch bei mir vorbei. Mit anderen Worten, ich mußte keinen einzigen Schritt aus dem Hause gehen, um sie zu finden! Ist das nicht wunderbar? So kann es jedem ergehen, der nicht krampfhaft nach seiner Partnerseele sucht, sondern sich vertrauensvoll führen läßt. Denn diese Dinge geschehen immer dann, wenn der richtige Zeitpunkt dafür gekommen ist, und wenn die Zeit wirklich reif ist, dann kommen sie mit hundertprozentiger Sicherheit! Meine Gefühle habe ich damals in den folgenden kurzen Zeilen festgehalten:

Conny

Zum ersten Mal, als ich sie sah,
hab ich gewußt: Jetzt ist sie da!

Sie kam in mein Leben und hat gesagt,
daß sie mich wirklich gerne mag.

Meine Gefühle waren stark abgemagert,
wegen meiner Vergangenheit ...

doch sie hat mich schnell befreit;
ich fühlte wieder.

Sie teilt mit mir meine Idee vom Leben,
das ist für mich ein großer Segen.

Wir kennen uns schon viele Leben,
und das ist der Grund, daß ich sagte,
als ich sie zum erstenmal sah:
nicht «ich liebe Dich», sondern: «Jetzt ist sie da!»

Wie Du siehst, war da nichts von der üblichen Leidenschaft und oberflächlichen Verliebtheit. Vielmehr war alles ganz ruhig, besonnen und klar. Es gab keine unkontrollierten Emotionen und auch keine Angst, sie etwa nicht zu «bekommen» – nichts von alledem. Es gab nur die totale Gewißheit: das ist sie!

Ich empfehle jedem Menschen, wenn er oder sie schwierige Lebenserfahrungen zu bewältigen hat, das Schreiben. Dadurch, daß Du die zu verarbeitenden Erlebnisse für Dich selbst bewußt ausformulierst, sind sie schon halb verdaut. Es braucht nicht gleich ein Gedicht oder ein ganzes Buch zu sein, das Du niederschreibst, und Du brauchst auch keine hochstehenden literarischen Ansprüche zu erfüllen. Schreibe Deine Gedanken und Gefühle einfach so auf, wie sie Dir gerade «zufallen» und wie sie für Dich gerade stimmen. Diese bewußte und intensive Auseinandersetzung mit Deinen Lebenseindrücken wird Dir sowohl im Moment des Erlebens helfen als auch Dir später viele eventuelle Therapiestunden ersparen.

Das Schreiben ist wirklich sehr befreiend, besonders dann, wenn man gerade keinen Gesprächspartner hat. Nachstehend möchte ich Dir einige Zeilen zu lesen geben, die ich vor längerer Zeit aus enttäuschter «irdischer Liebe» aufgeschrieben habe. Sie waren eigentlich als Brief gedacht, doch ich habe diesen Brief nie abgeschickt, einerseits weil ich mich vermutlich schämte, andererseits aber, weil ich nach dem klärenden Aufschreiben bereits etwas Distanz zur Situation gewonnen hatte. Der Brief entstand im Jahre 1983, und ich gab ihm den Titel «Selbstmitleid und Liebeskummer».

Ich nehme an, daß auch Du, liebe Leserin und lieber Leser, einige ähnliche Erfahrungen hinter Dir hast. Das heißt, Du wirst vermutlich mit meinen Worten mitfühlen können. Sei Dir jedoch bitte auch bewußt: Echte, spirituelle Liebe löst solche Konflikte nicht aus!

Selbstmitleid und Liebeskummer
(Fast ein Brief)

Ich dachte beinahe, ich hätte gefunden, was ich suche. Doch es war nur mein Schatten, der mich täuschte. Denn als heute das Licht aufflammte, verschwand er. Und mit ihm alle meine Hoffnungen.

Nun irrt mein Schatten mit all seinen Fragen in meinem Kopf umher, ohne daß ich auch nur eine davon beantworten könnte. Doch langsam verstehe ich seine Fragen. Ich kann nicht ausweichen, denn ich bin es selbst, dem ich auszuweichen versuche.

Ich versuche mir einzureden, daß die Zeit alle Wunden heilt, so, wie ich es bereits einige Male erlebt habe. Aber ich kann mir selbst nicht mehr glauben, denn ich glaubte doch schon vorher, mein zweites Leben gefunden zu haben.

Nun bin ich zur Hälfte gestorben und lebe noch immer. Was für ein Gefühl! Warum aber bilde ich mir ein, für einen anderen Menschen leben zu müssen? Ich sollte doch allmählich bemerkt haben, daß man am besten lebt als Egoist!(?)

Ich wollte, ich wäre so gewesen, wie ich hätte sein sollen. Doch ich werde bestraft dafür, daß ich ein Mensch bin, der seine eigenen Vorstellungen hat.

Es wird mir weggenommen, was ich am meisten liebe, und obwohl es unerreichbar für mich ist, liebe ich es noch immer – obwohl ich weiß, daß ich ins Leere schaue, ins Nichts greife und in taube Ohren schreie. Was kann ich tun, um diesen Leerlauf zu beenden?

Ich kann es einfach nicht glauben, daß es schon wieder mich getroffen hat. Ich kann und will es nicht wahrhaben! Doch was bleibt mir übrig, als zu warten, zu warten, bis mein Schmerz sich verliert und meine Wunden heilen?

Ich bin jetzt soweit, daß ich hoffe, niemals mehr jemanden zu lieben. Denn je mehr man liebt, desto größer ist der Schmerz, desto tiefer die Wunde und desto länger die Zeit, die man braucht, um zu vergessen.

Doch noch einmal will ich in der Erinnerung schweben. Es war eigenartig: Ich fühlte mich, als wir zusammenwaren, «eins» mit Dir, so, wie ich es noch nie zuvor erlebt habe; ununterbrochen sprühte mein Herz Zufriedenheit und Liebe aus, so, wie es nicht zu beschreiben ist.

Nun sprüht es weiter, doch die Glut meiner Liebe erlischt auf dem Weg zu Dir. Ich kann es kaum glauben, daß Du, die Du doch meine Flamme entzündet hast, sie jetzt schon auf dem Weg zu Dir mit Eis umhüllst. Noch spüre ich, daß Du mich trotzdem liebst, doch wie lange noch?

Es ist schade, daß ich Dir nicht zeigen konnte, wie ehrlich ich es meinte. Doch eigentlich sollte ich zufrieden sein – ich darf die Schule besuchen, ich habe genug zu essen, genügend Geld und ein Zuhause. Doch es ist traurig, daß niemand merkt, was ich wirklich brauche!

Ich hoffe, diese Zeilen lassen Dich verstehen, daß ich Dich nicht einfach «gern» gehabt habe, sondern daß ich Dich «leider» endlos liebte und Dich auch weiterhin liebe in der Hoffnung, es könnte eines Tages wieder so werden, wie es einmal war. Und wenn nicht, so möchte ich trotzdem immer für Dich da sein, ohne Erwartung auf eine Gegenleistung.

Ich wünsche Dir viel Ausdauer auf der Suche nach Dir selbst und hoffe, daß Du Dich finden wirst. Ich suche mich schon seit Jahren, und jedesmal, wenn ich glaubte, mich gefunden zu haben, mußte ich mit meiner Suche wieder von vorne beginnen. Vielleicht muß das so sein, um nicht hoffnungslos zu werden.

Es war superschön mit Dir! Wir werden es beide nicht leicht haben in nächster Zeit. Vielleicht hilft uns das, einander auf einer anderen Strecke wieder zu finden.

– Soweit meine Gefühle aus dem Jahre 1983. Solche aufgewühlten Emotionen, wie ich sie damals niedergeschrieben habe, hinterlassen in uns nicht selten eine «Blutspur» – glücklicherweise meistens «nur» eine seelische, in jüngster Zeit jedoch bei vielen Menschen leider auch immer mehr eine physische.

Die Bühne der großen Tragödie, so sagen meine geistigen Begleiter, trage den Namen Erde. Damit verbunden seien Eifersucht, Leidenschaft und unstillbare Erwartungen. All dies jedoch habe nichts zu tun mit Geben; und Geben, so sagen sie, heißt Leben.

Da die Liebe wohl bei allen Menschen, jedoch besonders bei den spirituell interessierten, die zentrale Rolle im Leben spielt, ist es nicht verwunderlich, daß sich der Liebeskummer immer wieder wiederholt, ja sich solange wiederholen muß, bis wir das Nötige daraus gelernt haben. Damals, 1983, vermochte ich noch nichts daraus zu lernen. Doch drei Jahre später, im Jahre 1986 also, schrieb ich folgendes Gedicht mit dem Titel «Die Sehnsucht zu lieben» in mein Tagebuch:

Die Sehnsucht zu lieben

Meine Gedanken, meine Gefühle, mein Herz sind bei ihr,
und trotzdem gehört sie noch nicht zu mir.

Monate sind schon vergangen,
seit bei uns die Funken sprangen.

Sie liebt mich auch von ganzem Herzen,
doch will sie ihren Freund nicht schmerzen.

Sie sitzt im Käfig ihrer eigenen Gutmütigkeit,
läßt sich selber lieber schaden, als daß sie sich befreit.

Es ist selten, daß man so sehr spürt,
wohin die Sehnsucht einen führt.

Meine Liebe zu ihr könnte mich zerreißen,
ich möchte alles in die Ecke schmeißen.

Ich habe sie zur Frau meiner Träume erkoren,
noch habe ich die Hoffnung nicht verloren.

Die Hoffnung ist das einzige, was mir noch bleibt;
bis sie erkennt und sich befreit.

Meine Sehnsucht, sie zu lieben,
ist trotz allem noch geblieben.
So wart ich nun, und es bleibt still,
bis sie sagt, daß sie mich will.

Das nun folgende Gedicht mit dem Titel «Liebe» faßt meiner Meinung nach alles zusammen, was es für mich zum Thema der irdischen, von Schmerzen begleiteten Liebe zu sagen gibt. Interessant ist dabei der Umstand, daß ich diese Zeilen bereits 1981, also noch bevor einige schmerzhafte Liebesbeziehungen begannen, aufgeschrieben habe. So ist es leider oft im Leben: daß man die Lösung bereits hat, jedoch den Fehler trotzdem begeht.

Liebe

Liebe, das Edelweiß aller Empfindung,
mit diesem Gefühl sind alle in Verbindung.

Mit der Liebe kommt das Glück,
doch mindert sich das Stück für Stück;

Schon manches Glück hat sie zerstört,
hat viele Menschen schon empört.

Es gibt kein Ding, daß sie nicht tat,
und alle Freunde wissen Rat.

Liebe macht blind und trübt dein Aug',
doch sag ich dir, sie macht auch taub.

Selbst die größten ihrer Tücken
wirst du mit Glück und Freud bestücken;
doch spätestens nach einem Jahr,
merkst du, daß alles Täuschung war.

Eingestehen wirst du's nicht,
denn jetzt ist Liebe eine Pflicht.

So kommt die Lüge aus der Liebe
und verdreht all deine Triebe.

In diesem Zusammenhang kamen mir erst neulich die folgenden Zeilen in die Hände:

Du sagst: «Ich liebe die Bäume»,
aber du fällst sie.

Du sagst: «Ich liebe die Natur»,
aber du verseuchst sie.

Du sagst: «Ich liebe die Vögel»,
aber du sperrst sie ein.

Du sagst: «Ich liebe die Tiere»,
aber du läßt sie töten und ißt sie.

Nun habe ich Angst.
Du sagst zu mir: «Ich liebe dich».

Sehnsucht nach Gott

An dieser Stelle können wir uns fragen, was es denn eigentlich ist, das der Mensch in seinem Partner sucht. Was ist das für ein Drang, der uns unwillkürlich zwingt, immer jemanden lieben zu wollen? Und warum kann uns eine menschliche Liebe diesen Drang niemals hundertprozentig erfüllen? Hören wir, was die geistige Welt hierzu sagt:

«Der Mensch, liebe Freunde, sucht immer nach Gott, sei es bewußt oder unbewußt. Dies ist der Grund, weshalb keines Menschen Sehnsucht je gestillt werden kann, bevor er nicht in die Fülle der göttlichen Liebe, in das Lichtermeer des Allerhöchsten eingetaucht ist.

In einer zwischenmenschlichen Beziehung, in welcher Gott fehlt, bleibt immer ein wichtiger Teil unerfüllt. Selbst nach der vermeintlich höchsten Erfüllung der körperlichen Zweisamkeit – Ihr nennt es ‹Liebe machen› – bleibt stets eine gewisse innere Leere zurück. Was tut der Mensch dann? Er raucht eine Zigarette, oder er geht zum Kühlschrank und versucht dort, irgendwie sein Gefühl des Unerfülltseins zu vergessen. Es gelingt ihm jedoch nicht. Deshalb drängt es ihn schon bald wieder danach, das ganze leidige Spiel von vorne zu beginnen.

Aus unserer Sicht ist Eure Sexualität ein eher trauriges Schauspiel. Wüßtet Ihr doch, wie man sich wirklich liebt, von Herz zu Herz (und nicht von Bauch zu Bauch, wie es die Tiere tun) – Ihr würdet Euch für Euer Benehmen schämen, wenn Ihr Euch in all Euren Farben, Tönen und Düften so wahrnehmen könntet, wie wir es tun. Wisset: Je höher Ihr auf dem geistigen Weg fortschreitet, desto mehr werdet Ihr ein sexuell enthaltsames Leben führen! Denn je näher Ihr Gott kommt, desto erfüllter und wunschloser werdet Ihr automatisch sein. Dies ist kein Verdrängen der Sexualität, sondern es ist eine ständige Verfeinerung bis hin zur gänzlichen Überwindung und Auflösung.

Enthaltsamkeit betrifft jedoch nicht nur die Sexualität, sondern beispielsweise auch die Ernährung, ja, die Genügsamkeit in Eurer gesamten Lebensweise. Auch die Bescheidenheit und die Demut sind ein Teil dieser Zurückhaltung. Doch geht bei Gott alles stets ohne Zwang und ohne Dogma, denn bei Gott gründet alles auf dem freien Willen.

In der Sehnsucht nach einem Partner kommt die Sehnsucht nach Gott, dem Schöpfer, zum Ausdruck, der zugleich Vater, Mutter, Freund und Bruder einer jeder Seele ist. Habt Ihr Ihn einmal gefunden, dann werdet Ihr wunschlos glücklich sein! So erinnern wir Euch noch einmal an die Worte Christi: ‹Mehret Euch in der Liebe!› Je mehr Eure Liebe wächst, desto mehr wird Euch alles erfüllt, und es wird für Euch weder Pein noch Leid, weder Hunger noch Kriege mehr geben. Ihr werdet wahrlich wunschlos glücklich sein! Seid Euch dessen stets bewußt: Es hängt alles am wahren Leben, an der Liebe!»

So, wie die geistige Welt Geduld mit uns hat und uns immer wieder alles verzeiht und uns unermüdlich führt und begleitet, genauso sollten auch wir uns unseren Mitmenschen gegenüber benehmen. Dies kommt in der folgenden Durchsage sehr schön zum Ausdruck:

«Richtet nicht, auf daß Ihr nicht gerichtet werdet! Gerade in der heutigen, wirren Zeit ist dieses göttliche Gebot von außerordentlicher Wichtigkeit. Denen, die Kriege führen, vergebt, ... denen, die Euch belügen und betrügen, verzeiht, ... jenen, die gegen das Licht arbeiten, entschuldigt ihre Unwissenheit ... und all jenen, welche ihre Augen vor Gott verschließen, helft zu erkennen!

Helft ihnen ohne Zwang, ohne Druck und ohne Erwartungen. Helft ihnen und seid Stütze für sie auf ihrem Weg. Versucht nicht, sie auf Euren Weg zu zwingen, sondern versucht vielmehr zu erkennen, wo jene stehen, und redet zu ihnen in Worten und Taten, die sie verstehen können. Seid Euch stets bewußt, auf wie vielen verschiedenen Stufen sich die heutige Menschheit befindet. Versucht daher nicht, mit Primarschülern Universitätsaufgaben zu lösen, sondern gebt ihnen die Möglichkeit, langsam zu lernen, Schritt für Schritt – so, daß das Gelernte auf ewig in ihren Seelen eingeprägt bleibt und nicht schon durch den kleinsten Hauch durcheinandergewirbelt wird. Laßt sie erst einmal erstarken, und später wird Gott sie prüfen und über sie befinden. Seid demütig und stets bewußt, daß auch Ihr im Unrecht sein könntet.»

Einige Wochen später vernahm ich folgende Worte:

«Wir sind die Freunde des Lichts. Wir grüßen Euch im Namen all Eurer Geistgeschwister, welche die irdische Evolution bereits abgeschlossen haben. Sie alle senden Euch Liebe, Mut, Kraft und Vertrauen. Sie senden Trost zu den Traurigen, Kraft zu den Kraftlosen, Mut zu den Ängstlichen und Glauben zu den Zweiflern. Wacht auf, Ihr, die Ihr gegen das Licht arbeitet! Sehet doch, Ihr schadet Euch nur selbst. Alles, geliebte Freunde, fällt auf den Verursacher zurück. Ihr wißt es längst, so handelt doch endlich auch danach!

Kein Herz, das sich wirklich der Liebe öffnete, blieb je unerfüllt. Streckt also Eure Hände empor zum Himmel, und Ihr werdet die himmlischen Geschenke empfangen; öffnet Eure Herzen empor zum Himmel, und Ihr werdet die himmlische Liebe empfangen; öffnet Euren Verstand empor zum Himmel, und Ihr werdet die Weisheit des Himmels empfangen; öffnet Euer ganzes Sein dem Himmel, und Ihr werdet Gott erfahren.

Dann könnt Ihr erkennen, daß nicht nur die Sonne, sondern auch Schnee und Regen Euch segnen. Erst dann könnt Ihr erkennen, daß auch ‹Haß› Liebe ist, daß auch Krankheit, Leid, Schmerz und Pein Geschenke sind aus dem göttlichen Sein.

Alles, alles ist Liebe, laßt Euch nicht täuschen! Versteht uns bitte richtig, wir sagen nicht: Gott macht Euch krank, Gott bestraft oder peinigt Euch. Nein, doch es ist Seine alles überschauende vollkommene Liebe, welche es Euch gestattet und es zuläßt, daß Ihr all dies erleben und erfahren dürft, wenn Ihr es so wollt. Nicht, daß es Ihm gefällt, oh nein, doch die wahre Liebe läßt alles zu und nicht nur das, was ihr gefällt. Dies allein ist Liebe; alles andere ist Egoismus, Intoleranz und Sklaverei.

Werdet also Liebe, werdet frei! Liebt Euren Nächsten so, wie er ist. Denn auch er ist ein Kind Gottes und somit in seiner Essenz – genau wie Ihr – nur Licht, reinstes, klarstes und wahrstes göttliches Licht, Liebe und Vollkommenheit. Wo auch immer Euer Nächster steht, was auch immer er tut, betrachtet ihn stets als ein vollkommenes Wesen. Seht in ihm nur das Licht, und er wird Licht sein. Alles Ungute, was Ihr im Nächsten seht, ist ebenso in Euch. Und so steht es auch mit dem Guten, das Ihr in den anderen seht.

Der Nächste, liebe Freunde, ist immer der, welcher gerade jetzt, in diesem Moment, bei Euch ist! Und erst wenn Gott Euer Nächster, ja Euer Aller-aller-allernächster ist, erst dann seid Ihr wahrhaftig ein Licht für diese Welt, in der Ihr lebt.»

Anschließend wurden noch einige Hinweise für den Meditationsleiter Kurt, ein Lichtfreund aus Österreich, gegeben. Ich möchte sie in diesem Buch erwähnen, weil ich glaube, daß die Botschaft für uns alle sehr wichtig ist, und weil es eine fast perfekte Überleitung in die darauffolgende Durchgabe ist. Hören wir also weiter, nicht nur mit dem Kopf, sondern mit dem Herzen:

«Nun wollen wir das Thema wechseln und Euch sagen, daß der Kreis der Freunde des Lichts sich nun auszudehnen beginnt. Kurt, Euer Mitstreiter des Lichts, macht seine Arbeit gut. Doch möchten wir ihm folgendes mitteilen: Lieber Freund und zukünftiger Lehrer des Lichts, lege alles nieder, was Dich am spirituellen Weiterkom-

men hindert. Sei ein Vorbild für Deine Dir anvertraute Gruppe. Versuche auch, Dein Ego loszulassen, welches immer wieder von sich sagt: ‹Ich habe dieses oder jenes getan.› Werde Dir vollauf bewußt, daß es Gott in Deinem Inneren ist, der alles tut, alles ist und alles kann – nicht Du selbst. Wie alle Menschen, so kannst auch Du aus Dir selbst heraus nicht einmal eine Tausendstelsekunde leben ohne IHN. Werde demütig und beuge Dich freiwillig dem Willen Deines Schöpfers, damit Du eines Tages sagen kannst: ‹Ich bin ein Kanal Gottes, ein Lehrer des Lichts, der Liebe und der Demut.› Wohlan denn, mach schnell, wir brauchen Dich.»

Tags darauf fuhren sie wie folgt fort:

«Liebe Freunde, ... wieder einmal möchten wir Euch ermuntern, die Lichtarbeit nicht zu vernachlässigen. Wir sind die Freunde des Lichts, und wir sind überall da, wo Licht ist. Je mehr Licht – oder anders gesagt: je mehr Liebe – Ihr in Euch tragt, desto mehr Lichtfreunde sind bei Euch. Ihr wißt, daß ein jedes Kind Gottes seine für ihn bestimmte Aufgabe hat. Wisset auch, daß diese Eure Aufgabe nicht fern von Euch zu finden ist, sondern gerade da, wo Ihr jetzt, in diesem Moment, steht. Fragt Euch stets: ‹Wie kann ich heute etwas für Gott tun? Wer braucht heute meine Hilfe? Wen kann ich heute stützen und aufmuntern? Für wen soll ich heute beten? Was kann ich heute tun, um all meinen Lieben das göttliche Licht näherzubringen?› Fragt Gott, unseren Schöpfer, nicht: ‹Weshalb hat es dieser besser als ich? Weshalb bin ich krank und nicht jener? Weshalb bin gerade ich alleine und einsam?›

Bittet nicht darum, daß Euch Eure Lasten abgenommen werden, sondern betet um einen stärkeren Rücken! **Mit Gott könnt Ihr alles tragen und ertragen.**

Öffnet also Eure Herzen der Liebe und der Inspiration aus den hohen Geisteswelten, seid Fackeln im Sturm, Lichter im Dunkel, Werkzeuge des Himmels und baut, gemeinsam mit uns, an der neuen

Erde, am Reich der Liebe, des Verstehens und Vergebens von allem Leid. Seid Freude in der Freude, Liebe in der Liebe und Licht im Licht. Amen.»

Eine andere Botschaft kurz danach lautete:

«Seid in jedem Augenblick, in jeder Situation, immer offenen Herzens. Denn nur ein geöffnetes Herz verhindert das Entstehen von Aggressionen, Ängsten und Unzufriedenheit. Nur offene Herzen sind in der Lage, alltägliche Begebenheiten richtig einzuschätzen und entsprechend liebevoll darauf zu reagieren. Ein Mensch, der für Gott wirken möchte, darf keine Sekunde, ja nicht einmal den Bruchteil einer Sekunde, seine Beherrschtheit verlieren, geschweige denn die Kontrolle über seine Gefühle, Gedanken oder Taten. Ja, nicht einmal im Traum darf er fehlen oder lieblos, triebhaft und egoistisch handeln. Wie Du ja weißt, lieber Freund, trägst Du die volle Verantwortung für alles, was Du tust, sei es nun bewußt oder unbewußt.

Dies ist eines der unabänderlich wahren Gesetze des Lebens. Übe Dich bitte darin; ja, wir rufen alle Menschen auf, dieses Gesetz zu beherzigen. Nie sollt Ihr Euch gehen lassen, nie den anderen die Schuld für Eure eigenen Leiden geben.

Nie sollt Ihr versuchen, Eurem Karma auszuweichen, denn damit schafft Ihr Euch nur weiteres Karma. Bittet vielmehr darum, daß Ihr von Gott so schnell wie möglich Gelegenheiten erhaltet, Eure karmischen Belastungen abzuarbeiten. Bittet um die Gabe der Erkenntnis, damit Ihr immer sofort Eure eigenen Fehler, Euer so oft liebloses Handeln, Euer immer wieder aggressives Denken, Euer häufig unreines Fühlen und Euer unwahres Reden erkennen könnt; damit Ihr diesem Tun sofort Einhalt gebieten und Euch umgehend beim Nächsten entschuldigen könnt.

So wird das Karma, welches Ihr soeben erschaffen habt, allsogleich wieder aufgelöst. Ihr könnt dies nicht mit stundenlangen Meditationen tun, sondern einzig mit Taten, mit Taten der Liebe an

Euren Nächsten, sei es nun ein Mensch, ein Tier, ein Stein oder eine Pflanze.

Taten der Liebe sind Taten des Lichts;
Gedanken der Liebe sind Gedanken des Lichts;
Worte der Liebe sind Worte des Lichts,
und Menschen der Liebe sind Freunde des Lichts.

Wir grüßen Euch mit diesen liebevollen Worten und den lichtvollsten Gedanken sowie mit unserem Gruß: Friede sei mit Euch, in Euch und also auch um Euch herum! Amen.»

Geben ist seliger denn Nehmen

Da sich die nächste Durchsage unter anderem auch auf das Beten bezieht, möchte ich den Antworten aus der geistigen Welt mein damaliges Gebet und meine Bitte um den Kontakt voranstellen:

Mein Gebet war: «Liebe Freunde des Lichts, ich erbitte, so es auch Gottes Wille ist, Eure Gegenwart. Möge Sein Licht über mir, in mir und um mich fließen, damit nichts Unreines, Unlauteres und Unwahres in mein Herz eindringt, ja damit nichts Eure Botschaften trübt. O allmächtiger, Himmlischer Vater, bitte halte Deine Hand stets über mir, als Schirm und Schutz vor niederen Einstrahlungen. Ich danke Dir, ich liebe, lobe, ehre, preise und verherrliche Dich, jetzt und bis in alle Ewigkeit. Amen.» – Die Antwort lautete:

«Ja, liebe Erdengeschwister, Gebete sind die wunderbarste, stärkste und einfachste Art, um Euch mit Gott zu verbinden, um Euch an seinen Lichtstrom anzuschließen, um beschützt und behütet zu sein, nicht mit einem Hut, sondern mit einer geöffneten Lotosblüte über Eurem Haupte.

Jene Blüte – Ihr nennt sie ‹Scheitelchakra› – kann erst dann geöffnet werden, wenn auch Euer Herz geöffnet ist. Es ist mit der

Entwicklung auf der Himmelsleiter, den Chakras, genauso wie beim Erklimmen einer irdischen Leiter: Stufe um Stufe müßt Ihr die Sprossen besteigen. Wisset: Es kann keine Stufe übersprungen werden, denn die geistigen Sprossen sind zu weit auseinander, als daß Ihr es schaffen könntet, gleich zwei Stufen auf einmal zu nehmen. Wurde von Euch also nicht zunächst das erste Chakra geläutert, gereinigt und Gott geweiht, so könnt Ihr nicht das zweite erwecken. Erwecken heißt hier: es im Lichte Gottes erstrahlen und rotieren zu lassen.

Viele Menschen glauben erleuchteten Geistes, hohe Lichtwesen und Sühneseelen zu sein, ... welch ein Hochmut, welch eine Einbildung, welch ein Frevel! Fragt Euch selbst:

Wer da ist unter Euch, der gerne leidet?
Wer da ist unter Euch, der alles verzeiht?
Wer da ist unter Euch, der sich seiner Schulden bewußt ist?
Wer da ist unter Euch, der ohne Kritik ist?
Wer da ist unter Euch, der sein Ego ganz Gott übergeben hat?
Wer da ist unter Euch, der Jesu Qualen auf sich nehmen möchte?
Wer da ist unter Euch, der sein Leben für den Nächsten opfert?
Wer da ist unter Euch, der wahrhaftig bescheiden ist?
Wer da ist unter Euch ohne Stolz und demütigen Herzens?

Wir sagen Euch: Keiner, meine Freunde, keiner!

Seid bitte nicht gekränkt ob dieser Worte, sondern erkennet, daß Ihr noch viel an Euch zu arbeiten habt! Seid nicht beleidigt, denn diese unsere Worte kommen sehr von Herzen und in großer Liebe. Sie sind getragen von unserem Wunsch, Euch, liebe Geschwister, ins Licht zu führen. So laßt Euch führen, bevor Ihr selber führen wollt; laßt Euch lehren, bevor Ihr selber lehren wollt; laßt Euch Euer Ego nehmen, bevor Ihr Liebe gebt!

‹Geben ist seliger denn Nehmen›, jedoch nur, wenn es von Herzen und ohne jegliche Erwartung geschieht. Denn nur einer hat das

Recht, Erwartungen zu stellen: Gott. Denn nur Er ist vollkommen. Werdet also auch Ihr vollkommen, wie der Vater im Himmel vollkommen ist. Ja, entwickelt diese Vollkommenheit in Euch! Dazu müßt Ihr jedoch vollständig in Liebe zu Gott aufgehen und nicht nur bei Ihm stehen, nein, in Ihm müßt Ihr stehen, immer, jederzeit und überall. Denn wisset: Er sieht Euch, Er hört Euch, Er lehrt, liebt und lebt in Euch. Lernt dies zu schätzen, liebt, lobt, ehrt und verherrlicht ihn immerdar! Amen.»

Über das Fasten

Daß das Fasten eine gute Methode ist, um Gott näherzukommen, lesen wir in unzähligen Biographien von heiligen, weisen oder erleuchteten Menschen. So ist es gewiß nicht verwunderlich, daß auch ich mir diese großen Seelen so gut als möglich zum Vorbild nehme und ebenfalls gelegentlich Fastenkurse durchführe. Anläßlich eines solchen Fastenseminars schenkte uns die geistige Welt einst folgende Hinweise:

«Zu Eurer Fastenwoche laßt uns bitte auf einiges hinweisen. Fasten heilt, wenn Ihr es in Liebe tut. Fasten stärkt Euren Willen, wenn Ihr trotzdem weiter arbeitet. Fasten erleuchtet Euren Körper, die Seele und den Geist, wenn Ihr dabei richtig atmet. Fasten setzt Energie frei; widmet diese Energie einem erhabenen Zweck, indem Ihr sie Gott oder Euren Mitlebewesen auf Erden schenkt. Fastet aus Liebe zu Gott, fastet mit Liebe und fastet für die Liebe, damit sie sich verbreite! Und noch etwas: Schweigt, wann immer möglich, während des Fastens, und Ihr werdet ungeahnte Kräfte in Euch verspüren. Es sind jene Kräfte, von denen Jesus sagte: ‹Sie können Berge versetzen.› Leben und lieben heißt geben und siegen!

Alles, was der Mensch für sich behalten möchte, verdirbt, wird schlecht und verfault. So ist es mit Eurer Nahrung im Darm; laßt sie also gehen. So ist es mit Eurem Geld auf der Bank; gebt es also weg. So ist es mit Eurer Herzensliebe; schenkt sie also weiter an alle – und Ihr werdet sehen, daß sich dadurch alles vermehrt.

Gottes Liebe, Gottes Geist, Gottes Wort wird von vielen Menschen auf der ganzen Erde und von Legionen von Lichtwesen im ganzen Universum verkündet. Nehmt diese Worte – nach eingehender Prüfung mit Eurem Herzen – tief in Euer Inneres auf, teilt Eure Erkenntnisse mit Euren Brüdern und Schwestern und seht: Seine Wahrheit vermehrt sich in Euch und um Euch herum. Betrachtet das geistige Wissen als Nahrung. Das sogenannte ‹Manna›, die geistige Speise, ist die Weisheit und die Liebe Gottes. Teilt diese Nahrung und seht: Alles, was Ihr mit anderen teilt, wird sich vermehren.

Liebe Erdengeschwister, wer gibt, dem wird gegeben! Versteht bitte dieses Gesetz als göttlichen Segen, welcher aus der allumfassenden Liebe zu Euch strömt. Anhand dieses Gesetzes könnt Ihr genau ersehen, wo Ihr steht.

Wer Liebe schenkt, der erhält sie auch.
Wer Freude im Herzen trägt,
der wird auch fröhliche Menschen um sich haben.
Wer für die anderen da ist, der ist niemals allein.
Wer die Sonne im Herzen trägt,
dem scheint sie auch in trüben Tagen,
denn er weiß, hoch über den Wolken ist reinstes Licht,
ewiglich!

Bitte meditiert über diese unsere Worte und setzt alle diese Gedanken in die Tat um, ansonsten sie wertlos und vergebens sind.»

Da wir gerade beim Thema Fasten sind, möchte ich in meinem Buch an dieser Stelle einen kleinen Exkurs in den allgemeinen, für das menschliche und geistige Leben äußerst wichtigen Bereich der Ernährung unternehmen. Denn auch das Fasten, also das «Nicht-Essen», gehört zur Ernährung. Nur ist es natürlich viel einfacher, über das richtige Fasten zu sprechen als über die richtige Ernährung. Nach meiner Einschätzung gibt es heutzutage nahezu ebenso viele unterschiedliche Ernährungsphilosophien, wie es Menschen gibt.

Wenn ich in der Folge dieses Thema aufgreife, dann möchte ich Dich, liebe Leserin und lieber Leser, jedoch nicht dazu überreden oder gar nötigen, ab sofort beispielsweise nur noch Rohkost zu essen, obwohl dies gewiß nicht das dümmste wäre. Vielmehr möchte ich Dich einfach einladen, Dir im nächsten Kapitel einmal anzuhören, was viele große Menschen sowie einige erwiesene Tatsachen zu diesem Thema zu sagen haben.

Aufgrund meiner früheren Tätigkeit als gelernter Koch und Dipl. Hotelfachmann liegt es auf der Hand, daß ich mich schon früh intensiv mit Fragen der Ernährung beschäftigt habe. Ich staunte damals nicht schlecht, als ich plötzlich in einem Fach benotet werden sollte, das «Ernährungslehre» hieß, in dem uns jedoch nicht wirklich etwas beigebracht worden war. Denn die zu jener Zeit an der Hotelfachschule allgemein verbreitete Meinung lautete etwa, daß ein paar Vitamine und eine möglichst abwechslungsreiche Kost ausreichend seien, um gesund ernährt zu sein.

Nun, die heutige Ernährungsforschung kommt der Wahrheit bereits ein gutes Stück näher, da man inzwischen weiß, daß die sogenannten Enzyme die physiologisch wichtigste Funktion im Körper ausüben. Sie übertragen nämlich als lebende Makromoleküle das Licht, das in unseren Nahrungsmitteln enthalten ist, in Form von Photonen auf unseren Körper. Wissenschaftler haben erforscht, daß sämtliche dieser Enzyme spätestens bei 42 Grad Celsius totgekocht sind. Dieser Umstand allein sagt uns schon einiges über die richtige Ernährungsweise, denn unsere Nahrung sollte natürlich so lichtvoll, so lebendig und so natürlich wie nur irgend möglich sein. Mehr darüber also im folgenden Kapitel.

6. Kapitel

Ernährung und Religion

In den religiösen Schriften sämtlicher Hochreligionen und Konfessionen sind aufschlußreiche Hinweise auf die richtige Ernährung des Menschen zu finden. In diesem Kapitel möchte ich einige Fragmente aus verschiedenen Richtungen sowie auch Zitate von berühmten Vegetariern anführen. Ich entnehme diese Angaben in erster Linie dem Buch «Die vegetarische Rohkost» des Ernährungswissenschaftlers G. Wilz sowie der Broschüre «Vegetarisch leben» von Armin Risi und Ronald Zürrer.

Christentum

Bereits zu Beginn der biblischen Genesis (1,29-30) spricht Gott: «Seht, ich übergebe Euch alles Kraut, das Samen hervorbringt auf der ganzen Erde, und alle Bäume, die samentragende Früchte hervorbringen; dies sei Eure Nahrung. Allem Wild des Feldes, allen Vögeln des Himmels und allem, was sich auf der Erde regt und Lebensodem in sich hat, gebe ich alles grüne Kraut zur Nahrung!»

Im nächsten Vers bestätigt Gott, daß diese Art der Ernährung «gut» ist, wohingegen die andere, die Er später erwähnt (diejenige mit Fleisch), nur erlaubt war zur Befriedigung der verdorbenen Lust des Menschen – eine Ernährungsweise, die «Furcht und Schrecken ... über alle Tiere der Erde, über alle Vögel des Himmels, über alles, was auf Erden kriecht, und über alle Fische im Meer» legen werde. (Gen. 9,2)

Daß das Töten und Verzehren von Tieren nicht im göttlichen Willen liegt, bestätigen auch die folgenden Zitate: «Fleisch mit seiner Seele, nämlich dem Blut, sollt ihr nicht essen.» (Gen. 9,4)

«Was soll mir die Menge Eurer Schlachtopfer? Brandopfer von Widdern und Fett von Mastkälbern habe ich satt. Das Blut von Stieren und Böcken bin ich leid. Bringt mir nicht dauernd vergebliche Gaben, ihr Rauch ist mir ein Greuel. Mögt ihr noch so viel beten, ich höre nicht hin, denn eure Hände sind voll Blut.» (Jes. 1,11-15)

Und: «Wer einen Ochsen schlachtet, ist eben als der einen Mann erschlüge.» (Jes. 66,3)

Im «Evangelium des vollkommenen Lebens», welches lange Jahre in einem Kloster in Tibet aufbewahrt wurde, steht in bezug auf das Osterlamm folgendes: «Aber Judas sprach abermals: ‹Steht nicht geschrieben im Gesetze, daß ein Lamm geschlachtet werden müsse für das Osterfest innerhalb der Tore?› Und Jesus antwortete: ‹Wenn ich aufs Kreuz gehoben werde, dann wird das Lamm wahrlich geschlachtet sein. Wehe aber dem Menschen, durch den es in die Hände der Schächer geliefert wird. Es wäre ihm besser, daß er nie geboren wäre. Wahrlich, ich sage Euch, darum bin ich in die Welt gekommen, daß ich alle Blutopfer und das Essen vom Fleisch der Tiere und Vögel abschaffe. Am Anfang gab Gott allen die Früchte der Bäume und die Saaten und Kräuter zur Nahrung; doch die sich mehr liebten denn Gott oder ihre Genossen, verdarben ihre Sitten und schufen Krankheiten ihren Körpern und füllten die Erde mit Lüsten und Gewalttätigkeit.›» (zitiert nach Ousley)

An einer anderen Stelle sagt Jesus von sich selbst: «Von den Früchten der Bäume und der Saat der Pflanzen allein genieße ich, und diese werden vom Geist in mein Fleisch und Blut verwandelt. Von diesen und ähnlichem allein sollt ihr, die ihr an mich glaubt und meine Jünger seid, essen, denn von diesen, im Geiste, kommen den Menschen Leben und Gesundheit und Heilung.»

Im «Friedensevangelium der Essener» ist folgende, für mich persönlich alles besagende Ausführung nachzulesen: «Tötet weder

Mensch noch Tier, noch eure Nahrung, die euer Mund aufnimmt, denn wenn ihr lebendige Nahrung eßt, wird sie euch beleben, aber wenn ihr eure Nahrung tötet, wird euch die tote Nahrung ebenfalls töten. **Denn Leben kommt immer nur vom Leben, und vom Tod kommt immer nur der Tod.** Denn alles, was eure Nahrung tötet, tötet auch euren Körper. Und was eure Körper tötet, tötet auch eure Seelen. Und eure Körper werden, was eure Nahrung ist, so wie euer Geist das wird, was eure Gedanken sind. Eßt darum nichts, was Feuer oder Frost oder Wasser zerstört hat. Denn gekochte, erfrorene und verfaulte Nahrung wird euren Körper ebenso verbrennen, erfrieren und verfaulen lassen.

Seid nicht wie der dumme Landwirt, der auf seinem Feld gekochten, erfrorenen und verfaulten Samen aussäte. Und der Herbst kam, und seine Felder trugen nichts. Und seine Not war groß. Sondern seid wie der Bauer, der lebendige Saat auf seine Felder säte, und dessen Felder lebendige Weizenähren trugen, den er ausgesät hatte. Denn wahrlich, ich sage euch, lebt nur durch das Feuer des Lebens und bereitet eure Speise nicht mit dem Feuer des Todes, da das, was eure Nahrung tötet, auch eure Körper und Seelen zerstört.»

Vergessen wir nicht: «Du sollst nicht töten!» So lautet das fünfte der Zehn Gebote des Moses (Ex. 20,13). Es ließe sich im Grunde genommen wirklich nicht einfacher und deutlicher ausdrücken.

Auch aus der frühchristlichen Geschichtsschreibung geht übrigens klar hervor, daß die ersten Heiligen und Lehrer in der direkten Nachfolge Jesu nur fleischlose Nahrung zu sich nahmen; einige Apostel werden sogar namentlich als Vegetarier erwähnt.

Hinduismus

Der Hinduismus ist die älteste überlieferte Hochreligion der Menschheitsgeschichte. Er basiert auf den vedischen Schriften des alten Indien, welche vor rund fünftausend Jahren aufgrund göttlicher

Offenbarungen niedergeschrieben wurden. In den daraus formulierten Upanishaden heißt es: «Alles ist dem Wesen nach göttlich, und jede Tat kehrt zu mir zurück.» Aus diesen beiden Kernsätzen ergibt sich im Hinduismus die strikte Forderung des «Ahimsa», des Nichttötens, Nichtverletzens und Nichtschädigens.

Auch die verschiedenen vedischen Gesetzessammlungen, wie beispielsweise die Manu-samhita, enthalten klare Anweisungen in bezug auf die gewaltfreie Ernährung: «Fleisch kann man sich nicht verschaffen, ohne anderen Lebewesen Gewalt anzutun. Deshalb sollte man den Verzehr von Fleisch vermeiden.» An einer anderen Stelle heißt es: «Bedenkt man die abscheuliche Herkunft von Fleisch und die Grausamkeit, die die Gefangenschaft und das Schlachten verkörperter Wesen mit sich bringt, dann sollte man sich des Fleischessens völlig enthalten.»

Unter allen Hochreligionen hat der Hinduismus bis zum heutigen Tage wohl am konsequentesten an diesen Forderungen festgehalten, und noch heute finden sich in Indien Millionen von Menschen, die aus religiösen Gründen eine gewaltfreie vegetarische Ernährung pflegen.

Buddhismus

Von Buddha ist überliefert, daß er niemals ein lebendes Wesen tötete, nicht einmal eine Ameise, da er auch mit dem geringsten Geschöpf gleiches Erbarmen hatte wie mit dem höchsten. Ähnlich wie zweitausend Jahre nach ihm der Heilige Franz von Assisi äußerte sich auch Gautama Buddha: «Die Wesen mögen alle glücklich leben, und keines möge ein Übel treffen! Möge unser ganzes Leben Hilfe sein an anderen!»

Buddha führte das bereits erwähnte Prinzip der Ahimsa und damit die gewaltfreie Ernährung als einen der fünf fundamentalen Schritte auf dem Weg zur Selbsterkenntnis ein. Und auch der Dalai Lama, das gegenwärtige Oberhaupt des tibetischen Buddhismus, sagte unlängst: «Ich sehe keinen Grund, warum man Tiere schlachten und deren Fleisch essen soll, da man doch so viel anderes essen kann. Der Mensch braucht kein Fleisch.»

Islam

Wie alle echten Propheten, so lebte auch Mohammed äußerst genügsam. Er ernährte sich hauptsächlich von Gerstenbrot, Datteln, Feigen, Nüssen und Quellwasser. Es ist zudem überliefert, daß er ein großer Tierfreund war. Er verkündete: «Der Bauch sollte nicht zum Friedhof der Tiere werden.» Und an einer anderen Stelle heißt es: «Wer gegenüber dem Tier Mitleid fühlt, diesem wird auch Gott Sein Mitleid schenken.»

Ebenso finden wir im Koran Zitate wie: «Wahrlich, kein Tier gibt es und keinen Vogel, der mit seinen Schwingen fliegt, die nicht Völker wie ihr wären. Alle Geschöpfe Allahs sind seine Familie. ... Alsdann werden auch die Tiere zu ihrem Herrn versammelt.»

Im Sufismus schließlich, einem bekannten asketisch-mystischen Zweig des Islam, gilt die Abstinenz von Fleisch und Alkohol als Voraussetzung zur Verinnerlichung des Geistes und zur ekstatischen Gottesschau.

Mazdaznan

Mazdaznan heißt übersetzt «Meisterlehre». Es ist die altpersische (parsische) Religion, die auf den Propheten Zarathustra zurückgeht, der vor rund dreitausend Jahren lebte. Er lehrte den Weg zur liebevollen Vereinigung mit Gott über die Anerkennung der Naturgesetze. Über seine Lehren finden wir beispielsweise folgende Aussagen: «Die Grundlehren der Urreligion waren Reinheit des Herzens, des

Blutes und des ganzen Körpers. Fleisch getöteter Tiere zu essen war streng verboten.» Und: «Da die Gesundheit des Menschen vom Zustand seines Blutes abhängt, verstehen wir auch, weshalb unsere Vorfahren die Reinheit des Blutes als das höchste Gut betrachteten. Deshalb wird in altpersischen und urchristlichen Schriften eindringlich vor dem Essen der Tierleichen gewarnt. Außerdem soll man nichts essen, was irgendwie einen Fäulnis- oder Versäuerungsprozeß in der Verdauung erzeugt.» (zitiert nach A. Buschmann)

Religion ist eins, Konfessionen sind viele

Die Lehren des Zarathustra zeigen viele Korrelationen mit den Lehren von Jesus Christus. Überhaupt zeigen alle Religionen in ihrem Urzustand deutliche Übereinstimmungen. Doch das, was die jeweiligen Schriftgelehrten, Pharisäer und Theologen im Verlaufe der Jahrhunderte und Jahrtausende innerhalb der einzelnen Konfessionen durch Einführung allerlei Dogmen daraus gemacht haben, läßt uns heute etliche Widersprüche erkennen – nicht nur unter den verschiedenen Konfessionen, sondern auch innerhalb der einzelnen Traditionen selbst. Und doch haben alle großen Religionen der Weltgeschichte immer nur dieses eine Ziel: die liebevolle Vereinigung der Seele mit Gott.

Um diese Vereinigung zu erlangen – man kann sie auch Erleuchtung nennen oder Samadhi, Mukti, Nirwana, Tao, universelles oder kosmisches Bewußtsein –, ist die Harmonie in uns selbst und zwischen uns und jedem einzelnen Schöpfungsteil eine unumstößliche Grundvoraussetzung.

Alles, was den Körper schädigt, hat auch negative Einflüsse auf Seele und Geist. Aus diesem Wissen heraus finden wir, wie soeben aufgezeigt, in allen Urreligionen deutliche Gebote für eine natürliche und reine, das heißt fleischlose Ernährung. Ebenso wurde auch der Alkohol als Genußmittel gänzlich abgelehnt.

Daß es für das Töten jedwelcher Art keinerlei Entschuldigung gibt, können wir auch der folgenden Durchgabe der Freunde des Lichts entnehmen:

«Und jenen unter Euch, die immer wieder nach Entschuldigungen suchen, um Ihre Süchte, Triebe und Laster zu rechtfertigen, sei in bezug auf das Fleischessen folgendes gesagt: Bevor Ihr behauptet, auch Pflanzen seien Lebewesen und deshalb dürfe man, da man schon kein Fleisch essen soll, auch kein Gemüse verspeisen, solltet Ihr zuerst die geistigen Gesetzmäßigkeiten kennenlernen. Ihr solltet unterscheiden lernen, was zu welchem Reich gehört, bevor Ihr uns, die wir uns bereits im Lichte Gottes und im grenzenlosen Frieden befinden, belehren wollt. Folgende Unterteilung in vier Bereiche der Schöpfung solltet Ihr kennen:

1. Das Mineralienreich,
2. das Pflanzenreich,
3. das Tierreich und
4. das Menschenreich.

Alle diese Reiche besitzen ein jeweils anderes Bewußtsein. Bereits im Tierreich beginnt das Einzelbewußtsein, das sich stark vom Gruppenbewußtsein der Mineral- und Pflanzenwelt unterscheidet. Jedes Tier empfindet – im Gegensatz zu den Pflanzen – Gefühle wie Schmerz, Trauer, Angst und Liebe genau gleich wie der Mensch. Glaubt nicht, nur weil Eure Ohren und Eure Herzen für die Sprache der Tiere verschlossen sind und Ihr sie nicht verstehen könnt, sie seien seelenlose, stumpfe Gebilde ohne Empfindungen. Ja, oft fühlen Tiere noch um ein Vielfaches intensiver als der Mensch. Seid Euch dessen stets bewußt und erinnert Euch bitte an den folgenden Ratschlag Christi: ‹Tut niemandem, was Ihr nicht wünscht, daß Euch getan werde.›

Wir können Euch, liebe Freunde, nur immer wieder auf diese Dinge aufmerksam machen. Wir zwingen Euch nicht, und auch Gott zwingt Euch nicht, doch bald wird die Zeit kommen, da ein jeder von Euch sehen wird, was er während seiner vielen Menschenleben für Schaden angerichtet hat. Dann wird ein jeder von Euch jeden einzelnen Fehler, sei dieser bewußt oder unbewußt begangen worden, wiedergutmachen müssen. Glaubt nicht, dies sei eine leichte Angelegenheit! Wir wurden zu Euch gesandt, liebe Kinder Gottes, um Euch die Zukunft zu erleichtern. Wer Ohren hat, der höre; wer Augen hat, der sehe!

Und wenn Gott sprach: ‹Macht Euch die Erde untertan›, so ist mit ‹Erde› immer das Niedere bezeichnet worden. Bezwingt also das Niedere in Euch selbst, dann werdet Ihr Euch erheben und Meister über Euch selbst und somit auch über die Erde werden können.»

Wir sehen also: Auch für die Freunde des Lichts ist die Frage der Ernährungsweise – wie für mich – ein ernsthaftes und wichtiges Thema. Ziehe also bitte Dein Bestes aus diesen Ratschlägen und lebe in Zukunft so, wie Du es vor Gott, vor Deinem Nächsten und vor Dir selbst verantworten kannst.

Zitate berühmter Vegetarier

Um diese Betrachtungen abzurunden, möchte ich in der Folge noch einige Zitate berühmter Persönlichkeiten anführen. Jeder Leser ist eingeladen, daraus für sich das herauszunehmen, was ihn anspricht und ermutigt.

Von dem russischen Schriftsteller *Leo Tolstoi* (1828-1910) ist der folgende berühmte Ausspruch überliefert: «Solange es Schlachthäuser gibt, wird es auch Schlachtfelder geben!»

Schon der römische Philosoph *Plutarch* (45-120 n.Chr.) schreibt in seiner Abhandlung «Über das Fleischessen»: «Könnt ihr wirklich die Frage stellen, aus welchem Grunde sich Pythagoras des Fleischessens enthielt? Ich für meinen Teil frage mich, unter welchen

Umständen und in welchem Geisteszustand es ein Mensch das erstemal über sich brachte, mit seinem Mund Blut zu berühren, seine Lippen zum Fleisch eines Kadavers zu führen und seinen Tisch mit toten, verwesenden Körpern zu zieren, und es sich dann erlaubt hat, die Teile, die kurz zuvor noch gebrüllt und geschrien, sich bewegt und gelebt haben, Nahrung zu nennen. ... Um des Fleisches willen rauben wir ihnen die Sonne, das Licht und die Lebensdauer, die ihnen von Geburt an zustehen.»

Das italienische Universalgenie *Leonardo da Vinci* (1452-1519): «Wahrlich ist der Mensch der König aller Tiere, denn seine Grausamkeit übertrifft die ihrige. Wir leben vom Tode anderer. Wir sind wandelnde Grabstätten!» Und: «Ich habe schon in jüngsten Jahren dem Essen von Fleisch abgeschworen, und die Zeit wird kommen, da die Menschen wie ich die Tiermörder mit gleichen Augen betrachten werden wie jetzt die Menschenmörder.»

Der deutsche Dichter *Jean Paul* (1763-1825): «Gerechter Gott! Aus wie vielen Marterstunden der Tiere lötet der Mensch eine einzige Festminute für seine Zunge zusammen!»

Der deutsche Gelehrte *Alexander von Humboldt* (1769-1859): «Grausamkeit gegen Tiere kann weder bei wahrer Bildung noch wahrer Gelehrsamkeit bestehen. Sie ist eines der kennzeichnendsten Laster eines niederen und unedlen Volkes.»

Der amerikanische Schriftsteller und Politiker *Ralph Waldo Emerson* (1803-1882): «Sie haben soeben zu Mittag gegessen; und wie sorgfältig auch immer das Schlachthaus in einer taktvollen Entfernung von einigen oder vielen Kilometern verborgen sein mag – Sie sind mitschuldig.»

Der amerikanische Erfinder *Thomas Alva Edison* (1847-1931): «Ich bin Vegetarier und Antialkoholiker, weil ich so besseren Gebrauch von meinem Gehirn machen kann.»

Der deutsche Philosoph *Friedrich Nietzsche* (1844-1900): «Alle antike Philosophie war auf Simplizität des Lebens gerichtet und lehrte eine gewisse Bedürfnislosigkeit. In diesem Betracht haben die wenigen philosophischen Vegetarier mehr für die Menschen geleistet als alle neuen Philosophen, und solange die Philosophen nicht den Mut gewinnen, eine ganz veränderte Lebensweise zu suchen und durch ihr Beispiel aufzuzeigen, ist es nichts mit ihnen.» Und: «Wenn der Mensch ernstlich und aufrichtig den moralischen Weg sucht, so ist das erste, wovon er sich abwenden muß, die Fleischnahrung. ... Vegetarismus gilt als Kriterium, an welchem wir erkennen können, ob das Streben des Menschen nach moralischer Vollkommenheit echt und ernstgemeint ist.»

Der deutsche Dichter und Zeichner *Wilhelm Busch* (1832-1908): «Wahre menschliche Kultur gibt es erst, wenn nicht nur die Menschenfresserei, sondern jeder Fleischgenuß als Kannibalismus gilt.»

Der irische Dramatiker und Literaturnobelpreisträger *George Bernard Shaw* (1856-1950): «Tiere sind meine Freunde, und meine Freunde esse ich nicht!»

Der schwedische Asienforscher *Sven Hedin* (1865-1952: «Ich habe es nie über mich gewinnen können, ein Lebenslicht auszulöschen, das aufs neue anzuzünden mir die Macht fehlt.»

Der elsässische Theologe, Missionsarzt und Friedensnobelpreisträger *Albert Schweitzer* (1875-1965): «Meine Ansicht ist, daß wir, die für die Schonung der Tiere eintreten, ganz dem Fleischgenuß entsagen, und auch gegen ihn reden.»

Der österreichisch-tschechische Schriftsteller *Franz Kafka* (1883-1924): «Nun kann ich euch in Frieden betrachten; ich esse euch nicht mehr.» (beim Betrachten einiger Fische in einem Aquarium)

Der indische Politiker und große Vertreter des gewaltlosen Widerstandes *Mahatma Gandhi* (1869-1948): «Ich glaube, daß spiritueller Fortschritt an einem gewissen Punkt von uns verlangt, daß wir aufhören, unsere Mitlebewesen zur Befriedigung unserer körperlichen Verlangen zu töten.» Und: «Die Größe und den moralischen Fortschritt einer Nation kann man daran messen, wie sie die Tiere behandelt.»

Der deutsch-amerikanische Physiker und Nobelpreisträger *Albert Einstein* (1879-1955): «Rein durch ihre physische Wirkung auf das menschliche Temperament würde die vegetarische Lebensweise das Schicksal der Menschheit äußerst positiv beeinflussen können.»

Der französische Dichter und Literaturnobelpreisträger *Romain Rolland* (1866-1944): «Die Grausamkeit gegen die Tiere und auch schon die Teilnahmslosigkeit gegenüber ihren Leiden ist meiner Ansicht nach eine der schwersten Sünden des Menschengeschlechts. Sie ist die Grundlage der menschlichen Verderbtheit. Wenn der Mensch so viel Leiden schafft, welches Recht hat er dann, sich zu beklagen, wenn auch er selber leidet?»

Schließlich der amerikanische Schriftsteller und Literaturnobelpreisträger *Isaac Bashevis Singer* (1904-1991): «Wir sind alle Gottes Geschöpfe. Daß wir um Gottes Gnade und Gerechtigkeit beten, während wir weiterfahren, das Fleisch der Tiere zu essen, die um unseretwillen geschlachtet wurden, ist unvereinbar.» Und: «Ich würde fortfahren, vegetarisch zu leben, selbst wenn die ganze Welt begänne, Fleisch zu essen. Dies ist mein Protest gegen den Zustand der Welt. Atomkraft, Hungersnöte, Grausamkeit – wir müssen Schritte dagegen unternehmen. Vegetarismus ist mein Schritt. Und ich glaube, es ist ein sehr wichtiger.»

Liebe Leserin und lieber Leser, angesichts all dieser deutlichen Zitate und Bekenntnisse von solch angesehenen und bemerkenswerten Persönlichkeiten fällt es wirklich schwer zu behaupten, sie alle unterlägen einem Irrtum. Ich möchte Dich daher bitten, Dich bewußt und mit Liebe zu ernähren und den folgenden einfachen Ratschlag zu beherzigen:

Wenn Du eine Mahlzeit auf Deinem Teller betrachtest, so frage Dich, ob Du dies alles mit Deinen eigenen Händen beschaffen und zubereiten könntest. Wenn Du diese Frage bejahen kannst, dann stimmt es für Dich, und Du kannst alles, was sich auf dem Teller befindet, mit gutem Gewissen essen. Ansonsten empfehle ich Dir, von all jenen Gerichten Abstand zu nehmen, die Du nicht mit Deinen eigenen Händen beschaffen könntest oder möchtest.

Weitere Argumente für eine fleischlose Ernährung

Neben den bisher aufgeführten religiösen und ethischen Gründen für die vegetarische Ernährungsweise gibt es noch eine ganze Anzahl weiterer Argumente, die nicht von der Hand zu weisen sind. Diese stammen sowohl aus dem Bereich der Gesundheit (Fleisch als Verursacher unzähliger physischer und psychischer Beschwerden und Krankheiten) als auch aus dem Bereich der Ökonomie und der aktuellen Weltprobleme (wie Hunger, Nahrungsmittelverschwendung, Ausbeutung der Dritten Welt, Zerstörung des ökologischen Gleichgewichtes usw.). Nicht zu vergessen sind außerdem, wie in dem Zitat von Leo Tolstoi bereits angedeutet, die fatalen karmischen Konsequenzen für die Menschheit, die das brutale Töten von Tieren und das Essen von Fleisch nach sich ziehen. Auch hierzu wiederum einige Informationen in Stichpunkten:

• Fleischkonsum verursacht und fördert nachweislich Krankheiten wie: Herzkrankheiten, Alterskrankheiten (z.B. auch die weitverbreitete Alzheimer-Krankheit), Krebs, Tumore, Nierenerkrankungen u.a., ganz zu schweigen von dem jetzt aktuell gewordenen «Rinderwahnsinn».

• Auch Fleisch, das nicht aus Massentierhaltungen, sondern aus sogenannten «naturgerechten Betrieben» stammt, ist trotzdem voller Giftstoffe wie: künstliche Futterchemikalien, Wachstumshormone, chemische Medikamente und Beruhigungsmittel sowie nicht zuletzt eine Unzahl von Angsthormonen, die bei der Schlachtung im Körper des Tieres erzeugt werden. (Genau wie für den Menschen ist auch für das Tier das Ermordetwerden eine Erfahrung von Schrecken und Panik, was schlagartig einen drastischen biochemischen Wandel auslöst und den ganzen Kadaver mit Angsthormonen vergiftet. Dies gilt selbstverständlich auch für «glücklich» geschlachtete Tiere, was immer damit gemeint sein soll.)

• Tierschlachtungen sind alles andere als «human». In Wahrheit machen die Schlachthäuser Höllenvisionen Konkurrenz. Schreiende Tiere werden durch Hammerschläge, Elektroschocks oder Bolzenschußwaffen betäubt. Mit einem Haken werden sie an den Hinterbeinen in die Luft gezogen und auf vollautomatischen Fließbandanlagen durch Fabriken des Todes befördert. Die Kehle wird ihnen bei lebendigem Leibe aufgeschnitten und ihr Fleisch schon verarbeitet, während sie noch zu Tode bluten. Diese Methode spart Zeit und erhöht die Gewinne.

• Weltweit werden auf diese Weise jährlich über 2 Milliarden Stalltiere und über 20 Milliarden Stück Geflügel brutal getötet, um die fleischliche Eßgier der Menschen zu befriedigen. Die Zahl der jährlich getöteten Fische geht in die Billionen. (In diesen Zahlen sind die vielen Millionen Opfer der Tierversuche und der Pelzindustrie nicht mitgerechnet.)

• Fleisch ernährt wenige auf Kosten vieler, denn für die Produktion von Fleisch wird wertvolles Getreide, das den Menschen direkt ernähren könnte, an Tiere verfüttert. Laut amtlicher Angaben des US-Landwirtschaftsministeriums werden über 90% des in Amerika angebauten Getreides an Tiere verfüttert. Oder anders ausgedrückt: Den Schlachttieren Amerikas wird jährlich mehr Getreide verfüttert, als die Bevölkerung von Indien und China zusammengenommen zur Ernährung braucht!

• Dieses Verfahren, Getreide in Fleisch umzuwandeln, ist über alle Maße verschwenderisch. Denn die Fleischproduktion ist, energetisch gesehen, die schlechteste Form der Bodenausnützung: Um ein Rind ein Jahr lang zu mästen, benötigt man rund 2 ha Land. Nach drei Jahren erhält man von diesem Tier ca. 300 kg eßbares Fleisch. Wenn man jedoch in derselben Zeitspanne auf den 2 ha Land Gemüse, Getreide und Früchte angepflanzt hätte, könnte man insgesamt 8000 bis 10'000 kg (!) Nahrungsmittel bekommen. 1 kg Fleisch entspricht demzufolge rund 16 kg Getreide. Die Fleischwirtschaft kommt also einer riesigen Vernichtung von Nahrungsmitteln gleich.

• Hinzu kommt folgendes: Während man für die Produktion von 1 kg Weizen gerade mal 60 Liter Wasser benötigt, verschlingt die Produktion von 1 kg Fleisch bis zu 6000 Liter Wasser und rund 4 Liter Öl bzw. Benzin.

• Die Wohlstandsländer verschwenden nicht nur ihr eigenes Getreide, indem sie es an ihre Schlachttiere verfüttern, sondern verwenden für diesen Zweck auch Futtermittel, die in der Dritten Welt angebaut werden. Dadurch wird den dortigen Bauern lebensnotwendiges Acker- und Weideland geraubt, was das Gleichgewicht der Wirtschaft in diesen Ländern zerstört und zu Viehsterben und Nahrungsmittelknappheit und dadurch zu Importabhängigkeit und Verschuldung führt.

• 47% der globalen Getreideproduktion wird heute an Schlachttiere verfüttert. Demgegenüber sterben nach UNO-Statistik täglich 43'000 Kinder an Hunger. Das heißt: Nicht die angebliche Überbevölkerung ist die Ursache der Nahrungsmittelknappheit, unter der heute fast Dreiviertel der Erdbevölkerung leidet, sondern der *Mißbrauch* der Nahrungsmittel. Mutter Erde bringt mehr als genug Nahrungsmittel für alle Menschen auf unserem Planeten hervor, doch die Menschen verteilen sie ungerecht, indem sie sie verschwenden, das heißt den Schlachttieren verfüttern (oder tonnenweise ins Meer schütten, um die Preise stabil zu halten).

• Es muß uns auch zu denken geben, daß alleine der weltweit größte Hamburgerkonzern rund alle 17 Stunden irgendwo auf diesem Planeten einen neuen Laden eröffnet und pro Sekunde 140 Hamburger verkauft. Und spätestens dann sollte uns der Hamburger endgültig im Halse stecken bleiben, wenn wir erfahren, daß für einen einzigen Hamburger 4-5 Quadratmeter Regenwald vernichtet werden müssen, um das so gerodete Land als Weideflächen für Schlachttierherden oder als Ackerland für riesige Futtermittelplantagen zu nutzen! (Man rechne ...)

Zum Abschluß dieses Kapitels sei noch das folgende Zitat von *Magnus Schwantje* (1877-1959) angeführt, des ersten großen Vorkämpfers für Vegetarismus und Tierschutz im deutschen Sprachraum, der im Jahre 1902 den Begriff «Ehrfurcht vor dem Leben» prägte:

«Auch wenn wir gar nicht hoffen könnten, daß jemals alle Menschen zur vegetarischen Lebensweise übergehen werden, hätte niemand deswegen das Recht, Fleisch zu essen. Ein Unrecht bleibt auch dann ein Unrecht, wenn alle es verüben. ... Ich sage ja nicht, daß jeder Mensch, der vegetarisch lebt, gerecht sei, sondern, daß jeder, der *nicht* vegetarisch lebt, dadurch ungerecht handelt.»

7. Kapitel

Erlebnisse mit Zwergen

Nun bin ich wirklich froh, daß wir das Thema wechseln können. Wir bleiben jedoch zunächst noch eng mit der Natur verbunden. In diesem Kapitel möchte ich nämlich über ein paar Erlebnisse berichten, die ich mit Zwergen haben durfte.

Es gibt sie tatsächlich!

Es hatte vor wenigen Stunden aufgehört zu regnen. Wir spazierten mit Nändy, unserer vegetarisch lebenden Golden-Retriever-Hündin, in der Nähe von Bern durch einen wunderschönen Wald. Die Sonne glühte bereits wieder hell und stark am Himmel und sog mit ganzer Kraft das überschüssige Wasser wieder zu sich hinauf. Der Wald war dadurch hier und dort von einem geheimnisvollen Dunst durchzogen. Es war ungewöhnlich ruhig. Meine Frau und ich baten die geistige Welt, uns zu führen, und so streiften wir ohne ein genaues Ziel zu haben durch die uns unbekannte Gegend.

Dann verspürte ich plötzlich eine Art leises Klingen im Ohr. Die Sonne verwandelte die Regentropfen an einem Spinnennetz direkt vor uns zu einem funkelnden Diamanten-Collier, und das Grün der Gräser und Pflanzen war mit einem wundervollen Glanz überzogen. Wir blieben kurz stehen und bewunderten diesen außergewöhnlich schönen Ort. Erst jetzt fiel uns auf, daß wir auf einer zauberhaften kleinen Lichtung angekommen waren.

Durch den alles in Weichheit hüllenden, leichten Dunst und das durchstrahlende Licht der Sonne erschien mir die ganze Atmosphäre hier irgendwie märchenhaft. Scheinbar unvermittelt begannen wir darüber zu sprechen, daß dies bestimmt ein Platz sei, wo Zwerge wohnen. Nicht schlecht staunten wir dann, als wir kurz darauf von links tatsächlich zwei Zwerge kommen sahen.

Nändy lag wohlig mitten in der Waldlichtung und kaute an einem Stück Holz; sie bevorzugt übrigens Tannenholz. Nun sahen meine Frau und ich, daß es sich bei den beiden Naturwesen um einen Vaterzwerg mit Sohn handelte. Papa-Zwerg führte seinen Sohn langsam und vorsichtig zum Hinterteil von Nändy. Er erklärte ihm, was ein Hund sei und welche Funktion er habe, und erlaubte ihm dann, den Hund zu streicheln. Leicht zögernd erhob Söhnchen-Zwerg seine Hand, und wir fragten uns, ob Nändy seine Berührung wohl spüren würde. Der Kleine strich vorsichtig ein- oder zweimal über ihr Fell, da hob sie den Kopf und schaute direkt zu ihrem Hinterteil in Richtung der Zwerge. Interessiert betrachtete und beschnupperte sie die Situation. Der Zwergenvater erklärte ihr daraufhin, daß er seinen Sohn gerade in Hundekunde unterrichte, worauf sie wohlwollend brummte und sich ganz zufrieden wieder ihrem Holzstück zuwandte.

Es war dies meine erste Begegnung mit Zwergen, und ich war sehr froh, daß auch Cornelia die ganze Geschichte miterleben durfte, so daß wir uns das Gesehene gegenseitig bestätigen konnten. Du wirst nun vielleicht lachen, wenn ich Dir sage, daß die Zwerge genauso aussahen, wie wir sie von den Märchen her kennen, einschließlich der roten Mütze.

Da wurde mir klar, woher all die Märchen, Sagen und Fabeln mit ihren sonderbaren Wesen und Begebenheiten stammen. Jene Menschen, die früher solche Geschichten erzählten oder niederschrieben, mußten wohl noch die Gabe besessen haben, solche Realitäten wahrzunehmen. Ansonsten würden die Beschreibungen nicht auf der ganzen Welt bis ins Detail übereinstimmen. Es mag in den verschiedenen Kulturen wohl verschiedene Namen und Bezeichnungen für die vielen unterschiedlichen Naturgeistwesen geben, doch eines wußte ich nun ganz bestimmt: Es gibt sie tatsächlich!

Einige Wochen später – wir waren inzwischen wieder zu Hause im Zürcher Oberland – durfte ich ein weiteres Zwergenerlebnis haben. Wiederum während eines Waldspazierganges mit Nändy wurde mir auf einmal bewußt, daß ich nicht alleine war; ich vermochte zunächst allerdings noch nicht zu erkennen, wer sonst noch anwesend war. Diesmal zeigte Nändy keine speziellen Reaktionen; sie lief wie gewohnt einige Meter voraus und freute sich ihres Lebens.

Ich begann nun etwas besser acht zu geben und bat die geistige Welt um die Öffnung meiner Sinne, sofern dies im göttlichen Willen liege. So ging ich ruhig weiter. Da sah ich, zuerst nur ganz verschwommen, dann immer klarer werdend, eine ganze Zwergen-Familie mit mehreren Kindern. Sie wanderten fröhlich neben mir her, und die Eltern erklärten ihren Kindern, daß sie sich vor mir nicht zu fürchten bräuchten. Anhand meiner Aura zeigten sie ihnen, woran man dies bei Menschen erkennen könne.

Natürlich freute ich mich über die unverhoffte, wohlwollende Begleitung. Ich ließ mich ganz von der Heiterkeit dieser wunderbaren Geschöpfe mitreißen und ging frohen Herzens, innerlich singend, weiter. Nun wurde ich gewahr, daß sich immer mehr Zwerge dazugesellten. Es schien jedoch nach wie vor so, als würde Nändy nichts von alledem mitbekommen. Dies sagte mir, daß es sich mit der Hellsicht bei den Tieren wohl genauso verhält wie bei den Menschen, nämlich daß sie nur dann schauen dürfen, wenn Gott es möchte und es für sinnvoll erachtet.

Als ich diese Gedanken beendet hatte, war ich bereits wieder am Ende des Waldes angekommen und ging langsam über eine große Wiese in Richtung Feldweg. Die Zwerge – es waren mittlerweile bestimmt an die dreißig – blieben jedoch alle in der Nähe des Waldes stehen und winkten mir zum Abschied fröhlich zu. Auch ich blieb kurz stehen, winkte zurück und fragte mich im Innern, weshalb sie nun alle umkehrten und sich wieder in den Wald zurückzogen. Da wurde mir intuitiv bestätigt, daß sie sich nicht zu nahe an die von Menschen bewohnten Gebiete herantrauen. Die Zwerge ängstigen sich, wohl aus gutem Grunde, vor den Menschen und ihren Städten. Wir sind ihnen viel zu laut, zu grob und zu rücksichtslos, zerstören wir doch mutwillig immer wieder, was sie in mühsamer Handarbeit aufgebaut und gereinigt haben.

So gab es in der Folge noch manch weitere Begegnung mit diesen freundlichen Naturgeistwesen, und ich durfte ihnen noch einige Male als Anschauungsobjekt dienen. Allerdings gehörte meine Aufmerksamkeit nicht ausschließlich ihnen, erlebte ich doch zwischendurch auch wieder den Heiland an «meinem» Ort, jener kleinen Anhöhe vor dem Weiher.

Das Zwergenorchester

Es war inzwischen Frühjahr geworden, und ich war wieder einmal wie gewohnt unterwegs mit Nändy, als ich vor mir die Anhöhe erblickte und mich schon insgeheim auf den Heiland freute. Doch heute war er nicht da, oder besser gesagt, heute konnte ich ihn nicht sehen. Ich sah «nur» wiederum einige Zwerge, grüßte sie und machte mich alsbald wieder auf den Heimweg.

Da hörte ich eine Stimme: *«Segne doch diese Zwerge. Ignoriere sie nicht einfach, denn sie sind eigens hergekommen, um Dich zu begrüßen!»* Wie recht die geistige Welt doch hatte! Ich drehte mich also noch einmal um, segnete die Zwerge von ganzem Herzen und dankte ihnen für ihr Hiersein.

Am nächsten Morgen, als ich wieder an derselben Stelle angekommen war, traute ich fast meinen Augen nicht: Ich wurde von einem riesigen Orchester von mindestens zweihundert Zwergen empfangen! Sie hatten fast alle ihre Musikinstrumente dabei und spielten für mich ein Konzert; dazu sangen und klatschten sie im Takt. Es war unbeschreiblich! So viele Zwerge waren gekommen, und alle waren sie fröhlich in eine universelle Melodie eingestimmt, ja mir schien, als würden selbst die Bäume mitsingen! Mir kamen die Tränen. Ein großartiges Erlebnis!

Da sagte die geistige Welt zu mir: *«Siehe, dies ist der Dank für Dein gestriges Segnen ihrer zwei oder drei Zwergengeschwister. Und wenn Dir auch nicht immer ein Orchester aufspielt, so segne doch stets alles, jeden und jedes, denn segnen bringt Segen.»*

Manchmal kommen die Zwerge auch zu mir, um mir ganz stolz ihre Kindlein zu zeigen. Ich glaube, sie sind uns Menschen in vielen Bereichen sehr ähnlich – außer, daß sie praktisch immer fröhlich und guter Dinge sind.

Von Blumen und Elfen

Wir haben bestimmt alle schon gehört, daß es eine positive Wirkung hat, wenn man lieb zu den Pflanzen ist und wohlwollend mit ihnen spricht. Sie gedeihen dann wesentlich besser und duften auch intensiver.

Doch sollten wir, wie bereits erwähnt, nicht nur mit ihnen reden, sondern ihnen auch zuhören. Daß Blumen nämlich tatsächlich mit uns «reden» können, erlebte ich an einem regnerischen Frühlingsmorgen, als ich durch die Nachbarschaft spazierte. Ich fragte mich gerade, wann es wohl endlich wieder einmal schönes Wetter geben werde – es regnete bereits seit drei Tagen –, als ich einige Meter vor mir eine Gruppe Tulpen erblickte. Obwohl mir Tulpen eigentlich nicht besonders gut gefallen, konnte ich dieses Mal meinen Blick nicht von ihnen nehmen. Als ich dann auf der Höhe dieser Blumen stehenblieb, hörte ich sie plötzlich sagen: *«Ab morgen wird die Sonne wieder scheinen, denn wir sind jetzt bereit und möchten zu duften beginnen!»*

Ich erzählte Cornelia von meinem Erlebnis, und wir haben uns beide riesig gefreut, als noch am selben Abend die Wolken wegzogen und die Sonne durchkam. Nebenbei möchte ich erwähnen, daß die Wetterprognose noch für mehrere Tage Regen vorhergesagt hatte. Nun, die Blumen wissen es offenbar besser.

Ein anderer Zusammenhang wurde mir nun bald auch klar. Ich hatte mich nämlich bereits des öfteren gefragt, wie es den Menschen früherer Hochkulturen schon vor Jahrtausenden möglich war herauszufinden, welche Pflanzen sich am besten als Heilmittel für bestimmte Beschwerden und Krankheiten eigneten. Die Antwort liegt eigentlich auf der Hand: Zu offenen, medialen oder sehr naturverbundenen Menschen spricht die Natur direkt und enthüllt auf diese Weise ihre Geheimnisse.

Ich kann wirklich jedem nur raten, sich darin zu üben, der Natur zuzuhören. Ich bin überzeugt, daß der «Erfolg» nach einiger Zeit nicht ausbleibt und daß man befähigt wird, die feine Sprache der Natur zu verstehen. Sage jedoch bitte nicht zu den Blumen: «Ich will dieses oder jenes wissen», sondern höre einfach hin, was sie Dir mitteilen wollen. Meditiere mit den Pflanzen, bestaune und liebe sie, und sie werden bestimmt zu Dir reden.

Jede Schöpfung innerhalb des ganzen Universums wird von anderen Wesenheiten liebevoll unterstützt und betreut, und bei den Blumen sind diese Beschützer und Betreuer, wie Du vielleicht weißt, die Elfen.

Die höheren, wohlwollenden Geistwesen nennt man übrigens auch Devas, wobei es eine große Anzahl übergeordneter wie auch untergeordneter Devas gibt. Die höchsten Devas sind jene Wesen, die für die Betreuung ganzer Planetensysteme sowie der kosmischen Elemente zuständig sind, während eine bestimmte Gruppe von untergeordneten Devas sich um die verschiedenen Bewohner des Erdplaneten kümmert. Diese Naturgeistwesen kennt man bei uns auch unter Namen wie etwa: Gnome, Nymphen, Sylphen oder eben Elfen. Eine Liste der bekanntesten Natur-Devas findest Du im Anhang dieses Buches. Wenn Du mit ihnen Kontakt aufnimmst, kannst Du herrliche Dinge erfahren und erleben.

Zum Beispiel: Als Nändy einst wieder einmal ihre Ohren für mein Rufen verschloß und unbekümmert wie wild ein Loch in den Erdboden buddelte, erinnerte ich mich an die Budiels. Budiels sind jene Natur-Devas, die sowohl die wilden Tiere als auch die Haustiere betreuen. Ich bat also einen Budiel, Nändy zu mir zurückzubringen, worauf dieser bereitwillig losging. Als der Budiel bei ihr angekommen war, rief ich erneut: «Nändy, chum!» Und siehe da, wie aufgeschreckt hob sie sofort den Kopf aus ihrem Erdloch und schaute sich nach mir um. Als sie mich erblickte, rannte sie in einem ungewohnt schnellen Tempo sofort zu mir. Ich bedankte mich bei dem Budiel für seine Hilfe, die ich seitdem bereits mehrfach in Anspruch nehmen durfte. So hat er mir immer wieder verschiedene gute Dienste erwiesen, vor allem dann, wenn Nändy hin und wieder einer Ente nachjagt.

In diesem Zusammenhang fällt mir ein interessanter Fall einer Patientin ein: Die Patientin hatte nebst anderen Beschwerden ständig schwere Beine. Niemand konnte jedoch dafür eine Erklärung finden, und auch ihre Ärzte betonten immer wieder, daß rein physiologisch keine Ursache zu entdecken sei. Gemeinsam fanden wir jedoch schon bald folgendes heraus: An ihrem ehemaligen Wohnort hatte diese Frau einen ziemlich großen Garten besessen, den sie stets mit tiefer Hingabe gepflegt hatte. Damals, als sie in jenes Haus eingezogen war und begonnen hatte, den Garten zu bearbeiten, hatte sie einen Zwerg um seine Mithilfe gebeten und ihm sozusagen die Verantwortung als «Chef-Gärtner» übertragen.

Diesen Zwerg hatte sie später im Trubel der Zeit jedoch völlig vergessen. Außerdem war sie inzwischen umgezogen. Nun meldete er sich bei ihr und versuchte ihr zu sagen: «Ich möchte gerne auch deinen neuen Garten betreuen, doch du hast mir dazu noch nicht den Auftrag erteilt. Ja, du hast mich ganz vergessen. Deshalb halte ich dich immer an den Beinen fest, so daß du wieder auf mich aufmerksam wirst.» Nun, nachdem er sich endlich Gehör verschafft hatte –

er wollte ja nicht schaden, sondern helfen – und den gewünschten Auftrag erteilt bekam, verschwanden auch die Beschwerden der Frau, und ihre Beine kamen allmählich wieder in den Normalzustand.

Ein weiteres Beispiel, wie Du mit den Natur-Devas in Kontakt treten und zusammenarbeiten kannst, möchte ich Dir anhand der folgenden Nymphen-Meditation geben.

Eine Nymphen-Meditation

Setze Dich an einem einsamen Ort an das Ufer eines Baches oder eines Flusses, schließe die Augen, atme einige Male tief durch und bringe Dein Inneres in Harmonie. Laß nun die Ruhe in Dich einkehren und entspanne Dich. Lausche still dem Rauschen des Wassers und sei einfach gegenwärtig. Genieße diesen Zustand für einige Minuten.

Dann, wenn Du Dich ganz mit Gott und der Natur verbunden fühlst, danke den Nymphen, daß sie in ihrer aufopfernden Güte fortwährend das Wasser immer wieder reinigen, auffrischen und trinkbar machen, sowohl für uns Menschen, als auch für die Pflanzen.

Bitte sie anschließend um eine Botschaft, das heißt frage sie, ob sie Dir etwas mitteilen möchten, und horche dann gut in Dich hinein. Denn die Stimme ihrer Antwort kommt nicht von außen, sondern von innen. Versuche wenn möglich auch bildlich wahrzunehmen, was Dir übermittelt wird.

Wenn Du die Übung abbrechen möchtest, bedanke Dich bei den Nymphen, atme zwei-, dreimal tief durch und öffne die Augen. Später, wenn Du schon ein bißchen geübter bist, kannst Du diese Kontemplationsübung auch mit offenen Augen durchführen.

So einfach ist das. Was Du jetzt nur noch brauchst, ist die nötige Geduld und Ausdauer. Viel Spaß!

Die Silberschnur

Eines Wintertages war ich wieder einmal mit Nändy und einem Freund unterwegs in den Wald. Es tobte ein wilder Sturm durch unsere Gegend, und es regnete und schneite gleichzeitig. Die Bäume fielen reihenweise um oder knickten wie Zahnstocher. Es war das richtige Wetter für ein weiteres Abenteuer.

Am Waldeingang begegneten wir einer älteren Frau mit ihrer Schäferhündin, die uns wohlbekannt waren. Sie sagte: «Eigentlich müßte gleich die Frau Sutter des Weges kommen, denn ich habe sie vor wenigen Sekunden dort hinten gesehen.» Damit zeigte sie in die Richtung, woher sie Frau Sutter erwartete, und im selben Moment fielen dort gleich fünf Bäume nacheinander um, direkt auf den Waldweg. Wir warteten auf Frau Sutter, die ebenfalls mit ihrem Hund unterwegs war, doch niemand kam. Der Wind pfiff uns dermaßen um die Ohren, daß wir unsere eigenen Worte kaum zu hören vermochten. So nützte alles Rufen nichts, und ich entschloß mich schließlich, nachsehen zu gehen.

Nachdem ich mich einige Meter durch die entwurzelten Bäume gekämpft hatte, hörte ich Frau Sutters Hilferufe. Als ich bei ihr ankam, lag sie seitlich unter einem riesigen Baum festgeklemmt. Ihr Hund saß aufrecht und schützend vor ihrem Kopf und rührte sich nicht vom Fleck. Ich beruhigte die Verletzte und segnete sie, während ich innerlich Gott um Seine Hilfe anflehte.

Ich wußte noch nicht einmal, was in diesem Fall wohl die beste Hilfe wäre, als plötzlich der orangefarbene Wagen eines Waldarbeiters heranfuhr. Als der Waldarbeiter erkannte, daß die Straße durch die Bäume versperrt war, machte er sich daran, seinen Wagen zu wenden. Ich kroch so schnell ich konnte unter der Tanne hervor und winkte. Im letzten Moment sah er mich und kam sofort herbeigeeilt. Er sagte, daß bei einem solchen Sturm sogar der erfahrenste Förster blitzartig den Wald verlasse, was er selbst eben zu tun gedachte. Ich berichtete ihm kurz den Vorfall, und während ich mit seiner Säge versuchte, die Frau ein wenig aus dem Geäst zu befreien, rief er per Funk inzwischen die Ambulanz herbei.

Frau Sutter jammerte nicht über ihre Schmerzen und ärgerte sich auch nicht darüber, daß dieser Baum so unerwartet ihre unmittelbare Zukunft durchkreuzt hatte. In diesem Augenblick erstand in ihr eine bemerkenswerte Persönlichkeit. Sie sorgte sich einzig und allein um ihre erkältete Tochter, die zu Hause auf das Mittagessen wartete, und um ihren Hund, den sie wohl in nächster Zeit nicht betreuen könne.

Dieser morgendliche Vorfall warf in mir selbstverständlich einige Fragen auf. Diese wurden mir einige Tage später schließlich vom Heiland persönlich beantwortet. Ich hatte mich nämlich gefragt: Weshalb stürzt ein Baum mitsamt den Wurzeln einfach so um?

Zunächst traf ich jedoch kurz darauf unseren «Dorfältesten», der mir folgendes erklärte: Früher, so müsse ich wissen, war hier alles Moorlandschaft, und in einen Sumpf pflanze man eben grundsätzlich keine Bäume. «Die können sich ja nirgendwo festhalten!» Er war sichtlich aufgebracht darüber. Ich dachte bei mir: Nun ja, der Mann hat recht, so wird es sein.

Einen Tag später traf ich den Paten meines Sohnes Florian. Xaver, so heißt er, ist Architekt von Beruf, und ich stellte ihm dieselbe Frage wegen der umgefallenen Bäume. Er antwortete mir folgendermaßen: «Es ist der saure Regen. Dieser zerfrißt vor allem die feinen, weitverzweigten Würzelchen und danach auch die großen Wurzeln der Bäume. Deshalb haben sie dann keinen Halt mehr im Boden.» Auch hier dachte ich: Ja, das stimmt, so wird es wohl sein.

Wiederum einige Tage später – ich hatte das Thema für mich bereits abgeschlossen –, befand ich mich einmal mehr auf meinem Morgenspaziergang mit Nändy. Als ich «meinen» Platz schon von weitem ausmachen konnte, schritt ich voll Freude und Erwartung darauf zu. Ich hatte diesem Ort in der Zwischenzeit den Namen «Kraftort» gegeben. Der Heiland stand bereits da und war wie immer wundervoll anzusehen. Oft kommen mir in diesem Augenblick fast (oder auch ganz) die Tränen, wobei es häufig nicht Tränen der Freude sind, sondern Tränen der Sehnsucht.

Dieses Mal stand er nicht wie gewohnt in der Mitte des Weges, sondern rechts am Wegesrand. Ich schaute hin und verstand zuerst nicht, was er mir sagen wollte. Als ich einen Moment zugewartet hatte, begann er sich zu bewegen. Er hob beide Hände empor und zeigte auf eine kleine Gruppe von Bäumen, die ihm gegenüber standen. Und ich sage Dir, liebe Leserin und lieber Leser, wenn Dir Jesus Christus erscheint, wird Dir auffallen, daß jede seiner Bewegungen, jedes seiner Worte und jeder seiner Gedanken in völliger Harmonie mit dem ganzen Kosmos ist! Die ganze Schöpfung scheint dann mit ihm zu schwingen und von ihm angehoben zu sein. Er zeigte also auf die gegenüberliegenden Bäume und wies mich an, sie ebenfalls genau zu betrachten. Da sah ich auf einmal, wie sich mitten durch einen der Bäume eine feine Silberschnur zog. Oben, am höchsten Punkt des Baumes, trat sie aus und stieg bis ins Unendliche in den Himmel hinauf. Da hörte ich folgende Worte:

«Wie der Mensch, so haben auch die Bäume eine unsichtbare Nabelschnur als Verbindung zur geistigen Welt. Wenn ein Baum auf natürliche Art und Weise fällt, also beispielsweise durch einen Sturm, so ist dies nur dann möglich, wenn diese Verbindung bereits zerstört ist. Diese Silberschnur bei Menschen, bei Tieren und, wie Du jetzt weißt, auch bei Pflanzen ist mein silbernes Christuslicht. Es ist das Licht, das alles am Leben erhält und alles mit Gottvater rückverbindet. ... Und genauso, wie es bei den Bäumen ist, daß sie ihren Halt im Boden verlieren, wenn sie oben nicht mehr verankert sind, so ist es auch bei Euch. Hat ein Mensch die Verbindung mit Gott, nach oben also, verloren, dann verliert er auch langsam aber sicher den Boden unter seinen Füßen.

So entstehen Depression, Krankheit sowie vielerlei andere Sorgen, Plagen und auch Streitereien. Es bilden sich Kriege, Hunger- und Durstkatastrophen. Dies alles müßte nicht sein, wäret Ihr, meine geliebten Kinder, mit mir verbunden und an meinen Lichtstrom angeschlossen und würdet Ihr meinen Willen tun und nicht den Euren, der immer nur zerstören will, haben will, besitzen will, genießen will und sich immer nur selbst als Mittelpunkt sieht.»

Nach einer kurzen Pause – ich fühlte mich durch seine Worte betroffen und ziemlich beschämt – fuhr er fort:

«Diese Silberschnur wird ebenfalls zerstört durch die groben Einflüsse von Radio, Funk, Fernsehen, Mikrowellen, Starkstromleitungen, Funktelefonen und dergleichen mehr – Dinge, die nicht Gott, sondern die Ihr Menschen geschaffen habt. Sie zersetzen die feinen, fluidalen, feinstgliedrigen Lichtverbindungen zwischen dem Himmel und der Erde.

Wisset: Bei Gott gibt es keinen Wechselstrom, sondern nur Gleichstrom. Bei Gott schwimmt alles im gleichen Strom seiner ewigen Liebe, Kraft und Weisheit. Meine geliebten Kinder, kommt zurück an mein Herz, in meine Liebe, die vor Sehnsucht nach Euch brennt und all Eure Sünden versengt, je näher Ihr mir kommt. Hört nicht in ein Radio hinein, sondern in Euer Herz, denn es ist mein Herz! Schaut nicht in den Fernseher hinein, sondern in Euch selbst, denn ich bin Euer Selbst! Zerstört Euch nicht mit all Euren Vergnügen, denn damit zerstört, schmerzt und peinigt Ihr mich, der ich Eure Schmerzen aufs Tausendfache erleide. So frage ich Euch als meine Kinderlein: Weshalb liebt Ihr mich nicht, der ich Eure Mutter, Euer Vater, Euer Bruder und Euer bester Freund bin?

Ich rufe Euch, meine Kinder: Kommt nach Hause! So lange wart Ihr weg von Eures Vaters Haus, so daß ich es vor lauter Sehnsucht nach Euch kaum noch aushalte. Kinderlein, ich rufe Euch, bitte, kommt nach Haus!»

Mal ehrlich, liebe Leserin und lieber Leser, bist Du Dir bewußt, wie sehr Dich Gott liebt? Ich glaube, wir können es gar nicht ermessen, jedenfalls nicht, bevor unser Herz nicht Sein Herz, unsere Gedanken Seine Gedanken und unsere Gefühle Seine Gefühle geworden sind. Ebenso können wir uns wahrscheinlich gar nicht vorstellen, wie groß bei Gott die Freude ist, wenn eines Seiner Kinder endlich den Weg zu ihm zurückgefunden hat.

Es ist für mich immer wieder höchst interessant zu sehen und zu erleben, wie die geistige Welt beständig solche oder auch kleinere Anlässe dazu verwendet, um uns wichtige Zusammenhänge aufzuzeigen, um uns zu schulen und uns über die geistige Sichtweise zu unterrichten. Ich persönlich bin sehr dankbar dafür und hoffe, mit dem vorliegenden Buch meine eigenen Erlebnisse einer breiteren Öffentlichkeit zugänglich machen zu können.

Dabei bin ich mir freilich darüber im klaren, daß es in Anbetracht der vielen Tausenden von neuen Esoterikbüchern, die alljährlich erscheinen und von denen viele wohl besser geschrieben sind als meines, für mich kaum eine Chance gibt, überhaupt einen Verlag zu finden, der meine Erlebnisse abdruckt. So muß ich es der geistigen Welt überlassen zu entscheiden, ob es wichtig und erforderlich ist, daß diese Zeilen jemals veröffentlicht werden. – Nun, falls Du jetzt ein gedrucktes Buch mit dem Titel «Die Freunde des Lichts» in Händen hältst, so hat es wohl geklappt. Dann kannst Du auch gewiß sein, daß es kein «Zufall» ist, sondern die weise Führung von oben, welche Dir dieses Buch zukommen ließ.

Jeder kann Gotteserfahrungen machen

Es ist mir wichtig, noch einmal zu betonen, daß es wirklich jedem Menschen möglich ist, eigene Gotteserfahrungen zu machen!

Man sollte sich allerdings nicht dadurch einschränken, daß man sich wünscht, genau die gleichen Erfahrungen zu machen wie beispielsweise ich sie gemacht habe oder wie dieser oder jener Meister sie gemacht hat. Vielmehr ist es das beste, wenn wir alle einfach völlig offen und bereit sind, das Göttliche auf unsere eigene, individuelle Art und Weise zu erleben. Die Absicht dieses Buches ist es, Dir für diese innere Bereitschaft Mut zu machen und Dir aufzuzeigen, wie wunderbar es ist, wenn man sich auf Gott einläßt.

Es geht mir auch nicht darum, meine Medialität als etwas besonderes hervorzuheben, sondern im Gegenteil darum zu betonen, daß auch Du medial bist! Den sogenannten «sechsten Sinn», von dem oft behauptet wird, daß nur wenige ihn besäßen, hat nämlich jeder Mensch, auch Du. Nur sind sich die einen darüber bewußt und benützen ihn, während die anderen noch keinen Zugang zu ihm gefunden haben.

Das Hellsehen, das sich viele Menschen wünschen, ist übrigens nur ein Teil der verfeinerten Wahrnehmungsmöglichkeiten, die sich einem eröffnen können. Daneben gibt es auch das Hellhören, das Hellriechen usw., denn alle Sinne sind auch auf einer höheren, feinstofflichen Ebene vorhanden. Ich persönlich betrachte das Hellfühlen als die allgemein wichtigste Fähigkeit, die es wieder zu entdecken gilt, denn dieses Fühlen kann sich derart stark entwickeln und ausprägen, daß fast kein Unterschied mehr zum gewohnten Sehen besteht. Deshalb spreche ich in der Regel auch nicht vom Hellsehen oder vom Hellhören oder vom Hellfühlen, sondern ganz einfach vom «Wahrnehmen». Es handelt sich nämlich um ein ganzheitliches Auf- und Wahrnehmen von verschiedensten Eindrücken feinstofflicher Art.

Ich habe bei meinen Kursen und Seminaren schon oft beobachtet, daß gerade jene Menschen, die zunächst behaupten: «Ich sehe gar nichts, wenn ich meditiere», letzten Endes am meisten wahrnehmen können. Oftmals sind es nämlich umgekehrt gerade jene, die zu oberflächlich und sich selbst gegenüber zu wenig kritisch sind, die in der Meditation auf Anhieb enorm viele Bilder bekommen. Doch bei ihnen ist die Gefahr am größten, daß sie sich all diese Bilder bloß selbst, mittels ihrer Phantasie und Imagination, erschaffen und sich somit etwas vormachen, was gar nicht ist. Es ist also insbesondere auch auf dem geistigen Weg wichtig, daß wir stets ein vernünftiges Maß an Selbstkritik pflegen, um uns nicht selbst zu täuschen.

Karma und Verantwortung

Bei meinen Vorträgen höre ich immer wieder den Vorwurf, daß wir Esoteriker uns das Leben zu sehr vereinfachen würden, indem wir uns in eine nicht vorhandene Traumwelt von Ursache und Wirkung (Karma) und in einen sentimentalen «Alles-ist-gut»-Glauben flüchten. Hierzu möchte ich folgendes sagen:

Zum einen trifft es zu, daß unser aller Leben in der Tat viel einfacher, schöner und lebenswerter wird, wenn wir uns ernsthaft mit esoterischen Themen beschäftigen. Zum anderen darf man jedoch nicht vergessen, daß das spirituelle Leben durchaus nicht immer «easy» ist. Es kann nämlich ganz schön anspruchsvoll sein, wenn man sich ständig darüber bewußt ist, daß man für alles, was einem geschicht, immer selbst verantwortlich ist; daß man auch am gegenwärtigen desolaten Zustand der Erde mitverantwortlich ist, und daß es für gar nichts eine Entschuldigung gibt.

Wer sich nämlich über die subtilen karmischen Gesetzmäßigkeiten bewußt geworden ist, der kann sich nicht mehr in solch beliebte Ausreden flüchten wie: «Ich kann doch nichts dafür, wenn ...», «Das habe ich nicht gewollt», «Mit was habe ich denn das schon wieder verdient (ich Armer) ...», «Ich war doch immer gut zu allen und habe keinem etwas zuleide getan, und jetzt passiert mir sowas ...», usw.

Nein, wenn wir wirklich wissen, daß wir ein Teil des Ganzen und in die Gesamtheit der Schöpfung eingebunden sind, dann können wir uns nicht mehr einfach unpersönlich aus allem heraushalten, sondern wir fühlen uns stets bei allem, was in uns und um uns herum geschieht, persönlich betroffen. Ob ich nun selbst krank bin oder ob mein Nächster krank ist; ob ich nun selbst Hunger erleide oder die Menschen in Afrika; ob sich nun jene im ehemaligen Jugoslawien gegenseitig umbringen oder wir; ob die Atomkatastrophe nun in Rußland stattfindet oder bei uns – alles, von dem ich erfahre, hat irgend etwas mit mir zu tun, denn sonst würde ich nicht damit konfrontiert.

Mancher Zeitgenosse hätte wohl immense Schwierigkeiten, wenn er fortwährend in diesem klaren Bewußtsein leben müßte. Er könnte es nicht ertragen und würde in schwerste Depressionen fallen, wenn er sich nicht mehr hinter seiner «Ich-hab-mit-all-dem-nichts-zu-schaffen-Maske» verstecken könnte oder wenn er anerkennen müßte, daß seine Krankheit und sein Leiden langfristig gesehen von keinem Medikament, sei es allopathisch oder homöopathisch, geheilt werden kann, solange er nicht bereit ist, in seiner Lebenshaltung und Lebensweise grundlegende Veränderungen und Umstellungen vorzunehmen. «Mea culpa, mea culpa», sagte mein Vater früher immer. Er hatte recht. *«Suchet den Fehler immer bei Euch selbst und nie bei den anderen»,* dies betont auch die geistige Welt immer und immer wieder.

Wenn man die Esoterik einmal von dieser Seite her betrachtet, wird wohl jedem sehr bald klar, daß dieser Weg keine Flucht vor dem Leben, sondern im Gegenteil ein Intensivieren des Lebens mit all seinen Schatten- und Sonnenseiten ist. Esoterik, wenn wir sie richtig und verantwortungsvoll betreiben, ist keine bequeme «Heile-Welt-Philosophie», sondern erfordert große Lernbereitschaft und harte Arbeit an sich selbst.

Männer, wacht auf!

Es macht übrigens den Anschein, als ob das weibliche Geschlecht uns Männern in dieser Hinsicht um einiges voraus ist.

Die Frauen haben sich, wohl infolge der langen Unterdrückung durch die Männer, im Verlaufe der Geschichte daran gewöhnen müssen, sich unterzuordnen, und auch heute noch werden die meisten von ihnen schon von klein auf in diese Richtung erzogen. Doch was beim männlichen Geschlecht einstmals noch als Stärke galt, entpuppt sich in der heutigen Zeit als schwerwiegender Nachteil. Denn viele Männer sind heute schlichtweg nicht mehr in der Lage, sich in Demut unterzuordnen und von höheren Autoritäten etwas anzunehmen. Dies jedoch sind gerade auf dem spirituellen Weg unumgängliche Eigenschaften, die es zu entwickeln gilt.

Frauen fällt es meiner Erfahrung nach viel leichter, die so wichtigen Tugenden der Demut, der Bescheidenheit und des Gehorsams zu entfalten, ohne die man keinen Zugang zum Verständnis der geistigen Welt bekommt. So ist es nicht weiter verwunderlich, daß der durchschnittliche Frauenanteil bei esoterischen Veranstaltungen, Vorträgen und Kursen rund 85% bis 90% beträgt. Dasselbe gilt auch in bezug auf das Lesen esoterischer Bücher oder auf das Aufsuchen von Medien und Heilern.

In diesem Zusammenhang seien die folgenden deutlichen Worte aus der geistigen Welt angeführt:

«Männer, wacht doch endlich auf! Erhebt Euch von Euren Fernsehern und Computern und springt nicht immer noch wie kleine Jungs dem Fußball hinterher, sondern sucht Gott!

Männer, laßt Eure Waffen und Bierdosen fallen und macht Eure Hände frei, um Eure Frauen und Kinder ins Licht zu begleiten. Hört endlich auf, stur zu sein und Euch zu streiten, sonst könnte es sein, daß Ihr bald allein den Weg gehen müßt, und keiner wird mehr dasein, um Euch zu begleiten. Wacht auf, denn auch Ihr könnt Lichtarbeiter sein!»

Es ist mir zwar ein Rätsel, doch ich stelle in meiner Arbeit immer wieder fest, daß gerade bei den Männern eine offensichtlich nicht unbeträchtliche Hemmschwelle besteht, wenn es darum geht, offen über esoterische Angelegenheiten zu sprechen oder auch nur schon Interesse daran zu zeigen. Viele haben wohl Angst, man könnte erfahren, daß der Betreffende gar nicht so stark, rationell und realistisch ist, wie er es gerne vorgibt.

Diese Annahme würde auch durch die Tatsache bestätigt, daß es unter meinen Kunden und Patienten vor allem die Ärzte, Zahnärzte, Psychologen und anderen Akademiker sind, die oft aus Deutschland, Österreich oder Italien anreisen, damit sie ja nicht erkannt werden. Denn je «höher» das Anschen eines Berufsstandes ist, desto größer wird bei den Menschen die Angst, als Hilfesuchender, Abergläubischer oder «Softie» «geoutet», entlarvt und ausgelacht zu werden.

Ich möchte daher an dieser Stelle allen Männern, die sich mutig und ernsthaft in die Esoterik-Flut begeben, ein großes Kompliment aussprechen. Die Ernsthaftigkeit dieser Männer zeigt sich daran, daß sie bereit sind, auch gesellschaftliche Verluste hinzunehmen, um in ihrer inneren Entwicklung voranzukommen. Solche Männer braucht unsere Zeit.

Den Frauen hingegen möchte ich sagen: Liebe Damen, ich bitte Euch, nehmt Euch mit viel Gefühl dieser Herren an, führt sie geduldig an ihre schwachen Punkte heran und helft ihnen, allmählich wieder «richtige» Männer zu werden: liebevoll und tatkräftig, stark und voller Verständnis, vertrauenswürdig und weise.

Und: Liebe Männer, ich kann zwar nicht sagen, daß es mir unwohl sei unter so vielen wundervollen Frauen, aber ich könnte dennoch gut etwas Unterstützung gebrauchen!

Zum Abschluß dieses Kapitels hier noch ein bemerkenswertes Zitat aus der geistigen Welt:

«Verliert Euch bitte nicht in Fragen über Recht oder Unrecht oder darüber, ob die absolute Wahrheit nun in der Esoterik oder in der Wissenschaft zu finden sei. Seht doch: Die Schöpfung ist ein vollkommenes Ganzes. Daher wird sie oft als Kreis dargestellt, und ein Kreis besteht bekanntlich aus zwei Hälften. Die eine Hälfte steht hier für die Wissenschaft, die andere für die Grenzwissenschaft. Erst

beide zusammen bilden, jede auf ihrer Ebene, die vollständige Wahrheit. So sollten sie sich nicht gegenseitig bekämpfen, sondern ergänzen.

Seid nicht wie die drei Frösche auf jenem flußabwärts treibenden Baumstamm: Zwei saßen vorne, einer hinten. Die vorderen zwei stritten sich, weil der eine behauptete, das Wasser fahre, während der andere die Ansicht vertrat, der Baumstamm sei es, der fahre. Schließlich riefen sie den dritten Frosch und fragten nach seiner Meinung. Dieser antwortete: ‹Nun ja, in gewissem Sinne habt ihr beide recht...› Platsch! Da stießen die beiden ihn gemeinsam ins Wasser.

Ihr Menschen seid genau gleich. Bei Euch muß immer der eine im Recht und der andere im Unrecht sein. Sehet, dies ist aller Übel Anfang. Ihr braucht jedoch niemanden zu überzeugen, Ihr braucht niemandem etwas zu beweisen, denn wer hören will, der hört, und wer sehen will, der sieht.

So versuchet also, versuche Du, die anderen zu verstehen, dann werden auch die anderen versuchen, Dich zu verstehen. Ja, durch Dein aufrichtiges Interesse und durch Dein Entgegenkommen werden sie Dir ihre Türen öffnen, und dann lege den Schatz und die Perlen der geistigen Wahrheiten in ihr Sein hinein.

Sät den Samen Eurer Weisheit nicht auf dem Asphalt vor dem Tor, sondern setzt ihn in die fruchtbare Erde im Garten des Nächsten ein, auf das Gott ihn bewässere, die Sonne ihn wärme und die ganze Natur ihn gedeihen lasse. Wartet alsdann, bis eine Blüte sich zeigt, während Ihr immer wieder hingeht und das zarte Pflänzlein bewundert und ihm Eure ganze Herzenswärme schenkt. Dann, wenn sich die Blüte gänzlich entfaltet und öffnet, dann erst legt weitere Gaben in sie hinein.»

8. Kapitel

Der Umgang mit Medien und Heilern

Dieses Kapitel ist insbesondere für diejenigen unter Euch gedacht, die sich erst seit kurzem mit esoterischen Themen beschäftigen und die nach Orientierungshilfen in der beinahe unüberschaubaren Vielfalt innerhalb der modernen Esoterik-Szene suchen. Es beinhaltet einige gutgemeinte Ratschläge im Umgang mit Medien, Heilern und anderen Beratern oder Therapeuten.

Elf goldene Regeln

Bevor Du bei einem Medium oder einem Heiler eine Sitzung buchst, ist es ratsam, die folgenden elf goldenen Regeln zu beachten, die ich aus meiner eigenen Erfahrung zusammengestellt habe:

1. Regel: Besuche eine mediale Sitzung nicht bloß aus Neugierde und beanspruche die geistigen Wesen nicht in der Hoffnung, daß sie an Deiner Stelle Deine Probleme lösen. Denn sie werden Dir nur die Anleitung geben, wie *Du selbst* es tun kannst, wenn Du dazu bereit bist.

2. Regel: Suche niemals ein Medium, einen Heiler, einen Berater oder Therapeuten auf, wenn Du nicht ehrlich bereit bist, an Dir zu arbeiten und falls erforderlich Deine Lebensgewohnheiten zu verändern. Ohne diese Bereitschaft zur Veränderung verschwendest Du Deine und auch seine Zeit.

3. Regel: Achte bei jedem Medium oder Heiler, der Dir seine Dienste anbietet, auf das Preis/Leistungs-Verhältnis. Und: Die Größe eines Inserates sagt nichts über die Größe der Fähigkeiten des betreffenden Therapeuten aus.

4. Regel: Verzichte in jedem Fall auf eine Beratung, wenn Dir das Medium oder der Heiler nicht sympathisch ist oder wenn Du ihm/ihr gegenüber ein ungutes Gefühl oder gar Angst verspürst. (Angst ist immer ein Zeichen, daß ungute Mächte im Spiel sind.)

5. Regel: Ein Berater oder Therapeut sollte selbst einigermaßen in der Mitte sein. Das heißt, er sollte das Wasser, das er predigt, auch selber trinken. Er sollte also in seinem persönlichen Verhalten offen und vorbildlich sein und in seinem eigenen Leben nicht mehr Probleme haben als Du; sonst ist er mit großer Wahrscheinlichkeit nicht der richtige Therapeut für Dich.

6. Regel: Jeder echte Berater oder Therapeut ist, wie wir alle, Lehrer und Schüler zugleich. Sei also mißtrauisch gegenüber einem Medium oder Heiler, der von sich behauptet, er brauche keinen Lehrer und keine höhere Führung. Wer nicht zuerst gelernt hat zu folgen, der wird auch nicht führen können.

7. Regel: Laß Dich nicht von einem Medium oder Heiler einschüchtern; weder bist Du todkrank, noch vom Teufel verfolgt. Laß Dich auch nicht abhängig machen; Du kannst auch ohne den Heiler gut auskommen.

8. Regel: Wird Dir in einer medialen Beratung nur Angenehmes und Schmeichelhaftes erzählt, so frage Dich, was Dir diese Beratung für einen Nutzen bringt. Wisse, daß eine gute Sitzung nicht nur Deinem Ego schmeicheln soll, sondern daß sie Dich auch auf Deine Mängel und Schwächen hinweist.

9. Regel: Sei Dir darüber bewußt, daß es niemals der Heiler selbst ist, der Dich heilt und der das Wissen und die Weisheit besitzt, sondern daß stets Gott und Seine Diener durch ihn wirken. Auch wenn Dir der Heiler oder das Medium vielleicht sehr imponiert, hebe diesen Menschen nicht auf ein Podest, sondern danke vielmehr der Quelle all seiner Gaben – Gott. Denn es ist auch dem Heiler nicht im geringsten gedient, wenn Du seinem Ego schmeichelst und ihn auf einen Thron hebst, der ihm gar nicht gebührt.

10. Regel: Sei Dir darüber bewußt, daß es keinen medialen Menschen gibt, der die Botschaften, welche durch ihn fließen, nicht durch seine eigene Persönlichkeit, durch seinen religiösen Glauben, sein Wissen und sein Weltbild färbt. Meines Erachtens und nach meiner Erfahrung ist somit die Möglichkeit eines vollständig reinen und unveränderten göttlichen Wortes bei keinem Medium gegeben. Also: Prüfe die Geister, trenne – dies gilt selbstverständlich auch für meine Botschaften –, den Weizen von der Spreu, nimm das Gute heraus und das Beste behalte!

11. Regel: Sei Dir darüber bewußt, daß der Umgang mit jenseitigen Geistwesen keine ungefährliche Sache ist. Setze Dich also nicht unnötig Gefahren aus und laß das Tischerücken sowie das unsinnige Befragen Verstorbener mittels Gläserrücken, Buchstaben-Brett oder Pendel sein. Wende Dich bei Bedarf an Kontakten mit der jenseitigen Welt an speziell dafür ausgebildete und erprobte Medien. Denn: Es ist bedeutend einfacher, die Verstorbenen zu rufen, als sie wieder loszuwerden!

Die Qualifikation eines Mediums

Auf die Frage, wie man sein sollte und was man tun könne, um Botschaften aus den höheren Geisteswelten zu empfangen, sagt uns die geistige Welt folgendes:

«Zunächst muß ein gewisses Maß an Licht in Euch sein. Dieses Licht muß von Euch selbst erarbeitet werden. Ihr besitzt viele Möglichkeiten, dies zu tun, nicht nur mit Euren Gedanken, sondern auch durch Taten: Liebt, fastet, lebt in Reinheit, Klarheit und Wahrheit, entbehrt und opfert Euch für den Nächsten auf. Seid ausgeglichen, meditiert und betet nicht nur dann und wann, wenn Ihr ‹gerade mal Lust› habt, sondern regelmäßig und diszipliniert. Mit anderen Worten: seid ausgeglichen.

Ein Mensch, der in seinem Innern ausgeglichen ist, im Körper sowie in Seele und Gemüt, verrichtet jede Arbeit auf jeder Ebene ausgeglichen, diszipliniert und mit ganzer Aufmerksamkeit. Denn er weiß, daß jede Tat, jedes Wort, jeder Gedanke und auch jedes Gefühl in der Akasha-Chronik aufgezeichnet wird. Genauer gesagt zeichnet der zehnte kosmische Strahl, der sogenannte Grinhilam-Strahl, welcher vom Himmelsfürsten Kahanah betreut wird, alles auf [siehe Tabelle im Anhang].

Liebe Erdengeschwister, wisset, daß nichts, rein gar nichts je verlorengeht. Alles wird registriert, und alles, was aus Euch entstanden ist, müßt Ihr eines Tages verantworten. Jede Sekunde, in der Ihr nicht in Liebe, nicht im Lichte gelebt habt, schafft Euch Karma. Betrachtet dies bitte nicht als Druck und Drohung, sondern wisset: So sind die Gesetze dieser Welt, und sie sind gerecht, unveränderlich und ewig.

Die heutige Zeit ist eine große Chance für Euch. Ihr habt Zugang zum geistigen Wissen, das Euch die Möglichkeit gibt, Euch immer mehr vom Rad des Karma zu lösen. Ja, dies ist die Zeit, in der Ihr

Euch vollständig befreien könnt von dem endlosen Wiederholen der Erdengrundschule und in der Ihr aufzusteigen vermögt ins Licht. Doch denkt daran: Licht geht zu Licht, und Dunkelheit zu Dunkelheit! So ist es.»

Ein anderes Mal sagten sie:

«Liebe Freunde und Erdengeschwister, das Herz, ja Euer Herz entscheidet, auf welcher Seite des Lebens Ihr steht – ob auf der sonnigen oder der schattigen. Wir raten Euch: Bleibt im Licht, bleibt in der Liebe, bleibt in der Freude verankert. Tut jede Tätigkeit aus vollem Herzen, aus voller Liebe und mit dankbarer Freude.

So viele von Euch sind immer noch unzufrieden und können deshalb nicht richtig lieben; so viele von Euch wähnen sich schon heute als Meister und hohe Eingeweihte, und es dünkt sie unverständlich, daß sie nicht längst schon anerkannte Heiler und Medien sind. Wir jedoch sagen Euch: Fordert Gott nicht mit Euren Wünschen, denn es ist nicht Euer Wille, der zählt, sondern der Wille Gottes. Er alleine weiß, wann Ihr bereit seid, wann Er Euch die geistigen Augen öffnen kann. ***Pflegt stets die innige Sehnsucht nach Gott, und wünscht Euch nichts anderes außer Ihm. Seid auf diese Weise wunschlos glücklich und vertraut auf Gott!***

Wir grüßen Euch aus dem wunschlosen Dasein, welches wir, die Freunde des Lichts, in unseren Ebenen und Sphären des Lichtes genießen. Nur wer keine Wünsche hat und voller Gottessehnsucht ist, geht ins Licht. Denkt immer daran: Eure weltlichen Wünsche machen Euch in letzter Konsequenz immer unglücklich.

Wir lieben Euch und senden unsere herzlichsten Lichtgrüße zur Terra, zu Euch und zu Eurer Erde, welche schon bald einen neuen Namen, einen Geistnamen erhalten wird. Denn schon bald wird Euer dunkle Planet ein leuchtend heller, strahlender Liebesstern sein! So ist es. Wir sind die Freunde des Lichts, seid also gegrüßt und gesegnet aus dem Herzen Gottes und denkt daran: Er ist die reinste, wahrste, klarste und bedingungsloseste Liebe, Euer Ursprung und ebenso Euer Ziel. Amen.»

Das Gesetz der Hilfsbereitschaft

Über die Sehnsucht nach Liebe und über das Herzensbewußtsein hören wir in den nächsten Durchgaben. Wir werden dabei auch auf das vierte Lichtgesetz, das Gesetz der Hilfsbereitschaft, hingewiesen, das für mich eines der wichtigsten Gesetze überhaupt darstellt.

Diese Botschaft kam durch, nachdem ein Kunde, ohne sich vorher abzumelden, nicht bei mir erschienen ist. Die geistige Welt hatte mich immer wieder gelehrt, mich nicht zu ärgern, wenn mich jemand versetzt, sondern mich stattdessen frohen Mutes anderen wichtigen Arbeiten zuzuwenden. Die Lichtfreunde sagten auch, daß ich mich in solchen Momenten mit ihnen verbinden könne, was ich in diesem Falle nun tat. Hier ist ihre Antwort:

«Wir freuen uns, Dich wiederum begrüßen zu dürfen. Wir kommen, wie Du ja weißt, aus einer Welt des Friedens, der Liebe, der Harmonie und des Lichtes. Ihr auf Erden würdet unsere Welt wohl als ‹Paradies› bezeichnen. Wenn wir den Begriff ‹Paradies› aussprechen, können wir beobachten, daß viele von Euch glauben, wir würden hundertprozentig glücklich und abgeschlossen für uns leben. Dem ist jedoch nicht so. Denn absolut glücklich sind wir erst, wenn alle Geschöpfe wieder im Lichte, im Schöpfer vereint sind.

Was uns zur Zusammenarbeit mit weniger entwickelten Wesen drängt, ist die Sehnsucht nach der Vereinigung. Dieses Einswerden mit der ganzen Schöpfung – und somit unser gänzliches Glück – ist auch von Euch abhängig! Wir lieben Euch und wir sehnen uns nach Euch, und deshalb reichen wir Euch die Hände. Bitte nehmt unsere Hilfe an, bitte ergreift geistig unsere Hände und geht gemeinsam mit uns den steilen Pfad zum göttlichen Licht.

*Ihr erinnert Euch an die drei Lichtgesetze? An dieser Stelle möchten wir für Euch noch ein viertes hinzufügen. Das vierte Lichtgesetz lautet: ‹**Bietet Dir jemand seine Hände, sein Herz und sein ganzes Sein zur Hilfe an, so nimm es an und tue desgleichen.**› Dies ist das Gesetz der Hilfsbereitschaft, und diese Tugend ist im Herzchakra verankert.*

Nun habt Ihr etwas Neues und Wichtiges gelernt, nämlich daß die Tugend der Hilfsbereitschaft nicht nur das Geben, sondern auch das Annehmen von Hilfe beinhaltet. So ist es. Wir grüßen Euch und senden unsere Liebe, unser Licht und unsere ganze Hilfsbereitschaft zu Euch. Friede sei mit Euch!»

Etwa ein Monat später kam folgende Botschaft:

«Ja, liebe Freunde, Hilfsbereitschaft birgt wahrlich die größte Freude. Die Eingeweihten können nur im Helfen wirkliche Freude verspüren. Denn je höher ein Wesen auf der Himmelsleiter steht, desto stärker ist in ihm der Wunsch – oder besser gesagt: die Sehnsucht – ausgeprägt, anderen zu helfen. Ja, diese Sehnsucht ist ein wahres Herzensbedürfnis. So ist es auch uns ein Bedürfnis, Euch immer weiter zu belehren und Euch in Eurer Liebesfähigkeit zu öffnen.

Wir sind Kinder der Liebe, genauso wie auch Ihr es seid, nur sind wir bewußter als Ihr. Wir sind Kinder der Wahrheit, genauso wie auch Ihr es seid, nur sind wir bewußter als Ihr. Wir sind Kinder des Lichtes, genauso wie auch Ihr es seid, nur sind wir uns all dessen vollauf bewußt. Dieses Bewußtsein, von dem wir sprechen, liegt nicht im Kopf, sondern im Herzen. So wisset also: Wann immer wir vom Bewußtsein sprechen, meinen wir das Herzensbewußtsein. Denn für uns und durch uns spricht das Herz, hört das Herz, sieht das Herz, fühlt das Herz und denkt das Herz. Euer Gehirn ist lediglich ein Kanal und Transformator des göttlichen Lichtes. Wissen ist Verstand, Weisheit ist Liebe!

Wisset auch: Nicht ein Prozent Eurer Gedanken stammt von Euch selbst, denn alles wird Euch eingegeben aus den geistigen Sphären, die Ihr ‹Jenseits› nennt, die für uns jedoch das ‹Diesseits› sind. Für uns gibt es nur ein ‹Jenseits›: jenseits der Liebe, jenseits von Gott zu sein.»

9. Kapitel

Prophezeiungen

In einer Durchgabe, die ich im vorangegangenen Kapitel wiedergegeben habe, erwähnte die geistige Welt, daß unsere Erde sich schon bald in einen hellen, strahlenden Liebesstern verwandeln und einen neuen Namen tragen werde, und sie sprach in diesem Zusammenhang auch ausführlich über das Geben und Annehmen von Hilfe. Wir dürfen also davon ausgehen, daß der Menschheit in naher Zukunft einige Veränderungen bevorstehen.

Bei all diesen kommenden Ereignissen ist es wichtig zu wissen, daß Gott, Seine Engel und Helfer, unsere Lichtfreunde und geistigen Führer stets bei uns sein werden, sofern wir dies möchten. Wenn sie zunächst auch noch unsichtbar bleiben werden, so sind sie dennoch immer ganz in unserer Nähe.

«Seid bereit, jederzeit!»

Liebe Leserin und lieber Leser, in dem vorliegenden Kapitel möchte ich gerne einige der Hinweise mit Dir teilen, die uns unsere Freunde des Lichts sowie auch andere Propheten und Seher im Hinblick auf bevorstehende Entwicklungen gegeben haben. Bitte bedenke, daß sie alle mit solchen Voraussagen nicht die Absicht verfolgen, uns Angst zu machen, sondern daß sie uns helfen wollen, innerlich und äußerlich vorbereitet zu sein. Denn wenn wir entsprechend vorbereitet sind, wird es für uns ein leichtes sein, auch scheinbar schwierige Zeiten zu überstehen. Und bedenke: Die allerwichtigste Vorbereitung heißt auch hier: LIEBE.

Eines möchte ich bei dieser Thematik ganz besonders betonen, nämlich, daß es sich bei den bevorstehenden Veränderungen von Mutter Erde *nicht* um einen «Weltuntergang» oder dergleichen handelt, sondern um einen *Übergang* in eine durchaus bessere Zeit! Also sollten wir uns nicht davor ängstigen, sondern uns eher darüber freuen, daß in absehbarer Zeit vermehrt die Liebe, das Licht und der Frieden auf unserer Erde regieren werden.

Ich bin mir darüber bewußt, daß die teilweise ernüchternden Aussagen in diesem Kapitel bei vielen von Euch eine Art «homöopathische Erstverschlimmerung» auslösen werden. Doch weiß man, daß gerade eine solche Reaktion auf ein Heilmittel anzeigt, daß das richtige Mittel in der richtigen Potenz gewählt wurde. Ich werde hier dieses Thema allerdings nicht allzu detailliert behandeln, sondern es nur kurz streifen, indem ich einige Stellen aus meinem im Eigenverlag erschienenen Buch «Prophezeiungen – Durchgaben aus der geistigen Welt bis zum Jahr 2000» (vergriffen) sowie einige andere aktuelle Voraussagen anführen werde. Wer sich lieber nicht mit diesen Visionen auseinandersetzen möchte, der überblättere einfach die folgenden Seiten.

Hören wir zunächst, welche Hinweise uns die Freunde des Lichts in bezug auf die Zukunft von Mutter Erde geben:

«Jeder Tag ist ein Tag der Freude. So grüßen wir Dich und die zukünftigen Leser dieser Botschaften mit dem Gruß: Freude sei mit Euch, Freude, Friede und Harmonie bis über alle Grenzen! Mit Freude haben wir in der geistigen Welt jene Energie benutzt, welche Ihr durch Euer Fasten freigemacht habt. Solche Fastentage und Fastenwochen sind von unermeßlicher Wichtigkeit für uns, sonst erhalten wir nicht genügend Kraft von Euch, um sie Euch – in umgewandelter Form – wieder zurückzuschenken. Ja, liebe Freunde, wisset, daß alle irdische Kraft in geistige Energie zurückverwandelt

werden muß, ehe sie für Euch wieder von Nutzen sein kann. Deshalb müßt nicht nur Ihr selbst, sondern müssen alle gefallenen Wesen geläutert, gereinigt und transformiert werden.

Unser aller Vater und großer Bruder Jesus Christus spricht an Euch die Bitte aus, alles in Euch, an Euch und um Euch zu reinigen, von ungutem Tun abzulassen und Euch ganz nach seinen Geboten und Gesetzen auszurichten, so, wie sie in der Bergpredigt verankert sind. Tut nichts, was Ihr nicht möchtet, daß Euch getan wird! Seid weise und höret auf die innere Stimme. Sie ist zwar leise, jedoch klar, wahr und rein, denn sie ist die Stimme Gottes im Inneren Eures Herzens. Macht aus Euren kleinen Herzen einen Feuerherd der Liebe, der Freude und der Barmherzigkeit. Es ist Zeit! Es ist Zeit! Es ist Zeit!

Ihr kennt die Prophezeiungen, was jedoch den Zeitpunkt der Geschehnisse betrifft, so kennen selbst wir ihn nicht. Bitte beachtet indes, daß wir Euch nicht sagen: ‹Macht Euch bereit›, sondern: ‹Seid bereit, jederzeit!›. Die Zeit des Übergangs steht Euch nicht bevor, sondern sie ist bereits in vollem Gange! Öffnet also Eure Augen und seht; öffnet Eure Ohren und hört; öffnet Eure Herzen und freut Euch, und öffnet Euren Mund und legt Zeugnis ab, klärt die Menschen auf, bevor sie ‹untergehen›. Denn Eure Mutter Erde selbst – so sagen wir Euch – wird nicht untergehen, sondern sie wird aufgehen und im Lichte Gottes weiterbestehen! Es ist Zeit, es ist Zeit, so seid bereit, wacht auf und wirkt für mich, ewiglich. So spricht Jesus Christus in uns und auch in Euch.»

Ich möchte hier nochmals folgende bereits zitierte Botschaft der Freunde des Lichts in Erinnerung rufen:

«Wisset: Wenn Ihr im Herzen verankert seid, so kann die Erde beben, Ihr aber bleibt im Segen; können die Meere sich erheben, Ihr aber bleibt am Leben. Bunker, Waffen und Gifte schützen Euch nicht, sondern einzig das göttliche Liebeslicht! So laßt es brennen immer-

zu, gebt mit dem Leben der Liebe keine Ruh, und seid bereit, alles zu geben, sonst lebt Ihr vorbei am wahren Leben.»

Das Los der Propheten

Diejenigen, die uns – Dich, mich und die geistige Welt – angesichts solcher Voraussagen belächeln, sollten uns nicht bekümmern. Wir sind ja nicht da, um die anderen zu überzeugen oder zu überreden, sondern nur, um sie zu informieren. Dies allein ist unsere Aufgabe. Ich erinnere mich hierbei an Noah, der, als er mit dem Bau der Arche begann, ebenfalls ausgelacht und verspottet wurde. Statt dessen hätten seine Zeitgenossen wohl besser auch ein Schifflein gebaut, aber eben ... der freie Wille des einzelnen Individuums muß unter allen Umständen immer respektiert werden. Wer Ohren hat, der höre.

Ich möchte auch erwähnen, daß nahezu alle Propheten zu allen Zeiten von der Mehrheit der Menschen ausgelacht, verhöhnt, verspottet und für verrückt erklärt, ja oft sogar gefoltert, gemartert und getötet wurden. Es scheint dies das Los der Propheten in dieser Welt zu sein. So gesehen befinden wir Belächelten und Verspotteten uns, wie Du gleich sehen wirst, in der guten Gesellschaft zahlreicher namhafter hellsichtiger Persönlichkeiten.

Wer sich hingegen nicht hinter einem oberflächlichen, bequemen Spott zu verstecken sucht, sondern sich die Mühe macht, genauer hinzusehen, der wird erkennen: Diejenigen, welche die großen Propheten und Eingeweihten so mir nichts, dir nichts als Spinner abstemplen, machen es sich doch reichlich einfach. Denn häufig waren jene begnadeten Seelen auch große Philosophen und Heiler und haben nachweislich Tausende von Kranken geheilt, haben für sie gelitten und mitgetragen. Und alle haben sie immer gegen die Gewalt, für Gott und für die Liebe unter den Menschen plädiert. Was soll daran zu verurteilen, was zu belächeln sein?

Im folgenden führe ich die Namen einiger Seherinnen und Seher ohne weiteren Kommentar meinerseits auf. Ein jeder möge sich, auch von den darauffolgenden Zitaten, selbst ein Bild machen:

Edgar Cayce	Brigitta von Schweden	Irlmeier
Nostradamus	Hildegard von Bingen	Kolumban
Pater Pio	Therèse von Avila	Johannes
Ashtar Sheran	Thomas von Aquin	Ezechiel
Babaji	Palmar de Troya	Papst Pius
Milos Tarabic	Sri Caitanya	Tom H. Smith
Albrecht Dürrer	Marie Julie Johenni	Malachias
Jakob Lorber	Mutter Stieglitz	Sai Baba
Sepp Wudy	Josef Stokert	Mühlhiasl
Sibylle von Prag	Bruder Hepidanus	Erika B.
A. Gustaffson	Franz Kugelheer	usw.

Es würde unzählige Bücher füllen, vollständig alle Namen, Orte und Botschaften aufzuführen, die in diesem Zuammenhang von Bedeutung sind – von Franz von Assisi und Katharina von Emmerich bis Don Bosco; von Medjugorie und Lourdes bis Fatima; von den Hopi-Indianern bis zu Sun Bear und anderen Zeitgenossen. Ja, diese Bücher gibt es bereits, und sie seien allen Interessenten zur Lektüre empfohlen.

Wir können hier nur soviel festhalten: In den Überlieferungen sämtlicher Kulturen und Religionen der Menschheitsgeschichte sind immer wieder deutliche Hinweise auf und Beschreibungen von Übergangszeiten (nicht Untergangszeiten!) zu finden, in denen die Erde und damit auch die Menschheit tiefgreifende Veränderungen durchmacht. In der abendländischen Tradition nennt man eine solche Phase beispielsweise «Apokalypse» und in der modernen Esoterik «Wendezeit»; die alten Maya-Indianer sprechen von einem «Großen Zyklus», der zuende geht, und auch die vedischen Schriften Indiens beschreiben in aller Ausführlichkeit die Ereignisse bei einem solchen «Yuga-Wechsel».

Dies und die Tatsache, daß keiner der oben aufgezählten Seher und Botschafter sich mit seinem Wissen persönlich bereicherte, ja daß die meisten von ihnen sogar überaus bescheiden waren und in materiell armseligen Verhältnissen lebten, ist für mich Grund genug, sie ernst zu nehmen.

Die Zukunft von Mutter Erde

Bei den folgenden Zitaten verzichte ich jeweils auf die Quellenangabe, da bei allen erwähnten Sehern die Botschaften inhaltlich mehr oder weniger übereinstimmen. Dies allein darf für den interessierten Leser als Qualitätshinweis genügen.

«Ich empfehle all jenen, die Verwandte, Bekannte oder Geistfreunde im nördlichen Teil Deutschlands haben, dieselben zu avisieren, daß sie sich überlegen sollen, wie sie gegen Süden hin einen Unterschlupf finden. Ich nenne weder Tag noch Stunde, jedoch ist die Zeit derart vorgerückt, daß ich Euch auf die unmittelbar bevorstehenden Gefahren aufmerksam machen will. Ich gebe keine näheren Details bekannt, jedoch sollt Ihr wissen, daß die göttliche Uhr nur noch Sekunden vor Zwölf steht. Mit den Sekunden meine ich die göttlichen, nicht jene Eurer Uhr. Denn bei Gott ist selbst eine Sekunde in viele Tausendstel eingeteilt.»

«Zu meiner Erdenzeit habe ich vom Feuer gesprochen, das vom Himmel auf die Menschheit zukommen wird. Es ist also nicht nur so, daß die Erdkugel durch große Erschütterungen Unheil über die Menschheit bringt; auch aus dem All werden viele Partikel von einstigen Himmelskörpern auf Eure Erde fallen, die durch die Anziehungskraft der betreffenden Planeten wie Jupiter, Saturn usw. jetzt noch in Bann gehalten werden. Durch die auf Euer Sonnensystem zukommende Veränderung in der Konstellation der Himmels-

körper werden jedoch viele dieser Teile ihre Bahn verlassen und auf diese Weise Unheil anrichten. Auch wenn sie nicht auf die Erde prallen, sondern sie nur passieren, entstehen dadurch große Katastrophen.»

«Die Laufbahn der Himmelskörper wird geändert. Auch die Erdachse wird verändert werden, weil ein neuer Polsprung bevorsteht. Die Verantwortung, die ein jeder von Euch trägt, ist unermeßlich groß, weil die göttliche Kraft durch Euer Sein – sowohl durch Eure geistig-seelische als auch durch Eure körperliche Substanz – verunreinigt werden kann und in diesem Zustand zurückfließt ins All. Daher habt Ihr so viele Naturkatastrophen auf Eurer Erde. Es sind Akkumulationen negativer Gefühlsimpulse, unguter Empfindungen, böser Gedanken, liebloser Worte und unguter Taten.»

«Genauso, wie vor der Sintflut ein Beben, Brausen, Donnern und Dröhnen die Erde erfüllte, so wird es erneut geschehen, wenn die große Reinigung erfolgt.»

«Zuerst muß es dunkel werden, bevor das Licht auf der Erde und in der Menschheit auferstehen kann. Die drei Tage Finsternis warten auf Abruf.»

«Nun kommt es zum Trennen des Guten vom Bösen, des Reinen vom Unreinen, des Klaren vom Trüben, des Wahren vom Unwahren, des Gesunden vom Kranken ...»

«Eine Entrückung kann im jetzigen Zustand der Menschheit nur über sichtbare und betastbare Flugobjekte geschehen.»

«..., daß die Mutterschiffe im All ein großes Kreuz bilden werden, das von den Erdenkindern gesehen werden kann. Es sind die Landestellen für diese Flugkörper, die auf Euren Planeten geschickt werden, um all jene Kinder zu entrücken, die in tiefer Liebe mit mir verbunden sind.»

«Diese runden Flugobjekte sind alle unbemannt. Sie werden ferngesteuert, und zwar von den Mutterschiffen, auf denen die Kugeln landen werden. Die Türe wird geschlossen, sobald sich sechs Erdenkinder darin plaziert haben, dann wird das Flugobjekt durch elektromagnetische Kräfte in eines der zwölf Mutterschiffe hinaufgezogen werden.»

«Diese Kugeln werden auf der ganzen Erde landen. Die Aufrufe, diese [kleinen] Raumschiffe zu besteigen, werden dann über Eure technischen Medien erfolgen. Damit meine ich Radio, Television und Funk. Ein jedes Menschenkind hat daher die Möglichkeit, gerettet zu werden.»

«Gott, euer Schöpfer, wird keinem einzigen Sprachrohr, Werkzeug oder Instrument [auch keinem Medium], was immer es für einen Namen tragen wird, auf die Stunde genau offenbaren, wann diese große Reinigung eingeleitet wird.»

«Die Finsternis von drei Tagen und Nächten beginnt mit einem furchtbaren Donnerschlag und mit Erdbeben. Kein Feuer brennt. Man kann weder essen noch schlafen, sondern nur beten. Nur geweihte Kerzen brennen. Blitze dringen in die Häuser. Gräßliche Flüche von Teufeln sind zu hören, Erdbeben, Donner, Meeresrauschen. Wer neugierig zum Fenster hinausschaut, wird vom Tode getroffen. Man verehre das kostbare Blut Jesu und rufe Maria an. Die Teufel holen die Gottlosen bei lebendigem Leibe. Vergebens flehen diese um Verlängerung ihres Lebens.»

«Krankheiten, bei denen kein Mensch helfen kann, werden zuerst das Herz angreifen, dann zum Verstand vordringen und zuletzt die Sprache beeinflussen. Dieses Übel wird begleitet von einer Hitze, die wie verheerendes Feuer ist, derart unerträglich, daß es die Haut und die berührten Körperteile rot und schmerzhaft machen wird. Dies tritt in sieben Tagen, rasch und allgemein verbreitet, auf. Das einzige Mittel für Rettung und Gesundung ist der Weißdorn. Die

Blätter dieser Pflanze sind das einzige Mittel, den Fortschritt dieser verheerenden Krankheit einzudämmen. Werft die Blätter dieser Pflanze in siedendes Wasser und laßt sie eine Viertelstunde kochen. Dann deckt das Gefäß zu, damit der Duft nicht entweichen kann und bedient Euch [d.h. trinkt ein wenig davon] dreimal des Tages. Es wird sich von dieser Krankheit beständige Unruhe des Herzens und Erbrechen einstellen. Wird das Heilmittel so angewendet, dann werden die von der Krankheit befallenen Körperteile schwarz und runzelig werden.»

«Wenn in kalter Winternacht Donner über die Erde rollen, daß die Berge zittern, dann schließt schleunigst Fenster und Türen. Verhängt den Ausblick ins Freie, denn Eure Augen sollen das furchtbarste aller Geschehen nicht mit neugierigen Blicken entweihen. Heilig ist der Zorn [oder die Liebe?] Gottes, der die Erde reinigen wird für Euch, die kleine treugebliebene Schar. Versammelt Euch zum Gebet! Stellt Euch unter den Schutz meiner allerseligsten Mutter und seid unverzagt. Was immer Ihr zu sehen bekommt, ist Blendwerk der Hölle, das Euch nicht schaden kann.»

«Der dritte Weltkrieg steht unaufhaltsam bevor. Gewaltige Naturkatastrophen, Erdbeben, Hitzewellen, Überschwemmungen, Stürme usw. sind vielerorts bereits angekündigte, sichere Vorboten dieser Auseinandersetzung. Schon diese Ereignisse allein werden die Menschheit in schwere Bedrängnis bringen.»

«Ich bin Michael, der Erzengel des Beschützens. Ich bin derjenige, der das mächtige Schwert der blauen Flamme schwingt, um ... die Lichtseelen überall auf der Erde zu behüten. Ich bin daran, die Kräfte des Lichtes zu vereinigen. Harmagedon und der Kampf um der Menschen Seelen steht unmittelbar bevor. Wir aus himmlischen Gegenden sind sehr nahe an die Erde herangekommen, um die blaue Flamme darzureichen, wo immer sie benötigt wird. Wenn sich die dunklen Wolken kriegerischer Gedankenformen oder internationa-

ler Notstände am Himmel ansammeln und die Erde einhüllen, dann ist es unsere gemeinschaftliche Arbeit sowie die Wirkung der blauen Flamme, die diese Wolken zerstreuen und auflösen wird. So wird ihre Antriebskraft und ihre zerstörerische Energie geschwächt oder aufgelöst.

Der Impuls hin zu einem globalen nuklearen Konflikt, der sich auf der Erde polarisiert, ist keine müßige Bedrohung. Es besteht nach wie vor eine Gefährdung für diese Welt seitens jener Leute, die nicht über ihren Horizont hinaus denken können. Die Zeit ist gekommen, da die Militärs und die Staatsmänner über die Sicherheit ihrer Grenzen hinausspähen und die Bedrohung der Menschheit durch ihre Entscheidungen sorgfältig abwägen müssen. Auf diesem Planeten sind Kräfte am Werk, die – wenn sie sich selbst überlassen würden und die Gier ihrer Herzen ausleben könnten – mit Sicherheit den gesamten Planeten verwüsten würden.

So etwas hat sich in diesem Sonnensystem bereits früher einmal ereignet. Es soll niemals wieder geschehen! Die Engelscharen haben von hoch oben Befehle erhalten, daß die Erde wie durch ein Wunder vor den Auswüchsen dunkler Seelen geschont werden soll. Wenn diese Ausgeburten der Dunkelheit sich aufbäumen gegen die wachsende Flut des Lichtes, dann wird eine Reaktion aus dem Planeten selbst widerhallen. Große, unkontrollierbare Schmelzen und Eruptionen werden das Echo auf Euer geistiges Ungleichgewicht sein.

Doch was immer auch geschehen mag – die Engel Gottes werden neben den Kindern des Lichtes stehen, wohin auch immer sie durch die Umstände gelangen werden. Die Engel dienen als Bewacher und Beschützer der unbesiegbaren Söhne und Töchter Gottes. Laßt also unter Euch keine Angst aufkommen. Für Angst hat es keinen Platz in den Herzen voller Licht und Liebe!

Beim Eintritt Eures Planeten in die nächste Dimension werden viele – vielleicht auch Eure unmittelbaren Nachbarn – fallen, oder sie werden hinfortgenommen, oder ein Unglück wird sie treffen. Stehet daher fest im Glauben und in der Liebe. Ruft die Engel Gottes an, Euch beizustehen. Erfleht den Schutzring aus blauen Flammen um Euer Heim herum, um Eure ganze Situation, bis auch diese Phase vorübergezogen ist.

Macht Euch klar, daß kein Ungemach sich an Euch heranschleichen wird, die Ihr in Liebe mit Euren Brüdern und Nachbarn wandelt, selbst dann nicht, wenn Ihr das Poltern eines drohenden Krieges und Gerüchte über Kriege hört sowie die Prophezeiungen über allerlei Scheußliches, das sich ereignen wird und wenn der Aufruf zur Vorbereitung auf jene Tage ergeht. Denn Liebe ist die Erfüllung der Christus-Gegenwart in jedem einzelnen Menschen. Liebe ist das Siegel des Schutzes. Liebe ist der undurchdringbare Panzer. Liebe ist die unbesiegbare Festung, die von den Zerstörern nicht eingenommen werden kann.

Faßt Euch daher ein Herz, denn obwohl für eine kleine Weile Aufruhr und Chaos herrschen werden, ist es nur für kurze Zeit und zu göttlichen Zwecken. Wenn Euer eigenes Herz durch die Liebe gereinigt wird, so wird in Eurer eigenen Welt Friede regieren, trotz der Verwirrung, die Euch umgeben wird.

Ich spreche in meiner Machtbefugnis als Statthalter dieses Sonnensystems. Ich präsidiere das Sonnenbewußtsein von Wille und Macht. Ich habe den Befehl ausgegeben, daß jene, die das Siegel von Licht und Liebe besitzen, durch jedes Mitglied der Engelschar Hilfe und Schutz genießen. Ich verbleibe als Euer Beschützer, Erzengel Michael.»

«Es ist soweit. Noch könnt Ihr es mit Euren verhaltenen Augen nicht sehen, doch wisset: Es ist im Vollzug! Großes ist im Gange – die Erde möchte sich heben, die Ozeane wissen Bescheid, die Winde sind eingewiesen, die Feuer haben ihren Auftrag. Reicht Euch also die Hände und laßt allen Kleinkram. Gotteskinder sind geschützt. Wir umhüllen Euch.»

Mit dieser ermutigenden, hoffnungsvollen Aufforderung möchte ich dieses Thema abschließen. Ich persönlich verstehe all diese Prophezeiungen im Sinne einer «Apokalypse als Frohbotschaft». Denn die angeführten Botschaften der Lichtwesen und Seher können uns in der Tat helfen, eine klare Sicht sowie die erforderliche Ernsthaftigkeit und Entschlossenheit zu entwickeln, um in unserem Leben eine heilsame Neuorientierung und Umkehr zu vollziehen, die uns froh machen wird.

Wer sich in dieser Hinsicht näher informieren möchte, für den bieten die esoterischen Buchhandlungen inzwischen eine reiche Palette von Büchern an, die sich mit Prophezeiungen und mit der kommenden Zeit des Umbruchs befassen. Ich rate jedoch gerade hier einmal mehr zu einem wachen, kritischen und hinterfragenden Lesen der verschiedenen Botschaften. Am besten erkundigst Du Dich nach Büchern der von mir in diesem Kapitel angeführten Persönlichkeiten.

10. Kapitel

Heilen

In diesem Kapitel möchte ich wiederum einige Erlebnisse und Begebenheiten aus meinem eigenen Leben sowie vor allem aus meiner beruflichen Tätigkeit erzählen. Es geht also erneut um das Thema «Heilen».

Selbstlosigkeit

Nicht allein ich, sondern auch viele meiner Kolleginnen und Kollegen haben in ihrer Arbeit als Heilerinnen und Heiler immer wieder die folgende Erfahrung gemacht: Wenn ein Heilkanal versucht, jemandem aus seiner eigenen Familie oder aus seinem engsten Bekanntenkreis zu helfen, so will ihm dies häufig nicht einmal bei Kleinigkeiten gelingen. Warum? – Weil meist bei solchen Versuchen bereits das Ego mitspielt, indem man jemandem helfen möchte, den man aus persönlichen Gründen mehr liebt als andere. Daher versagt die Heilfähigkeit oft gerade bei jenen, denen man unbedingt helfen *will.* Dies jedoch ist nichts anderes als eine Vorsichtsmaßnahme gegen den Mißbrauch geistiger Fähigkeiten zu egoistischen, selbstischen Zwecken.

Ein guter Heiler sollte nicht nur selbstlos sein, sondern auch alle Menschen gleich lieb haben, und er sollte in sich keinen Unterschied machen zwischen seiner leiblichen Familie und seiner geistigen Familie. Denn geistig gesehen sind wir alle eine große Familie,

Brüder und Schwestern. Diese Sicht zu entwickeln ist – wie ich aus eigener Erfahrung sagen kann – gar keine leichte Angelegenheit.

Ganz allgemein darf ein Heiler nicht «wollen». Denn das Wollen stammt aus dem Eigenwillen; es ist also nicht genügend selbstlos. Um dieser Gefahr vorzubeugen, sollten am Schluß einer jeden Heilungsbitte an Gott, so sagte mir einst die geistige Welt, stets die folgenden Worte angefügt werden: «... jedoch DEIN WILLE GESCHEHE.»

Echte Heiler und Medien haben nicht selten einen strengeren, anspruchsvolleren Weg zu gehen als der Durchschnittsmensch. Ich persönlich kenne jedenfalls kein einziges Medium und keinen einzigen guten Heiler, der, bevor er seine mediale Tätigkeit begann, nicht zunächst heftig «untendurch» mußte, wie man sagt. Denn wie ich bereits erwähnte: Wer andere Menschen belehren und führen will, der muß zuerst selber fähig sein zu lernen und zu folgen; wer andere Menschen wieder in ihre Mitte bringen möchte, der muß zuerst selber in seiner Mitte sein, und wer anderen Menschen sagt, wie sie leben sollten, der muß seine Ideale zuerst auch selber vorleben. Ansonsten wird seine Therapie keinen längerfristigen Erfolg, keine Heilung bringen können.

Eine Bettgeschichte und andere Beispiele

Neulich erlebte ich folgendes: Ich hatte in der Nacht zwar gut geschlafen, doch einmal mehr stand ich am Morgen wie «gerädert» auf. Ich wußte, daß unser Bett genau auf einer Störzone lag, aber ich hatte bis zu diesem Zeitpunkt nichts dagegen unternommen. Nun jedoch war ich entschlossen, unser Bett umgehend umzuplazieren. Also stellten Conny und ich das ganze Schlafzimmer um. Wunderbar, dachte ich nach getaner Arbeit, jetzt ist dieses Problem gelöst. Doch bald stellte sich heraus: wir lagen schon wieder auf einer Störung.

Nun mußte ein Abschirmgerät angeschafft werden, und zwar ein möglichst gutes und teures. Gedacht, gesagt, getan. Beruhigt ging ich an jenem Abend zu Bett und freute mich bereits auf den folgenden Morgen. Als es dann Tag wurde und ich mit einem eleganten Sprung aus den Federn hüpfen wollte ... oh je, da fühlte ich mich wieder wie gerädert. Nun mußte schleunigst ein neues Bett her. Da wir allerdings gerade wieder einmal ein wenig knapp bei Kasse waren, behielten wir unsere alte Matratze und kauften nur einen einfachen Rost. Wunderbar, dachte ich erneut, morgen früh werde ich endlich einmal frisch und erholt aufstehen. Ich legte mich hin und schlief wie ein Murmeltier. Aber eben, als der Morgen kam, war ich wieder einmal total gerädert.

Erst viel später erinnerte ich mich, daß mir der Heiland damals bereits gezeigt hatte, was zu tun sei, um dieses Problem zu beheben. Leider war ich jedoch wohl nicht aufmerksam genug und vergaß seinen Hinweis wieder. Nun gut, vergangenen Monat haben wir endlich herausgefunden, wo das Problem – zumindest äußerlich – lag: Wir schliefen auf einer dieser furchtbar krankmachenden Federkernmatratzen.

Letzte Woche bestellten wir – das Geld ist inzwischen glücklicherweise vorhanden – eine Spezialmatratze und gleich noch einen neuen Rost dazu. Das neue Bett ist zwar noch nicht geliefert, und so kann ich noch nicht sagen, ob ich demnächst tatsächlich morgens wie ein junges Reh aus dem Bett springen werde, doch als ich neulich im Wald spazierte, zeigte mir der Heiland aufs neue, was ich tun solle, um dieses Problem bei der Wurzel zu packen. Diese Begebenheit möchte ich für alle jene Leser kurz schildern, die mit ähnlichen Schwierigkeiten zu kämpfen haben.

Jesus stand da, am gewohnten «Kraftort» auf der kleinen Anhöhe, und zeigte sich mit einer Sonne in der Hand. Er nahm mit seinen Armen etwas Schwung und rollte dann die Sonne wie einen Teppich auf dem Waldweg aus. Dazu hörte ich folgende Worte:

«So kannst Du Deine Zimmer schützen: Breite einfach mein Gold, meine Sonne, meine Liebe als einen wunderbaren Lichtteppich geistig auf Deinem Boden aus. Dies vermag – wenn es mit ganzem Bewußtsein, mit ganzem Vorstellungsvermögen, mit ganzer Liebe und gemeinsam mit mir ausgeführt wird – alle unguten Strahlen, Erdverwerfungen, Wasseradern und dergleichen aufzulösen oder zumindest fernzuhalten. Tue dies dreimal am Tag während der ersten drei Tage, zweimal am Tag während der folgenden vier Tage, und danach jeden Tag einmal jeweils vor dem Schlafengehen.»

Ich muß zugeben, daß ich bis zum heutigen Zeitpunkt diesen göttlichen Ratschlag noch nicht ausgeführt habe, doch ich bin mir ganz sicher, daß er funktioniert. Möge der Leser den Test selbst machen. Was mich betrifft, so werde ich wohl noch einige Male morgens schmerzverzerrt mein Bett verlassen müssen, bis ich mich entschließen kann, diesen Hinweis in die Tat umzusetzen.

Die gleiche Trägheit in bezug auf die Umsetzung gutgemeinter Ratschläge kann ich oft auch bei meinen Kunden und Patienten feststellen. Immer wieder kommt es vor, daß sie zu dem Zeitpunkt, an dem sie mich aufsuchen, eigentlich noch gar nicht wirklich bereit sind, meinen Rat auszuführen. Wohl sind sie schon an jenem Punkt angelangt, an dem sie irgend etwas schmerzt – sei es psychisch oder physisch –, aber im Grunde genommen möchten sie noch nicht mit der Arbeit an sich beginnen, sondern sich vielmehr erst einmal ein wenig vorinformieren.

So ist es keine Seltenheit, daß sie zweimal oder auch mehrere Male mit den gleichen Beschwerden und Problemen zu mir kommen. Wenn es mir nicht irgendwann gelingt, sie zu einem Umdenken und zu einer praktischen Verbesserung ihres jeweiligen Lebenswandels in bezug auf ihr Essen, Trinken, Denken, Fühlen, Handeln und Reden zu bewegen, so ist eine längerfristige Heilung nicht möglich. Denn wie wir im obigen Beispiel gesehen haben, läßt der liebe Gott uns zunächst selbst einige Bemühungen unternehmen und erwartet von uns den vollen Einsatz aller uns zur Verfügung stehenden Mittel, bevor Er uns entgegenkommt und ein «Wunder» bewirkt.

Solche Wunder geschehen, Gott sei Dank, recht häufig. Nur ist es im voraus kaum zu ersehen, wem eine solche «Wunderheilung» zuteil wird; denn wer sie «verdient» hat und wem sie tatsächlich den Lebensweg erleichtert, weiß Gott allein. Auch hier möchte ich kurz einige weitere Beispiele aus meiner praktischen Erfahrung anführen, so daß Du Dir, liebe Leserin und lieber Leser, ein wenig ein Bild davon machen kannst, wie diese Dinge in etwa vor sich gehen können.

Ich habe einmal erlebt, daß ein über achtzigjähriger krebskranker Mann, der schon auf dem Sterbebett lag, bereit für seine letzte Chemotherapie, durch Fernbehandlung wieder gesund werden durfte. Andererseits habe ich auch schon erlebt, wie ein kleiner vierjähriger Junge, der vermeintlich noch das ganze Leben vor sich hatte, schon nach wenigen Tagen verstarb, ohne daß ihm geholfen werden konnte. Wie gesagt, wir können im Grunde nie wissen, was das Schicksal für einen einzelnen Menschen bereithält, und doch sollten wir alle – und speziell natürlich wir Heiler und Lichtarbeiter – stets unser Bestes geben, um anderen zu helfen.

Ähnlich unterschiedliche Erfahrungen habe ich mit Menschen gemacht, die mit dem Rauchen aufhören wollten. So kam einst ein älterer, ungepflegter und übelriechender Mann zu mir, der mindestens drei Pakete pro Tag rauchte. Schon als wir uns begrüßten und er mich zwar lieb, jedoch mit mehr faulen als gesunden Zähnen im Mund anlachte, dachte ich: «Oje oje oje, der hört bestimmt nicht mit dem Rauchen auf. Lieber Gott, da stellst Du mich ja vor schöne Aufgaben!» Der Mann bestätigte meine Gedanken noch mit folgender Antwort auf meine Frage, ob er denn überhaupt bereit sei aufzuhören: «Nun ... äh ... ich weiß auch nicht so recht, aber ich glaube schon.»

Wie auch immer, ich legte ihm also meine Hände auf und bat den Heiland innigst um seine Hilfe, sein Licht und seine Überwindungskraft. Nach der Behandlung – ich nahm die Spende mit sehr gemischten Gefühlen entgegen – verabschiedete ich den Mann mit einigen wohlwollenden, motivierenden Worten. Ich war mir jedoch insgeheim sicher, daß er es nicht schaffen würde. Weit gefehlt! Einige Wochen später erhielt ich einen Brief von ihm, in welchem er mir voller Freude mitteilte, daß er inzwischen Nichtraucher geworden sei und sich nochmals herzlichst für die Unterstützung bedanke.

Dieser Fall, in dem ich mich derart täuschte, war allerdings eher eine Ausnahme. Gerade bei Rauchern erfahre ich immer wieder, daß ich in ihrem Gehirn, sozusagen wie bei einem Computer, jene Programme abrufen kann, die mir anzeigen, wie lange die betreffende Person bereits am Glimmstengel hängt. Ich kann dann einfach geistig in sie hineingehen und diese Programme löschen, worauf mir die geistige Welt jeweils konkret sagt, wie lange es dauern wird, bis der Patient Nichtraucher sein werde. Meistens sind es übrigens 1 bis 3 Wochen. Die Erfolgsquote beträgt etwa 85%.

Eine weitere interessante Begebenheit trug sich kürzlich zu, als eine Kursteilnehmerin wegen ihrer halbseitigen Gesichtslähmung zum Handauflegen in meine Praxis kam. Ich legte wie gewohnt meine Hände auf und bat um Heilung für die gelähmte Gesichtspartie. Am nächsten Kurstag, etwa eine Woche später, war ich natürlich gespannt auf das Ergebnis. Doch als sie den Raum betrat, sah ich, daß die Lähmung noch immer bestand, und dachte bei mir: «Nun ja, dann soll es wohl nicht sein.» In der Mittagspause aber trat jene Frau auf mich zu und erzählte mir freudig: «Weißt du, was geschehen ist? Seit der Behandlung kann ich wieder viel besser sehen!»

Ist das nicht wunderbar? Ist es nicht schön und beruhigend zu wissen, daß der liebe Gott stets den Überblick hat und immer weiß, wann was geheilt werden soll und wann nicht? Denn in manchen Fällen kann es durchaus sinnvoller sein, wenn eine Heilung nicht oder noch nicht eintritt. Wissen wir denn nicht alle aus unserer eigenen Erfahrung, daß es oftmals besser ist und die größeren positiven Veränderungen mit sich bringt, wenn wir noch eine Weile leiden dürfen? So müssen wir uns also, gerade beim Heilen, stets darüber bewußt sein, daß immer genau das geschieht, was für die ganzheitliche Genesung an Geist, Seele und Körper notwendig ist.

Heilen für Geld

An dieser Stelle möchte ich kurz auf ein Thema eingehen, das gerade in der heutigen Zeit von großer Bedeutung ist, insbesondere auch in der modernen Esoterik-Szene: das Geld.

Ich persönlich halte es nicht für richtig, daß ein Heiler oder ein Medium für seine geistige Arbeit, die ohnehin von Gott und nicht von ihm selbst verrichtet wird, Geld verlangt. Ich selbst pflege es jedem meiner Kunden und Patienten freizustellen, freiwillig eine Spende nach eigenem Ermessen zu geben.

Manchmal sagen mir die Menschen, daß es von einem Therapeuten ganz schön viel Mut erfordert, einfach nichts zu verlangen und sich von freiwilligen Spenden abhängig zu machen, «schließlich muß man ja auch von etwas leben». Nach meiner Erfahrung würde ich eher sagen: Es braucht nicht viel Mut, sondern einfach ein wenig Vertrauen. Nachdem die geistige Welt mich vor einigen Jahren aufgefordert hatte, fortan auf freiwilliger Basis zu arbeiten, dauerte es etwa ein Jahr, bis ich endlich das Vertrauen aufbrachte, dies auch wirklich zu tun. Doch es funktioniert!

So möchte ich allen in der Esoterik tätigen Menschen den Rat geben: Habt keine Angst, daß Ihr Eure Mieten nicht bezahlen könnt. Habt keine Angst, daß Euch das Geld ausgehen wird oder daß Ihr in irgend einer Weise zu kurz kommen könntet. Habt Vertrauen! Denkt bitte an das folgende Gleichnis Jesu: «Seht jene Vögel am Himmel: Sie säen nicht und sie ernten nicht, doch der Himmlische Vater ernährt sie trotzdem.» Warum tut Er das? Weil sie die Liebe leben.

Man sollte meines Erachtens auch nicht die Ausrede vorschieben, daß man bloß die aufgewendete Zeit in Rechnung stelle, denn auch diese wurde uns von Gott kostenlos geschenkt. Was kostet Dich ein Tag Leben? Nichts. Was kannst Du damit erreichen? Alles.

In bezug auf den Umgang mit Geld hat mir die geistige Welt einst folgendes erklärt:

«Wenn Du von einem Kunden oder Patienten mehr Geld verlangst als ihm selber die Beratung oder das Heilungsresultat wert ist, so entsteht ein Ungleichgewicht im Geben und Nehmen. Dieses Ungleichgewicht nennen wir Karma, und Du weißt, daß es in irgendeiner Form wieder ausgeglichen werden muß. Sei deshalb weise und überlasse es jedem Kunden selbst zu entscheiden, was Du und Deine Arbeit ihm wert sind. Gibt jemand nichts oder Deiner Meinung nach zu wenig, so bedenke, daß Du damit gerade ein Stück altes Karma hast ausgleichen können, und freue Dich darüber.»

Nun aber wieder zurück zu den Rauchern. Eines Tages kamen zwei junge, dynamische Geschäftsleute zu mir, ein Mann und eine Frau. Sie waren ganz euphorisch und meinten voller Selbstsicherheit: «Heute packen wir's. Wir rauchen ohnehin nicht sehr viel, und jetzt sind wir völlig entschlossen und auch ganz sicher, daß es klappt.» Gut, dachte ich, bei dieser Einstellung muß es ja funktionieren; so müßten eigentlich alle Patienten sein, so optimistisch, so zuversichtlich und so entschlossen, sich zu verändern. Wie man sich täuschen kann! Beide sind heute noch starke Raucher und haben es, soweit mir bekannt ist, damals keine drei Tage ohne Zigaretten ausgehalten.

So bin ich mit den Jahren zu folgendem Schluß gekommen: **Es gibt keine unheilbaren Krankheiten, sondern nur unheilbare Patienten.** Deshalb sollten wir es meiner Meinung nach in der medizinischen Diagnostik tunlichst unterlassen, einem Patienten gegenüber eine bestimmte Krankheit als «hoffnungslos» oder «unheilbar» zu bezeichnen. Denn es gibt genügend seriöse, wissenschaftlich dokumentierte Fälle von scheinbar unerklärlichen Heilungen schwerster Krankheiten. Zudem gehört es immer mehr zum allgemein anerkannten Wissen, daß bisher vernachlässigte Faktoren wie mentales Training, positives Denken, Entspannung, Meditation oder die Unterstützung mittels subtilster Naturheilmittel durchaus imstande sind, eine ganzheitliche Heilung herbeizuführen, die auch längerfristig von Bestand ist.

Das Geschäft mit der Hoffnungslosigkeit

Gerne bezeichnen die allopathisch orientierten Schulmediziner uns Heiler als «Kurpfuscher», «Laien» oder gar als «Scharlatane» und bezichtigen uns, ein Geschäft mit der Angst und mit der Gutgläubigkeit der Menschen zu betreiben. Sie tun dies meist dann, wenn enttäuschte oder aufgegebene Patienten sich von ihnen abwenden und, sozusagen als «letzte Hoffnung», zu uns kommen.

Solche Vorwürfe scheinen auf den ersten Blick nicht ungerechtfertigt zu sein, und viele Menschen würden sagen: «Ja, das stimmt. Diese esoterischen Gauner treiben mit ihrem Hokuspokus wirklich ein übles Spiel mit den armen, dem Tode geweihten Patienten. Skrupellos ziehen sie ihnen noch das allerletzte Geld aus der Tasche!»

Diesen Unterstellungen möchte ich jedoch folgendes entgegenhalten: Aus meiner Sicht zeugt es nicht gerade von einem beispielhaften oder verantwortungsvollen Verhalten, wenn ein Arzt einen Patienten aufgibt und für unheilbar krank erklärt, nur weil er ihm mit seinen eigenen Methoden nicht mehr zu helfen vermag. Wenn etwas dem Kranken Angst macht, so doch diese Hoffnungslosigkeit, dieses Todesurteil, wenn der Arzt ihm eröffnet: «Nun ja ... äh ..., wissen Sie ... äh ..., da haben wir leider keine Hoffnung mehr. Leider können wir Ihnen auch nach dem höchsten Stand der heutigen Medizin nicht mehr helfen. Es ist zu spät für sie. Die Medizin ist noch nicht soweit. Wir geben Ihnen noch höchstens drei Monate. Damit müssen sie sich abfinden. Die Medizin ist eine Wissenschaft und kann nun einmal keine Wunder vollbringen.»

Auf die jetzt berechtigte Frage des Patienten, ob es denn nicht auch alternative Heilmöglichkeiten außerhalb der Schulmedizin gebe, erwidern heutzutage leider noch immer zu viele Ärzte: Nein, tut mir leid. Da sie kein Wissen (und keine Erfahrung) über die vielfältigen geistigen Heilmethoden haben, sind sie mißtrauisch und ziehen es vor, auch in ihren Patienten kein Vertrauen aufkommen zu lassen. Dies ist höchst bedauerlich, nicht nur für die Patienten, sondern auch für die Ärzte.

Ich persönlich halte es für wesentlich sinnvoller und heilbringender, wenn man einem Menschen Hoffnung gibt statt sie ihm zu nehmen. Schließlich müssen wir alle, wenn wir ehrlich und bescheiden sind, doch zugeben, daß wir keine zweifelsfreie Kenntnis davon haben, ob das Schicksal für einen bestimmten Menschen eine Heilung vorgesehen hat oder nicht. Hoffnung zu geben ist also in jedem Falle das bessere Rezept, denn Hoffnung ist Licht, Hoffnungslosigkeit aber ist Dunkelheit.

Selbst wenn der Patient dann tatsächlich in den kommenden Monaten an seiner Krankheit stirbt, können wir mit einer wohlmeinenden Motivation, mit einer Hoffnung auf Heilung oder aber mit einer bewußten Vorbereitung auf den Tod seine Lebensqualität erheblich verbessern – und dies nicht nur in diesem, sondern auch im nächsten Leben, wo immer dieses auch sein mag. Ganz abgesehen davon gibt es, wie bereits erwähnt, inzwischen eine beträchtliche Anzahl dokumentierter Fälle, wie vermeintlich hoffnungslose Erkrankungen durch alternative Heilmethoden gezähmt oder gar geheilt werden konnten.

Nochmals also: Es gibt wohl kaum etwas Schlimmeres als Hoffnungslosigkeit, und wer Hoffnungslosigkeit verbreitet, macht sich damit für deren Folgen mitverantwortlich. Schon manch ein Patient hat sich in seiner hoffnungslosen Verzweiflung aufgrund einer medizinischen Diagnose das Leben genommen. Um solchen Menschen wirkliche Hilfe zu bieten, sollte man sie nicht vorschnell einfach fallenlassen, sondern ihnen stets Mut und Zuversicht schenken (und sie beispielsweise auch über die fatalen karmischen Folgen eines Selbstmordes aufklären!).

Es ist für mich immer wieder erschreckend zu sehen, wie die blinde Abhängigkeit von der heutigen Apparate-Diagnostik und der chemisch-pharmazeutischen Industrie derart gewaltig ist, daß die meisten Menschen jede Diagnose und jede Prognose der Ärzte nahezu als unabdingbaren göttlichen Ratschluß anzunehmen bereit sind. Wer traut sich schon, die Diagnose seines behandelnden Arztes zu hinterfragen oder auch nur sie von zwei, drei weiteren Ärzten kritisch überprüfen zu lassen, ganz zu schweigen davon, alternative medizinische Gutachten einzuholen?

Es ist doch so viel einfacher, dem «Gott in Weiß» blind alles zu glauben und schön brav seine Pillchen und Tröpfchen zu konsumieren, nur um sich nicht mehr weiter mit dem eigentlichen Kranksein auseinandersetzen zu müssen, nur um ja nicht etwa beginnen zu müssen, seine Lebensgewohnheiten oder gar sein Weltbild zu hinterfragen und nötigenfalls zu revidieren.

Doch auch diese Rechnung geht nicht auf, denn man kann in der Apotheke zwar Medikamente kaufen, aber Gesundheit kann man nicht kaufen und Heilung kann man nicht «konsumieren». Vielmehr muß man sich die Heilung durch seinen Lebenswandel erarbeiten, genauso, wie man sich durch seinen Lebenswandel auch das Kranksein erarbeitet hat. Durch Nichtwissenwollen, also durch die Verweigerung, sich mit einer anstehenden Problematik bewußt auseinanderzusetzen, löst man diese nicht, sondern schiebt sie nur vor sich her.

Schuldprojektion

Dieses weitverbreitete Laster des Nichtwissenwollens rührt daher, daß der Mensch im Grunde genommen die Verantwortung für sein eigenes Leben nicht tragen will. Diese Tatsache wird insbesondere daran sichtbar, daß wir bei jedem Krankheitsbild, ja allgemein bei jedem akuten Lebensproblem, die Neigung haben, zunächst einmal sofort einen äußeren Feind zu suchen, den wir verantwortlich machen können. Man nennt diese Neigung auch: Schuldprojektion.

Immer ist irgend etwas oder irgend jemand anders Schuld daran, daß ich jetzt krank bin, daß ich verschuldet bin, daß mich mein Partner verlassen hat, daß ich nicht schlafen kann, daß ich mit den Nerven am Ende bin usw. Und wenn wir einmal keine äußeren Feinde mehr finden, heißt es: Es ist ein neuartiges Virus oder eine vegetative Dystonie oder sonst irgend etwas Unbestimmtes, Äußeres. Nur nicht: Ich bin selbst verantwortlich. Wo mache ich in meinem Leben etwas falsch? Wo verhalte ich mich anderen gegenüber zerstörerisch? Was soll ich aus dieser leidvollen Situation für mein weiteres Leben lernen?

Solche Patienten wenden sich dann, nachdem sie gemäß dieser Methode jahrelang erfolglos immer wieder den «Sündenbock», den Arzt, die Therapie und die Medikamente gewechselt haben, an uns Naturheiler. Manchmal haben wir wirklich keine leichte Aufgabe. Nicht nur, daß wir all die begangenen Fehler der Schulmediziner ausbügeln müssen, nein, die oftmals noch schwierigere Herausforderung besteht darin, den Patienten von jener Urkrankheit der Schuldprojektion zu befreien.

Die meisten kommen nämlich mit derselben verantwortungslosen Konsumhaltung auch zu uns und erwarten dann, daß wir alle physischen und psychischen Schäden, die oft über Jahrzehnte hinweg angerichtet wurden, so mir nichts, dir nichts beseitigen. Ein Leben lang hat man sich falsch ernährt; ein Leben lang hat man kistenweise pharmazeutische Drogen konsumiert, die so giftig sind, daß man sie nicht einmal in den Mülleimer werfen darf; ein Leben lang hat man gedankenlos seinen Organismus durch Kaffee, Alkohol, Zigaretten und Zucker aufs Schändlichste vergewaltigt, und ein Leben lang ist man den einfachen, jedoch trügerischen Weg der Schuldprojektion gegangen. Und jetzt soll der Naturheiler binnen weniger Sitzungen alles ins Reine bringen.

Doch auch Geist- und Naturheiler sind, genauso wie die Schulmediziner, keine Götter und keine Zauberer. Und selbst wenn sie es aufgrund ihrer geistigen Verbindungen und Fähigkeiten könnten, würden sie den Kranken nicht einfach mir nichts, dir nichts seiner Krankheit berauben. Denn eine solch billige Symptombekämpfung wäre weder eine wirkliche Entlastung des Patienten noch eine Heilung im eigentlichen Sinne des Wortes.

Heilung heißt «Ganzwerdung», und dazu gehört nicht nur ein gesunder Organismus, sondern vor allem auch ein gesundes, harmonisches, selbstverantwortliches Bewußtsein. Wer sich in Illusion über seine Stellung innerhalb der kosmischen Schöpfung befindet, wer seine Verantwortung vor sich selbst, vor seinem Nächsten und nicht zuletzt auch vor Gott nicht wahrnimmt, von einem solchen Menschen kann man nicht sagen, daß er «heil» sei.

Ich kann immer wieder feststellen, daß viele Menschen diese tatsächliche, tiefere Heilung gar noch nicht suchen, sondern daß sie ihre Sorgen und Wehwehchen im Grunde genommen ganz gerne mit sich rum- und zur Schau tragen. Manche lieben sie geradezu, weil dies für sie oftmals die einzige Möglichkeit ist, von ihren Mitmenschen Beachtung, Zuneigung und «Mitleid» zu erhalten.

Aus geistiger Sicht jedoch läßt sich jedes Lebensproblem und jede Krankheit – sei sie nun körperlicher oder seelischer Natur – immer als eine wertvolle Hilfe auf unserem Lebensweg betrachten. Diese Wegweiser zeigen uns oft sehr deutlich an, wo wir gefehlt haben, wo wir vom rechten Weg abgekommen sind und auch, was wir an uns verändern müssen, um weiter voranzukommen.

So leuchtet es bestimmt ein, daß keine Heilung geschehen kann, solange wir «die alten» bleiben wollen. Wir sollten also in uns den Mut entwickeln, neue Wege zu gehen, uns neuen Herausforderungen zu stellen, uns in ein vielleicht noch unbekanntes Land vorzuwagen und alte, schädliche Gewohnheiten loszulassen. Genauso sollten wir auch die Angst vor der Zukunft loslassen und überwinden, indem wir neues Vertrauen in uns selbst, in Gott und in das Leben an sich schöpfen.

Während der Arzt zum Patienten sagt: «Keine Sorge, wir kriegen das alles wieder so hin, wie es früher war», sage ich: «Laß uns den alten Zustand überwinden, laß uns vorwärts schreiten. Denn es war ja gerade jener alte Zustand, der zu diesem oder jenem Symptom geführt hat. Laß uns also gemeinsam einen neuen, besseren Zustand herstellen.»

Auch sollten wir alle – Ärzte wie Heiler, Medien wie Therapeuten, Psychologen wie Berater –, uns der Suggestivkraft, die wir auf den Patienten ausüben, viel bewußter sein und viel gezielter damit umgehen. Denn ob jetzt das chemische Medikament geholfen hat oder der Kräutertee, ob das Handauflegen oder die Operation, ist letzten Endes doch völlig unwichtig; das einzige, was zählt, ist, daß der Kranke physisch und psychisch wieder gesund ist und somit seine volle Energie zur Verfügung hat, um an der Veredelung seines Bewußtseins zu arbeiten.

Jenseits von Fanatismus

Es ist mir wichtig – um Mißverständnisse und sinnlose Polemik zu vermeiden –, an dieser Stelle festzuhalten, daß blinder Fanatismus, Einseitigkeit und Intoleranz niemals Gutes hervorbringen können. Dies gilt auch in bezug auf die Frage, ob nun die Schulmedizin oder die alternative Heilmethode «besser» sei. Wie so oft, geht es auch hier nicht um ein Entweder-oder, sondern um ein Sowohl-als-auch. Wir sollten also lernen zu unterscheiden und jeder Disziplin ihren angemessenen Platz zubilligen.

Die geistige Welt hat mich gelehrt, daß es bei hochakuten Problemen durchaus zu befürworten ist, hin und wieder auf ein pharmazeutisches Medikament oder auf eine Operation zurückzugreifen, um danach in aller Ruhe die ganze Angelegenheit tiefgreifender aufzuarbeiten und zu behandeln. Das kann ich nämlich nicht, wenn der Patient inzwischen an seiner akuten Krankheit gestorben ist.

Zu Beginn meiner medialen Tätigkeit war ich sehr extrem und fanatisch und habe rigoros alle Chemie abgelehnt. Dann geriet ich in eine derart ausweglose, schmerzhafte Situation, daß ich schließlich dankbar und mit größter Erleichterung eine «schlimme» pharmazeutische Salbe einrieb. So mußte ich am eigenen Leibe lernen, nicht stur und nicht intolerant zu sein.

Natürlich sollte man nach einer erfolgreichen schulmedizinischen Behandlung nicht so tun, als wäre man jetzt völlig gesund und hätte alle Probleme im Griff. Vielmehr sollte man anschließend gleich damit beginnen, tiefergreifend weiterzutherapieren, auch wenn die akuten Symptome bereits verschwunden sind. Leider wird dieser wichtige Teil des Heilungsprozesses heutzutage von den meisten Menschen übersehen, und so werden die subtilen Schäden immer größer und größer.

Im einen Fall kann die Chemie also ein Fluch sein, im anderen ein Segen, je nachdem. Die Freunde in der geistigen Welt haben mir dies einst folgendermaßen klargemacht: Sie zeigten mir Bilder eines Menschen, der angewiesen wurde, schwimmend einen See zu überqueren. Er befand sich etwa in der Mitte des Gewässers, als ihn allmählich seine Kräfte verließen. Seine Geistführer erwarteten ihn am anderen Ufer und spornten ihn heftig an, sein Letztes zu geben. Der Schwimmer jedoch hatte noch nicht den Willen, die Kraft und das Selbstvertrauen, daß er es schaffen könnte. So gab er auf und wollte gerade ertrinken, als einer der Geistführer ihm einen Rettungsring zuwarf, an dem er sich festklammern konnte. Sie zogen ihn ans Ufer, und er war vorerst gerettet. Sie pflegten ihn und halfen ihm, den Schock zu überwinden, und als sie ihn auf diese Weise aufs neue aufgebaut hatten, erklärten sie ihm nach einer Weile, daß er es jetzt noch einmal versuchen solle. Es sei nämlich seine jetzt anstehende Prüfung, sein nächster Schritt, über diesen See zu schwimmen, und wenn er sich wieder ausreichend bei Kräften fühle, dürfe er einen weiteren Versuch unternehmen. (Der Rettungsring steht – wie Du gewiß gemerkt hast – in diesem Gleichnis symbolisch für das chemische Akutmedikament.)

Phöbus und die Tierversuche

Wenn ich eben sagte, daß die Chemie in manchen Fällen auch ein Segen sein kann, will ich damit jedoch keineswegs gewisse höchst unglückselige und zerstörerische Auswüchse der modernen Naturwissenschaft und Medizin befürworten. Vor allem lehne ich jegliche Forschung ab, die mit Hilfe von Tierversuchen betrieben wird. Ich halte diese brutalen, unehrlichen und meist ohnehin nur zu Profit- und Prestigezwecken betriebenen Machenschaften für äußerst niederträchtig und unglückselig. Man erinnere sich an das Kapitel über die Ernährung, in dem es hieß: «Leben kommt immer nur vom Leben, und vom Tod kommt immer nur der Tod.»

Das rücksichtslose Experimentieren und das unbarmherzige Foltern und Morden von Tieren – zu welchem Zweck auch immer – ist in den Augen Gottes und Seiner Diener ein Greuel. Meines Erachtens ist ein gesunder Mensch mit einem gesunden Herzen und einem gesunden Verstand nicht in der Lage, dergleichen durchzuführen oder auch nur zu befürworten.

In diesem Zusammenhang möchte ich eine kleine Geschichte erzählen, die den menschenunwürdigen Charakter eines Vivisektionisten verdeutlicht. Es ist die Geschichte des Hundes Phöbus, und sie stammt aus dem Buch «Die Haut» von Curzio Malaparte (Kapitelüberschrift: «Der schwarze Wind»).

Phöbus war der Hund dieses italienischen Schriftstellers. Eines Tages kam Phöbus aus der Stadt – sie lebten in Pisa – nicht mehr nach Hause zurück. Hier setzt unsere Episode ein:

Den ganzen Vormittag über lief ich von einem Hundehändler zum andern, und schließlich fragte mich ein Hundetrimmer in einem kleinen Geschäft bei der Piazza dei Cavalieri, ob ich in der Veterinärklinik der Universität gewesen sei, wohin die Hundediebe für wenige Groschen ihre Beute als medizinische Versuchsobjekte zu verkaufen pflegten. Ich eilte zur Universität, aber es war bereits zwölf Uhr vorbei, und die Veterinärklinik war geschlossen. Ich ging nach Hause zurück, ich spürte in den Augenhöhlen etwas Kaltes, Hartes, Glattes, als hätte ich Glasaugen.

Am Nachmittag ging ich wieder zur Universität und betrat die Veterinärklinik. Das Herz klopfte mir, und ich konnte fast nicht gehen, so schwach war ich, so von Angst gewürgt. Ich fragte nach dem diensthabenden Arzt, ich nannte ihm meinen Namen. Der Arzt, ein blonder, kurzsichtiger junger Mann, mit müdem Lächeln, hörte mich höflich an und betrachtete mich lange, ehe er mir antwortete, daß er sein möglichstes tun wolle, um mir zu helfen.

Er öffnete eine Tür, wir traten in einen großen, sauberen, hellen Raum, mit blauem Linoleum auf dem Fußboden. Längs der Wände standen in Reihen nebeneinander, wie Betten in einer Kinderklinik, seltsame, celloförmige Wiegen: in jeder dieser Wiegen lag auf dem Rücken ein Hund ausgestreckt, mit geöffnetem Bauch oder gespaltenem Schädel, oder einer klaffenden Wunde auf der Brust. ... Und kein Laut entrang sich den halbgeschlossenen Rachen der gekreuzigten Hunde. ...

Bei unserem Eintritt hatten alle Hunde die Augen auf uns gerichtet, uns mit flehenden Blicken gemustert, Blicken voll herzzerreißenden Mißtrauens; sie folgten mit den Augen jeder unserer Bewegungen, schauten uns zitternd auf die Lippen. ...

Plötzlich erblickte ich Phöbus. Er lag auf dem Rücken ausgestreckt, der Bauch war geöffnet, eine Sonde in die Leber eingeführt. Er starrte mich an, hatte die Augen voller Tränen. In seinem Blick lag etwas wundervoll Weiches. Er atmete leicht, mit halbgeschlossenem Mund, von einem gräßlichen Zittern geschüttelt. Er starrte mich an, ein grausamer Schmerz fraß in meiner Brust. «Phöbus», rief ich leise. Und Phöbus sah mich mit dem wundervoll weichen Blick seiner Augen an. ... er gab keinen Laut von sich.

Der Arzt trat neben mich, berührte mich am Arm: «Ich darf eigentlich den Versuch nicht unterbrechen», sagte er, «es ist eben verboten, aber für Sie – ich werde ihm eine Spritze geben. Er wird nicht leiden.» ...

Ich blieb vor Phöbus stehen, ich zitterte heftig, die Tränen rollten mir übers Gesicht. Phöbus sah mich an, und nicht der leiseste Laut entrang sich seinem Munde, er sah mich an mit einer wunderbaren Milde in den Augen. Auch die anderen Hunde, in ihren Wiegen auf dem Rücken ausgestreckt daliegend, sahen mich an, alle hatten etwas seltsam Weiches in den Augen, und nicht der leiseste Seufzer kam von ihren Lippen.

Mit einemmal brach ein Schrei des Entsetzens aus meiner Brust: «Weshalb diese Stille?» schrie ich. «Was ist das für eine Stille?» Es war eine fürchterliche Stille. Ein endloses Schweigen, eiskalt, tot, das Schweigen des Schnees.

Der Arzt näherte sich mir, eine Spritze in der Hand. «Bevor wir sie operieren», sagte er, «schneiden wir ihnen die Stimmbänder durch.»

Ein gesundes Gesundheitswesen

Fairerweise muß ich hier nochmals anmerken, daß wir in vielen Fällen für die heutige Medizin sehr, sehr dankbar sein können. Ich denke dabei beispielsweise an die Notfall-Chirurgie oder auch an meinen Zahnarzt! Ich betone bei meinen Vorträgen und Seminaren immer wieder, daß ich, sollte ich – Gott behüte – einmal nach einem Autounfall auf der Straße liegen, keinen Geistheiler, sondern einen Arzt – und zwar den besten! – sowie Schmerzmittel – und zwar die stärksten! – haben möchte.

Damit will ich eigentlich nichts weiter sagen, als daß es wichtig ist, nichts und niemanden zu verurteilen, sondern immer zu wissen und zu unterscheiden, wann was angebracht ist. Für den Patienten wäre eine harmonische Zusammenarbeit von Schulmedizin und Alternativmedizin, von Heiler und Arzt, gewiß die sinnvollste und erstrebenswerteste Form des Krankenwesens! Erst dann, wenn dies funktionieren würde, könnten wir beginnen, mit gutem Gewissen von einem «Gesundheitswesen» zu sprechen.

In unserem heutigen System werden meiner Ansicht nach die mitunter wichtigsten Helfer und Heiler ohnehin meist übersehen. Es sind dies für mich die unzähligen schlecht bezahlten, sich vorbildlich aufopfernden Krankenschwestern sowie das Hilfs- und Pflegepersonal in den Kliniken. Leider aber ist es in der heutigen Zeit fast immer so, daß diejenigen, die viel arbeiten, wenig bekommen – sowohl an Geld als auch an Anerkennung –, während jene am meisten kassieren, die ...!?

Daß es im Heilbereich keine allgemeingültigen Normen gibt, ist mir spätestens dann klar geworden, als ich einerseits erlebte, wie einfache Halsschmerzen oder Kopfschmerzen einfach nicht weichen wollten und mehrere Wochen andauerten, während sich andererseits ein offenes Bein in kürzester Zeit schloß oder ein Brustknoten schon nach wenigen Tagen verschwand. (Nebenbei gesagt: Gerade bei Brustknoten gibt es oft erstaunliche Erfolge, da es sich in den meisten Fällen nicht um Krebs handelt, sondern lediglich um blockierte Energien und Schwächen in den Meridianen, die einigermaßen leicht ausgeglichen werden können.)

Ich bin übrigens der Meinung, daß die meisten Krankheiten aus einer allgemeinen Schwäche des Immunsystems herrühren und somit durch den gezielten Aufbau der eigenen Abwehrkräfte geheilt werden könnten (dies gilt auch für AIDS!). Hierbei beziehe ich «Abwehrkräfte» nicht nur auf den Körper, sondern selbstverständlich auch auf Seele und Geist.

In bezug auf AIDS möchte ich den Leser auf eine bemerkenswerte medizinische Studie hinweisen, die im Jahre 1990 von Dr. Terry Pulse aus Texas durchgeführt wurde: Er behandelte 29 AIDS-Patienten mit dem kalt gepreßten Saft der *Aloe Vera*-Pflanze. Er verabreichte ihnen eine Dosierung von rund 570ml täglich, dazu noch einige Vitamine und Mineralstoffe (ich würde Spirulina empfehlen). Das

Ergebnis: Bei allen Patienten konnte eine deutliche Besserung verzeichnet werden, und die Hälfte von ihnen war nach 18 Monaten HIV-negativ! (nachzulesen im Büchlein «Die heilende Aloe» von Dr. J. Finnegan)

Wohl eine der ältesten Therapien überhaupt, die bei uns zwar noch wenig bekannt ist, die in den kommenden Jahren jedoch die Medizin revolutionieren könnte, ist die sogenannte «Eigenharn-Therapie» oder «Urin-Therapie». Sie ist nicht nur die weitaus billigste, einfachste und gefahrloseste Art, das eigene Immunsystem zu stärken, sondern es handelt sich dabei auch um die einzige hundertprozentig auf den jeweiligen Menschen abgestimmte Medizin. Sie ist völlig frei erhältlich, hat keine Risiken und Nebenwirkungen und ist ohne Tierversuche entwickelt worden.

Auch hierzu gibt es bereits einige wissenschaftlich gut fundierte Bücher sowie sonstige Literatur, die ich all jenen, die gesund werden möchten oder es bleiben wollen, von ganzem Herzen empfehlen kann. Ein Buch, das einen guten Überblick zu diesem Thema gibt, ist jenes von Dr. med. U.E. Hasler, «AL – Eine eigene Apotheke ist in dir». Jenen Lesern, die es nicht gar so medizinisch haben möchten, empfehle ich das auch in geschichtlicher Hinsicht wohl fundierteste Buch über die Urin-Therapie: «Die goldene Fontäne» von Coen van der Kroon.

Bereits im Jahre 1988 hat mir die geistige Welt einige Hinweise zum Thema Geistheilung geschenkt. Darin wurden auch die verschiedenen Lebenssäfte angesprochen, und zwar sowohl die geistigen «Säfte» als auch die körperlichen wie Blut, Urin, Lymphwasser und Cerobrospinalflüssigkeit:

Geistheilung

Die Heilung des Geistes ist nicht immer
voller Licht und Glanz und Schimmer.

Zu verstehen gilt es diese Kräfte,
die sogenannten Lebenssäfte.

Körper, Seele, Mensch und Geist,
heilen sich allein zumeist.

Der himmlischen Führung sich zu schenken,
daran zuerst muß der Heiler denken.

In diesen Zeilen wird einmal mehr deutlich, daß dies der erste und wichtigste Punkt ist, den es im Gesundheitswesen zu verstehen gilt: daß niemals der Mensch heilt – also der Arzt oder der Heiler oder die von ihnen verabreichten Medikamente –, sondern letzten Endes immer Gott. Wenn ein Therapeut diesen Punkt vergißt, besteht die große Gefahr der Überheblichkeit, der Arroganz und des Hochmuts, und wenn er von diesen feinstofflichen Krankheiten befallen wird, dann ist er kein wirklicher Therapeut mehr, sondern selbst ein Patient.

Zum Thema Gesundheitswesen möchte ich noch erwähnen, daß mir die intensiven Bestrebungen mancher Heiler und Alternativmediziner, durch die Krankenkassen anerkannt zu werden, ein wenig suspekt sind. Denn jene Patienten, die nur dann zum Heiler gehen, wenn es von der Kasse bezahlt wird, sind nach meiner Erfahrung meist ohnehin noch nicht reif für eine echte geistige Heilung. Alternative Heiler sollten auch alternativ denken, das heißt, sie sollten imstande sein, die Frage nach dem Geld zu vergessen, wenn jemand tatsächlich ihre Hilfe braucht.

Ein geistiges Gesetz besagt ja – und das wissen alle Heiler sehr wohl –, daß ein jeder stets genau das erhält, was ihm zusteht (siehe auch die goldenen Regeln 5 und 6 im Achten Kapitel). Meiner Ansicht nach könnte die gesamte Energie, die im Kampfe um Anerkennung der Heiler durch die Krankenkassen verlorengeht, viel sinnvoller und wirkungsvoller für die Heilung der Patienten eingesetzt werden.

Die leidigen Impfungen

Abschließend zum Thema Heilen möchte ich in der Folge noch auf einige aus meiner Sicht äußerst fatale Irrtümer der modernen medizinischen Praxis hinweisen – Irrtümer, die ganz besonders unseren Kindern großen Schaden zufügen.

Der erste betrifft das umstittene Thema der Impfungen. Liebe Eltern, laßt Euch gesagt sein: Eure Kinder zu impfen, halte ich niemals für sinnvoll, ja sogar für gefährlich! Warum sollte man einen gesunden Körper, der momentan nicht für eine Krankheit eingestimmt ist, mit Krankheitserregern verseuchen – seien diese nun aktiv oder inaktiv – und ihm so gewaltsam eine Krankheit aufzwängen und einimpfen? Wisset: Für jedes medizinische Gutachten, das die Wirksamkeit von Impfungen beteuert, gibt es mindestens ein medizinisches Gegengutachten, das die Gefährlichkeit solcher Machenschaften aufs deutlichste belegt.

Es macht für den menschlichen Körper einen großen Unterschied, ob momentan gerade eine innere Disposition für eine Krankheit, für einen Virus oder dergleichen besteht oder nicht. Wenn nämlich alles natürlich verläuft und es gelingt, die Selbstheilungskräfte des Menschen zu unterstützen, dann geht mit der physischen Heilung stets auch ein wertvoller Entwicklungsschritt auf der geistig-seelischen Ebene einher. Ansonsten, wenn wir gewaltsam in die natürliche Harmonie eingreifen, bleibt dieser entscheidende Entwicklungsprozeß aus.

Nichts schöneres gibt es also, als im rechten Moment krank zu werden, denn dann kann der Körper auch im richtigen Moment wieder gesunden, und der ganze Mensch kann sich auf diese Weise weiterentwickeln. Jede Krankheit aber, die nicht wirklich tief innen – körperlich, seelisch und geistig – verarbeitet und gänzlich ausgeheilt wird, kehrt früher oder später zurück, und wenn sich dies einige Male wiederholt, treten bald einmal chronische Symptome auf. Und chronisch-kranke Patienten dürfen von der Schulmedizin außer chemischen Schmerzabtötungsmedikamenten leider nichts erwarten.

Bezeichnenderweise führt gerade unsere liebe Schweiz, das Land von Ciba und Geigy, keine Impfschadenstatistik. In anderen Ländern – beispielsweise in Deutschland, Italien oder Amerika – wird diesbezüglich seit Jahrzehnten intensiv geforscht, und dabei sind in der Tat erschreckende Tatsachen ans Licht gekommen.

So werden viele Impfschäden beschönigend als «Entwicklungsstörungen» bezeichnet. In den USA leidet bereits jedes fünfte Kind (20%!) an solchen Störungen. Gemäß seriösen wissenschaftlichen Studien besteht auch ein enger Zusammenhang zwischen Impfungen und neurologischen Schäden, AIDS, Krebs, Leukämie, Herzschäden, multipler Sklerose, plötzlichem Kindstod, Autismus, Charakterschäden usw.

Wer nun glaubt, daß dies übertrieben sei, der möge die folgende Tatsache in bezug auf Diphtherie-Impfungen genauer bedenken: In Deutschland wurde zwischen 1925 und 1944 sehr viel Diphtherie geimpft. Die Erkrankungen stiegen in der Folge von zuvor 40'000 auf sage und schreibe 240'000! Ab 1945 fehlten die Impfstoffe, und die Erkrankungen fielen in wenigen Jahren auf unter 50'000.

Der amerikanische Medizinhistoriker Harris L. Coulter analysierte 50 Jahre medizinische Spezialliteratur zu den Themen Autismus, Minimalhirnschaden, Entwicklungsstörungen, Hyperaktivität, Lernbehinderungen, Allergien und Impfungen. Seine Forschungen sind so sorgfältig dokumentiert, daß sie den amerikanischen Kongreß veranlaßten, im Dezember 1986 ein Bundesgesetz zur Kompensation von Impfschäden bei Kindern zu erlassen!

Zu diesem Thema empfehle ich folgende Lektüre: «Impfungen: Der Großangriff auf Gehirn und Seele» von Harris L. Coulter; «Impfschutz: Irrtum oder Lüge?» von Simone Delarue; «Impfungen: Der unglaubliche Irrtum» von F. und S. Delarue; «Sind Impfungen sinnvoll?» von Joachim-F. Grätz sowie «Die Pharma-Story: Der große Schwindel» von Hans Ruesch.

Beim Zahnarzt

Ein ähnliches Verbrechen an der Gesundheit unserer Kinder wird tagtäglich in den zahnärztlichen Praxen begangen. Da werden hochgiftige Substanzen wie Amalgam – eine Legierung aus viel Quecksilber (ein sehr starkes Nervengift), Zink, Kupfer, Zinn, Silber und anderen Metallen, die in vielen Ländern bereits verboten ist – in die Münder der Kinder verfrachtet, nur weil sie billig herzustellen und leicht zu verarbeiten sind. Amalgam muß zwar als Sondermüll abgeführt werden, weil es die Umwelt nachhaltig vergiftet, uns jedoch lassen wir dieses Zeugs dankbar in die Zähne stopfen.

Darüber hinaus gibt es selbst heute noch gewisse Kunststoff-Füllungen, die radioaktive Substanzen beinhalten, damit sie später auf dem Röntgenbild besser erkennbar sind. Fragen wir uns doch einmal, wessen Geist in solchen Techniken wirkt. Etwa der Geist Gottes? Wohl kaum.

Liebe Eltern, seid vorsichtig!

Liebe Eltern, erlaubt mir, einen weiteren gefährlichen Irrtum aufzudecken, nämlich jenen der Vitaminbehandlungen. Bitte laßt Eure Neugeborenen nicht mit Vitamin D behandeln, denn auch dies könnte höchst unliebsame Folgen haben. Ich möchte Euch ja keine Schreckensvisionen an die Wand malen, doch ein sehr wichtiger geistiger Aspekt ist der, daß dieses synthetisch hergestellte Vitamin D die Fontanelle des Kindes viel zu schnell schließt und analog dazu auch das Scheitelchakra blockiert!

Und anstatt ein Frühgeborenes in den Brutkasten zu legen, künstlich zu beatmen und mit Sonden zu ernähren, legt es der Mutter einfach auf die Brust, denn ihr Herzschlag beruhigt das Kind und motiviert es zum Leben, zum Atmen und auch zum Trinken. Und wisset: Nichts geht über die Muttermilch! Wenn möglich sollte sich ein Kind ein bis zwei Jahre lang davon ernähren können.

Falls Ihr gewisse Mängel befürchtet, so gebt Euren Kindern und auch Euch selbst *Spirulina* (erhältlich als Tabletten oder Pulver). Dies gleicht fast jedes Manko aus, spendet viel Kraft, fördert die Entwicklung und hilft, ein Immunsystem aufzubauen, das selbst gegen stärkste Angriffe gefeit ist. (Näheres über Spirulina findet Ihr im Anhang.) Auch die immer mehr aufkommende «Lungenreifung» – sie wird übrigens mit Kortison (!) gemacht –, ist ein ebenso sinnloses wie gefährliches Unterfangen, das ich meinem Kinde niemals antun würde.

Bitte, liebe Eltern, habt doch ein wenig Vertrauen in die Kraft der Natur, welche uns allen innewohnt! Wäre das Leben ohne chemische Medizin und ohne technische Apparaturen so schlimm und gefährlich, wie uns die Ärzteschaft glauben machen will, so wäre die Menschheit schon längst ausgestorben. Warum vertraut Ihr unpersönlichen, kalten Maschinen und gefährlichen künstlichen Drogen mehr als Eurem eigenen Gefühl, als der Natur, als Gott?

Gottes Schöpfung hat uns so viele wunderbare Hilfsmittel geschenkt, mit deren gütiger Unterstützung wir eine echte Heilung, im ganzheitlichen Sinne, fördern können – wie Edelsteine, Farben, Essenzen und Kräuter (mehr darüber ebenfalls im Anhang). Warum nehmen wir diese göttlichen Geschenke nicht in Demut und Dankbarkeit und Liebe an?

Es gibt kein Unmöglich!

Es gibt kein Unmöglich! Ich darf in meiner Praxis immer wieder erleben, wie mit Hilfe der natürlichen Gaben Gottes Dinge geschehen, die eigentlich, das heißt nach den Maßstäben der Schulmedizin, nicht sein dürften. Zum Beispiel: Eine Frau kam zu mir, weil sie keine Kinder bekommen konnte. Wir haben Hand aufgelegt und anschließend alles weitere in Gottes Hände übergeben. Dann habe ich eine Weile nichts von ihr gehört, doch erst vor kurzem bekam ich eine wunderschöne Geburtsanzeige!

Bei vielen meiner Patienten muß ich mir nicht einmal die Mühe machen, die Hände aufzulegen, denn sehr oft kann ich wahrnehmen, wie himmlische Wesen aus lichten Welten die Patienten schon betreuen, während wir uns noch unterhalten. So haben wir in einem Fall starke Bauchschmerzen zu ergründen versucht, ohne zu bemerken, daß sie inzwischen bereits verschwunden waren.

Was ebenfalls sehr oft vorkommt, sind Beschwerden karmischer Natur. Dabei handelt es sich um Verletzungen, Krankheiten oder Ängste, die ein Mensch aus einem früheren Leben mitgebracht hat. Als karmische Belastung kann man übrigens generell all jene Krankheiten ansehen, welchen keine erkennbare physische Ursache zugrunde liegt.

Wenn ich in einer medialen Sitzung zum Beispiel sehe, daß eine Person im letzten Leben ertrunken ist, muß ich gar nicht lange fragen, sondern weiß sofort, daß sie heute nicht gerne schwimmt und taucht. Ein gebranntes Kind scheut das Feuer. Wenn also jemand in einer vergangenen Inkarnation etwas sehr schlimmes erlebt hat, kann es ihn über mehrere Leben hinweg begleiten, und zwar so lange, bis er oder sie die im Erlebten enthaltene Botschaft verstanden und verarbeitet hat. Erst wenn dieses Verständnis, diese Einsicht erlangt ist, wird jene Frau, die immer an die falschen Männer gerät, endlich ihren Seelenpartner finden; erst dann wird das stets gestörte Umfeld in Familie, Geschäft und Freizeit endlich harmonischer werden, und erst dann wird unserem ganzheitlichen Glück nichts mehr im Wege stehen.

Das einzige, liebe Leserin und lieber Leser, was Dein Glück behindert, bist Du selbst! Niemals sind die Mitmenschen, die Umstände oder gar Gott an unserer Misere schuld. Die Umstände, in denen wir jetzt leben, sind nichts anderes als das Ergebnis unserer bisherigen seelisch-geistigen Entwicklung, und die Mitmenschen, die uns jetzt zur Seite gestellt sind, sind nichts anderes als Helferinnen und Helfer, die uns die Möglichkeit bieten, unsere nächsten Lektionen zu lernen und unsere nächsten Schritte zu gehen.

Diese Erkenntnis sollte uns froh machen! Denn solange wir glauben, daß die anderen an unserem Leid schuldig sind, werden wir uns nicht wirklich verändern, uns nicht weiterentwickeln wollen. Sobald wir jedoch erkennen, daß wir selbst es sind, die unser Unglück verursachen, können wir auch beginnen, es selbst wieder aus der Welt zu schaffen. Ja, sobald wir erkennen, daß wir selbst es sind, die uns unheil machen, können wir auch beginnen, uns selbst – natürlich mit der Gnade Gottes – wieder heil, wieder ganz zu machen. Und in dem Maße, wie wir auf diese Weise selbst in Liebe, Harmonie und Frieden sind, in dem Maße werden Liebe, Harmonie und Friede auch ein Stückchen mehr die Welt regieren.

Laßt uns also jeder bei sich selbst beginnen! Dies, liebe Leserin und lieber Leser, ist mein bester Rat, den ich Dir erteilen kann. Nimm die Verantwortung für Dein eigenes Leben an und schiebe sie nicht dem Heiler, dem Arzt, der Familie, der Gesellschaft, Gott oder dem Teufel oder sonstwem zu. Wenn Dir dies gelingt, wirst Du frei von aller Knechtschaft sein; dann wirst Du Dich niemals mehr als unschuldiges und hilfloses Opfer irgendwelcher willkürlicher Umstände sehen müssen, dann wirst Du stets froh, erfüllt und glücklich sein – selbst in Zeiten, in denen Dein Körper oder Dein Gemüt vorübergehend krank sind.

Glaube mir: Gott ist barmherzig. Gott ist weise. Gott ist allmächtig. Und wahrlich: Für Gott gibt es kein Unmöglich!

11. Kapitel

Kleine Lichtstrahlen

Liebe Leserin und lieber Leser, in diesem Kapitel möchte ich gerne einige weitere kürzere Erlebnisse und Botschaften mit Dir teilen, die für mein Leben wichtig und lehrreich waren. Es würde mich sehr freuen, wenn auch Du aus diesen «kleinen Lichtstrahlen» des Alltags für Dein Leben etwas Positives zu ziehen vermagst.

Unter Strom

In einer bereits zitierten Botschaft hat uns der Heiland darauf hingewiesen, daß die Silberschnur der Bäume zerstört wird durch die zahlreichen Einflüsse von Radio-, Funk-, Fernseh-, Mikro-, und Stromwellen (insbesondere von Wechselstrom). Lange Zeit war ich mir jedoch nicht darüber bewußt, daß diese unguten Schwingungen auch unsere Gedanken negativ beeinflussen. Wie mir diese bedenkliche Tatsache neulich von der geistigen Welt klargemacht wurde, möchte ich im folgenden beschreiben.

Es war ein wunderschöner Morgen, und ich streifte in harmonischer Versunkenheit und Hingabe mit Nändy durch den Wald. Ich fühlte mich in völliger Übereinstimmung mit der ganzen Schöpfung, genoß den Spaziergang und sang still in mich hinein ein Loblied auf Gott. Auf diese Weise freute ich mich meines Lebens. Keinerlei ungute oder sinnlose Gedanken störten meine innere Harmonie – so glaubte ich wenigstens.

Als ich auf diese Weise ganz in mich versunken des Weges ging, sah ich vor mir einige Pilze am Boden. Auf einmal dachte ich ganz ausgelassen: «Pilz oder nicht Pilz, das ist hier die Frage!» Ich blieb auf der Stelle stehen und wunderte mich: «Weshalb denke ich bloß einen solchen Stuß? Wer oder was denkt hier eigentlich in mir?» Da hörte ich die Stimme eines Lichtfreundes aus der geistigen Welt. Er sagte: *«Schau nach oben.»* Ich dachte zuerst, er meine dies geistig, und richtete meine inneren Sinne hinauf. *«Nein, schau richtig nach oben»,* hörte ich die Stimme ein zweites Mal. Und als ich meinen Blick nach oben richtete, sah ich, daß ich mich haargenau unter einer Starkstromleitung befand. Hoch über den Bäumen waren die furchtbaren Drähte zu sehen. Nun hörte ich folgende Erklärung:

«Dies, mein lieber Freund, ist die Erklärung für die bedeutungslosen Gedanken, die in Dir hochgekommen sind. Die von diesen Stromleitungen erzeugten elektromagnetischen Felder zerstören nicht nur die menschliche Gesundheit, sondern sie beeinflussen auch Eure Gedanken.

Es gibt fast keinen Quadratzentimeter mehr auf Erden, der nicht von einem solchen oder einem ähnlichen Störfeld belastet wird. Deshalb ist es wichtig, daß Ihr Menschen Euch stets mit dem Licht verbindet und Euch gedanklich in das Licht einhüllt, damit es Euch vor solchen negativen Einflüssen beschütze. Unterschätzt bitte nicht das Licht in seiner Wirkkraft, und überschätzt bitte nicht Euch selbst in dem Sinne, daß Ihr glaubt, es nicht nötig zu haben, Euch zu schützen. Denn Licht ist nicht nur Schutz, sondern auch Nahrung. Licht ist die Essenz Gottes, der reinste Ausdruck der göttlichen Allmacht und Liebe. Seid Euch dessen stets bewußt.»

Daß die geistige Welt den Gebrauch von Mikrowellen zum Kochen ablehnt, ist daher gut zu verstehen. Man weiß ja, daß beispielsweise eine Karotte, die in der Mikrowelle gekocht wurde, zwar äußerlich unverändert zu sein scheint, bei genauerem Betrachten unter dem Mikroskop jedoch nicht mehr als Karotte zu erkennen ist. In dieser Hinsicht wurde mir einst folgende Belehrung gegeben:

«Es wäre besser für Euch, Ihr würdet gar nichts essen als jene Dinge, die Euren Öfen entspringen, speziell aus jenem von Mikrowellen gesteuerten Lebensvernichter. Denn diese Geräte sind mitschuldig an den unzähligen Immunkrankheiten wie Krebs, Ekzeme, Allergien usw. So wie es besser für Euch ist, alleine zu sein als in schlechter Gesellschaft, so ist es ebenfalls besser, nichts zu essen als das Tote. Ihr wißt ja: Der Mensch ist, was er ißt.»

Und:

«Die Ozonlöcher, liebe Freunde, entstehen hauptsächlich durch den immensen unsichtbaren, unriechbaren und unauflöslichen ‹Elektrosmog›. Ja selbst die entferntesten Planeten werden mit diesen Euren Abfällen verschmutzt und belastet, so daß viele Lichtwesen und unzählige Santiner laufend Eure Atmosphäre reinigen müssen, damit Ihr überhaupt noch leben könnt in Eurer von Euch selbst erschaffenen Welt. Jawohl, wir sagen: von Euch selbst erschaffen, denn Gottes Schöpfung ist voller Reinheit, Schönheit, Licht und Liebe. Findet zu ihr zurück! Wir und viele Helfer aus den geistigen Welten sind jederzeit bereit, Euch die rettende Hand darzureichen. Ruft uns, und wir kommen; bittet uns, und wir geben; strahlet in Liebe, und die Welt wird leuchten.»

Verwirrte Seelen

Ebenso, wie wir die guten, lichten Wesen um ihren Beistand bitten können, ist es manchmal auch erforderlich, weniger gute oder störende Wesenheiten wegzuschicken. In diesem Zusammenhang habe ich einst etwas geradezu Amüsantes erlebt: Weil seine Kinder immer schlecht schliefen, bat mich jemand nachzuschauen, ob sich eventuell erdgebundene Wesen in seiner Wohnung aufhielten. Ich besah die Situation an Ort und Stelle und konnte tatsächlich einige Wesenheiten ausmachen. Ich segnete die betroffenen Räume und Wesen und bat hernach jene gebundenen Seelen, die Wohnung jetzt bitte zu verlassen.

Ich öffnete das Fenster und erklärte ihnen, sie sollen ins Licht gehen. Einige gingen, während andere mir durchaus nicht gehorchen wollten. Ich gab mir große Mühe, sie davon zu überzeugen, daß sie ganz getrost den Weg ins Licht gehen können, ohne Furcht und Angst vor Bestrafung oder dergleichen. Aber manche waren einfach nicht zu überreden.

Nun, bis dahin hatte ich diese Seelen nicht zu Wort kommen lassen, doch da ich jetzt keine andere Möglichkeit mehr sah, fragte ich sie direkt: «Weshalb wollt ihr denn nicht gehen?» Da antworteten sie: *«Glaubst du denn, wir seien blöd? Wir wissen ganz genau, daß wir uns hier in der dritten Etage befinden. Wenn wir zum Fenster hinausspringen, werden wir hinunterstürzen. Wir sind doch nicht lebensmüde!»* **Da wurde mir schlagartig bewußt, daß viele «Tote» gar nicht wissen, daß sie längst gestorben sind!**

Mit diesen Seelen mußte ich wie folgt verfahren: Ich erklärte ihnen ihre Situation und bat sie, gemeinsam mit mir die Wohnung zu verlassen. So trat ich mit ihnen in den Flur hinaus, ging dann die Treppe hinunter, öffnete für sie die Haustüre und begleitete sie ins Freie. Da sie noch gänzlich im dreidimensionalen Verständnis lebten, waren sie sich gar nicht darüber bewußt gewesen, daß sie inzwischen imstande waren, durch Wände und Türen hindurchzugehen, und daß sie gar nicht mehr abstürzen und «sterben» konnten.

Es handelte sich hierbei also nicht um irgendwelche bösartigen Störenfriede, sondern ganz einfach um unwissende Gefangene ihrer eigenen begrenztzten Vorstellungen. Em Ende waren sie sehr froh und dankbar, den Weg ins Licht gehen zu dürfen. Doch die höheren Lichtwesen, die sie nun abholten, mußten sie vorerst auf jener Ebene an die Hand nehmen, auf der sie sich sicher und heimisch fühlten. So brauchten sie zunächst noch eine «Straße», eine Art «festen Boden» unter ihren Füßen, doch dann durfte ich mitansehen, wie sie sich, ohne daß sie es bemerkten, gemeinsam mit ihren geistigen Führern stetig und beinahe unmerklich vom Erdboden lösten und in eine andere Dimension entschwanden.

Diese verwirrten Verstorbenen waren also, nach einiger Überzeugungsarbeit, letzten Endes doch willig, ihren Weg weiterzugehen. Sie wurden anschließend in eine feinstoffliche Schulungsebene geführt, wo sie weiter betreut und belehrt wurden. Auf diese Weise wird auch solchen Seelen immer klarer, wer sie sind, wo sie sind und wohin ihr weiterer Weg führt, bis sie genügend vorbereitet sind und sich dann aufs neue einverleiben dürfen oder müssen.

Diese Art der sanften, einfühlsamen und liebevollen «Befreiung» und Begleitung zwar verwirrter, im Grunde jedoch durchaus lernwilliger Seelen scheint mir wesentlich sinnvoller und göttlicher zu sein als die grausamen Methoden des «Exorzismus». Bei jenen Praktiken werden oftmals alle feinstofflichen Wesen – ob gut oder ungut, ob tatsächlich bösartig oder nur verwirrt – ohne Unterscheidung kurzerhand in die «Hölle» befohlen. Ich erinnere mich in diesem Zusammenhang an folgende Worte aus der geistigen Welt:

«Wie sollen jene Seelen sich bessern, wenn Ihr sie in die Hölle schickt, welche vollständig des Lichtes entbehrt und wo keiner ist, der sie eines besseren belehrt? Wir sagen Euch: Bringt die Bösen zu den Guten, die Kranken zu den Gesunden, die Alten zu den Jungen und die Armen zu den Reichen. So werden alle gesunden an Körper, Seele und Geist, und alles Übel wird weichen!»

Dies beweist, daß die geistige Welt keine Trennungen, sondern vielmehr Verbindungen herstellen möchte. **Gott ist nicht ein Gott der Analyse, sondern ein Gott der Synthese.**

Todeserfahrungen

Heutzutage wird in der Esoterik häufig von den sogenannten Erfahrungen in Todesnähe *(near death experiences)* gesprochen. Die Betroffenen schildern dabei immer wieder, wie sie beim Sterben einen langen, dunklen Tunnel durchschreiten müssen, um dann am lichtvollen Ende eine neue Dimension betreten zu können.

Daß es hingegen auch andere, glückverheißendere Umstände gibt, wie ein Mensch seinen physischen Körper verlassen kann, teilte mir der Heiland einst wie folgt mit:

«Für eine erleuchtete Seele, die in meine geistigen Welten eingehen darf, führt der Weg nicht durch einen schwarzen Tunnel, sondern durch einen goldenen. Ja, eher gleicht es einer goldenen Pforte, die als Durchgang ins Licht, als Tor zum Himmel erkannt wird.»

Ich möchte hierzu noch ergänzen, daß es sehr darauf ankommt, in welche Ebene man sich begibt. Wie Du vielleicht weißt, existieren – nebst den Zwischenreichen, die noch nicht in der höheren göttlichen Ordnung sind – die Astral-, die Mental-, die Kausalwelten usw. Alle diese Bereiche sind in sieben Welten mit sieben Sphären, Ebenen und Stufen eingeteilt. Das Licht beginnt in der vierten Astralwelt, dort in der siebten Sphäre der siebten Ebene und ab der siebten Stufe. Darunter liegt alles im Dunkeln.

Daß verschiedene Menschen, die in die Nähe des Todes gekommen sind, unterschiedliche Erlebnisse berichten, hängt also zum einen gewiß damit zusammen, daß jeder Mensch Dinge anders wahrnimmt, zum anderen jedoch auch damit, daß nicht jeden Menschen nach dem Tode der gleiche Bestimmungsort erwartet. Manche gehen hinauf, manche hinab; manche ins Licht, manche ins Dunkel. Ausschlaggebend hierfür sind die eigenen Wünsche und Vorstellungen sowie der Lebensstil, den man geführt hat (Karma).

Zeitwahrnehmung

Genauso, wie man den Todesmoment unterschiedlich erleben kann, können wir in gewissen Momenten auch die Zeit ganz anders wahrnehmen als wir es üblicherweise gewohnt sind. Ich erinnere mich dabei an meinen Motorradunfall, den ich vor vielen Jahren hatte.

Es war ein heißer Sommertag, ich stieg auf meine Harley und sagte zu meiner Mutter: «Ich fahre nur mal kurz in der Nachbarschaft rum.» Ich war an jenem Tag besonders gut gelaunt und ausgelassen, und als ich gerade eine steile Straße hinunterbrauste, kam mir plötzlich eine ältere Frau zu Fuß entgegen. Da die Straße an dieser Stelle sehr schmal war und darüber hinaus keinen Gehsteig aufwies, wich ich, um die Dame mit meinem Motorradgeknatter nicht zu erschrekken, großzügig aus. Dumm war nur, daß ich diesen freundlichen, übergroßen Ausweichbogen ausgerechnet in der Kurve vollzog. Nun, es kam wie es kommen mußte: Ich sah mich unvermeidbar mit einem entgegenkommenden Auto zusammenstoßen. Und, wer hatte damals bei solch schönem Wetter schon einen Helm auf?

Zuerst dachte ich – man möge mir den Ausdruck verzeihen –: «Oh Sch...!» Der ganze Unfall dauerte nur den Bruchteil einer Sekunde, und dann war alles vorbei. In dieser kurzen Zeit wurde mir jedoch die Möglichkeit gegeben, ganz ruhig und ohne Hast zu überlegen, was jetzt wohl am besten zu tun wäre. Ich sagte mir: Zum Ausweichen reicht es nicht mehr, und auch zum Bremsen ist es längst zu spät. Nun gut, dann ist es eben vorbei mit diesem Leben, Ende. Doch immer noch war nichts passiert; so überlegte ich noch ein wenig weiter. Da kam mir die Idee, daß ich versuchen könnte, genau in dem Moment, in dem ich auf das Auto aufprallen würde, in die Luft zu springen. Auf diese Weise würde ich wenigstens nicht durch die Frontscheibe des Wagens knallen. Und genau diese Idee war, wie sich sogleich zeigte, meine Rettung. Das Motorrad schlug frontal mit dem Wagen zusammen, ich sprang in die Luft, machte einen unfreiwilligen Doppelsalto und landete flach auf dem Rücken hinter dem Auto auf dem Asphalt.

Ich weiß, es hört sich unglaublich an, doch während dieses kurzen Fluges erlebte ich in aller Ruhe meine wichtigsten Lebensabschnitte sowie einige spezielle Erlebnisse aus meiner Jugend nochmals nach. Es schien mir, als könnte ich mindestens einige Minuten lang mein ganzes bisheriges Leben in allen Einzelheiten und ganz klar wie in einem Film betrachten. Ich empfand weder Eile noch Angst, sondern befand mich in einer angenehmen Ruhe und Harmonie. Zeit, so wie ich sie bisher erfahren hatte, existierte für mich nicht mehr, und ich muß sagen, ich fühlte mich rundum wohl, genauso, als wäre mit einemmal die ganze Schwere der Materie von mir genommen worden.

Insofern also genoß ich meinen Flug durch die Luft. Aber durch die doch sehr unsanfte Rückenlandung wurde ich schließlich wieder in meinen Körper und ins gewohnte Körperbewußtsein zurückgeworfen und spürte nun auch die Schmerzen.

Rückenschmerzen?

Von jenem Tage an war ich definitiv vom Motorradfahren geheilt. Nur die Rückenschmerzen, die mich schon seit frühester Jugend geplagt hatten (doppelter, schwerer Scheuermann), wurden durch den Unfall noch intensiver. Es war schon zuvor hin und wieder so schlimm gewesen, daß ich mich manchmal mitten auf der Straße hinlegen mußte, weil mir die schmerzhaften Verkrampfungen die Luft abschnitten. In günstigeren Fällen konnte ich mich jeweils gerade noch in ein Treppenhaus schleppen und mich dort etwas hinlegen, ohne daß mich die Leute sahen.

Doch nun, nach diesem Unfall, war ich gezwungen, etwas gegen meine unerträglichen Schmerzen zu unternehmen. Zwei Jahre lang suchte ich anschließend erfolglos nach einer effizienten Hilfe. Dann, beim Besuch eines Mediums, bekam ich endlich den erlösenden Hinweis: eine tägliche Meditationsübung, mit der ich binnen drei Monaten praktisch schmerzfrei wurde. Diese Wunderübung geht wie folgt:

Lege Dich abends ins Bett und versuche, alle Punkte im Körper zu spüren, die Dich schmerzen. Atme tief und ruhig geistiges Licht in Dich hinein. Nun entschuldige Dich bei Deinem Rücken für die mangelnde Rücksicht, bedanke Dich bei ihm für die Arbeit, die er für Dich leistet und bitte ihn, Dir doch weiterhin so gute Dienste zu erweisen wie bisher. Nachdem Du dies getan und die schmerzenden Stellen genau lokalisiert hast, stell Dir vor, daß viele kleine Händchen diese Schmerzen festhalten. Atme weiterhin tief und ruhig. Visualisiere jetzt, daß sich diese Händchen langsam öffnen und die Schmerzen ziehen lassen. Anschließend bedanke Dich bei Gott und Seinen Helfern für die erhaltene Heilung, atme wiederum tief durch und schlafe dann ein.

Wenn Du diese Übung regelmäßig einige Monate lang praktizierst, wirst Du die meisten Schmerzen loswerden. Doch denk daran: Disziplin und Ausdauer sind unerläßlich, um bei solchen Übungen Erfolg zu haben.

Die Sonne als Sterbehilfe

Daß wir mit unseren Gebeten und mit dem Segnen – wenn es ohne Ego und von Herzen geschieht – unseren Mitmenschen in der Tat einen großen Dienst erweisen können, konnte ich erst kürzlich wieder erfahren, als eine Frau starb, die ich zuvor in ihrer Krankheit begleiten durfte. Ich hatte gerade an ihrem Todestag noch intensiv für sie gebetet und in einer speziellen Zeremonie am Abend die Bitte um Loslösung von allem, was sie noch an die Erde bindet, dem Feuer übergeben. Kurz darauf stand die soeben Verstorbene plötzlich vor mir, bedankte sich für die empfangene Hilfe und entschwand dann im Licht.

Etwa drei Tage zuvor hatte mich der Sohn jener im Sterben liegenden Frau gefragt, wann seine Mutter wohl in die geistige Welt übergehen könne, denn er glaubte, es würde in derselben Nacht noch geschehen. Damals hatte uns jedoch meine geistige Führung geantwortet: *«Sobald es schönes Wetter wird [es regnete bereits seit Tagen], denn in den Sonnenstrahlen befindet sich eine unermeßliche Fülle an Lebensenergien von göttlicher Kraft, die ihr helfen werden, sich vollständig von ihrem Körper zu lösen.»*

Wir staunten sehr, als es bald sonnig wurde und die Mutter dann tatsächlich nach nur einem Schönwettertag sterben durfte. Diese Frau mußte in ihrer Entwicklung wohl schon etwas weiter fortgeschritten gewesen sein, denn sonst wäre der Sterbeprozeß für sie vermutlich ein viel längerer Kampf geworden.

Ich möchte hier jedoch betonen, daß wir als Außenstehende niemals in der Lage sind, zweifelsfrei zu beurteilen, wo ein Mensch in seiner geistigen Entwicklung genau steht, denn welche Stufen eine Seele bereits erreicht hat und welche noch bevorstehen, dies weiß Gott allein.

Goldspuren

Die geistige Welt hat oft genug betont, daß der spirituelle Weg ein steiler, schwieriger Pfad ist. Eines Tages wurde mir in dieser Hinsicht noch ein weiterer Aspekt klargemacht. Ich war einmal mehr an «meinem» Platz im Wald, als ich sah, wie der Heiland den kleinen, leicht ansteigenden Weg von oben her mit einer Goldschicht überzog. Daraufhin hörte ich folgende Erklärung:

«Der geistige Pfad ist wahrlich schwierig zu begehen, denn er ist steil und besteht völlig aus Gold, was ihn sehr glatt macht. Jenen

Seelen jedoch, die mit goldenen Füßen diesen Weg zu mir beschreiten, bereitet es keine Mühe, ihn zu gehen.

Das Gold steht symbolisch für die Liebe und für das Licht. Ja, es versinnbildlicht die göttliche Gnade und Allmacht, die als Eure geliebte Sonne für Euch sichtbar am Himmel steht. Es bedeutet, daß Ihr die Liebe durch und durch, bis in den letzten Winkel Eures ganzen Seins dringen lassen müßt, damit alles – selbst das, was in Euch noch am tiefsten mit dem Irdischen verbunden ist – in meinem Lichte erstrahle. Dann werden Eure Fußtritte auf dem Erdengrund lichtvolle Abdrücke hinterlassen, welche wiederum anderen Suchenden den Weg weisen werden.

Ebenso sind für hellsichtige Menschen auch meine zur Erdenzeit getätigten Schritte als leuchtende Goldspuren sichtbar, und in jedem meiner einzelnen Schritte liegt mein ganzes Sein, das Euer Leben ist. Tragt also mit Eurer Liebe, die ja auch meine ist, die ganze Schöpfung, genauso, wie ich mein Kreuz getragen habe und es immer noch trage, um Euch, meine geliebten Kinder, hinauf ins Licht zu führen. Und seht: Im Lichte angelangt, verwandelt sich dieses oft so leidvolle Kreuz in das Kreuz der Auferstehung, der Glorie, des Sieges und der Freiheit.

Seid also bereit, Eure Brüder und Schwestern zu tragen, auch Eure Tiergeschwister, dann werden sich Eure lichtvollen Spuren noch tiefer in die Erde einprägen, und andere werden Euren Wegen folgen. Sie werden wissen, daß Ihr Lichtträger seid und in meinem Auftrage handelt. So sei es.»

Der Dienst der Blumen

Beim Besuch eines Friedhofes fiel mir eines Tages folgendes auf: Auf manchen Grabstätten von Frischverstorbenen blühten die prachtvollsten Blumen, während bei anderen die Blumen bereits stark am Verwelken waren. Zuerst dachte ich, dies sei wohl davon abhängig, wann die Beisetzung stattgefunden habe. Doch ein Vergleich der Daten auf den verschiedenen Kreuzen machte deutlich, daß dies allein nicht der Grund sein konnte, denn nicht selten waren die schöneren, frischeren Blumen jene älteren Datums.

Nun begann mich die Sache natürlich zu interessieren, und ich fragte mich: Wie kann das sein? Mein erster Erklärungsversuch war, daß die Angehörigen wahrscheinlich erst kürzlich wieder neue Blumen gebracht hatten. Ja, dies war für mich vorläufig die einzig logische Erklärung. Doch kurze Zeit später offenbarte mir die geistige Welt die eigentlichen Zusammenhänge wie folgt:

«Wie Du weißt, spenden die Blumen Euch Menschen enorm viel Odkraft [Lebensenergie]. Je erdgebundener eine Seele ist, desto mehr Odkräfte sind nötig, um ihr zu helfen, sich von der groben Materie zu lösen. Auch jene Menschen, die an schweren Krankheiten gestorben sind, können sich oft nur sehr mühsam von der Erde lösen, da sie sich durch die Schmerzen und Qualen immer noch stark mit ihrem irdischen Körper identifizieren.

Nun verstehst Du vielleicht auch besser, weshalb Gott wünscht, daß ihr alles mit Blumen ausschmücken sollt. Jedes Heiligtum sollte mit Blumen geschmückt sein, insbesondere auch das größte, das in Euren Herzen wohnt. Ja, Euer gesamtes Geistkleid sollte übersät sein mit Blumen.

Ebenso rein und klar sollten die von Euch ausgehenden Düfte, Klänge und Gedanken sein, damit die Engel Euch als ihresgleichen erkennen können. Denn die Engel sind die wahren Blumenkinder des Himmels. Selbstverständlich solltet Ihr die Blumen mit Liebe und Respekt pflücken wie auch pflegen, so daß sie ihre ganze Wirkkraft voll entfalten können.

Wenn Ihr also ein frisches Grab mit verwelkten, entkräfteten Blumen seht, so segnet jene verstorbene Seele und bittet Gott um die Heimführung derselben. Das ist aktive Lichtarbeit: daß Ihr das Wissen, das wir Euch geben, auch anwendet. Wissen ohne Taten ist wertlos, und Taten ohne Liebe sind Rückschritt. Jede lieblose Tat – sei sie auch nur in Worten oder in Gedanken ausgeführt – läßt Euch zurückfallen auf der Himmelsleiter, läßt Euch Rückschritte machen auf dem Pfad der Liebe, führt Euch hinab anstatt hinauf ins göttliche Liebeslicht.»

Die Gabe der Beobachtung

Eine gute Beobachtungsgabe ist wahrlich ein großes Geschenk des Himmels. Denn hätte ich damals nicht den Unterschied zwischen den Blumen auf den einzelnen Gräbern bemerkt, so hätte die geistige Welt keinen Anlaß gehabt, mir diese aufschlußreichen Zusammenhänge darzulegen.

Diesbezüglich erinnere ich mich an eine Begebenheit aus meiner frühen Kindheit, die mir meine Eltern später einst erzählten: Als ich etwa drei Monate alt war, habe ich die Milch meiner Mutter ständig erbrochen, so daß man sich entschloß, mir den Magenpförtner zu operieren. Trotz dieses Entschlusses unseres Hausarztes suchte meine Mutter mit mir noch den Kinderarzt auf. Dieser Kinderarzt war ebenfalls mit einer guten Beobachtungsgabe gesegnet und bewahrte mich vor jener unnötigen Operation.

Was war geschehen? Nun, er schaute sich nicht nur Klein-Bruno an, sondern auch seine Mami, wobei er bemerkte, daß die Mami in ihren Hausschuhen unterwegs war. Daraus folgerte er, daß sie mit mir und meiner damals einjährigen Schwester Germaine im Moment völlig überlastet war. Dieser enorme Streß bewirkte, daß ihre Milch sauer wurde, und so war es kein Wunder, daß ich sie nicht behalten konnte.

Statt mich zu operieren, gab man mich für drei Wochen ins Krankenhaus, so daß sich meine Mutter etwas erholen konnte. Als ich dann wieder nach Hause durfte, war die Milch wieder von bester Qualität und mundete mir ausgezeichnet.

Minigolf

Jahre später – es war kurz vor dem Sommerurlaub – träumte ich eines Nachts von einem wunderschönen Ferienort. Ich beobachtete genau, was ich im Traum sah, und prägte mir die Bilder ein.

Einige Zeit später, als ich den Traum längst wieder vergessen hatte, flogen wir nach Mallorca. Ein Bus holte uns am Flughafen ab und brachte uns zu unserem Hotel, das etwas mehr als eine Stunde entfernt lag. Als wir im Hotel ankamen, sagte ich als allererstes: «Wenn man diese Straße hier bis zum Ende geht, kommt man zu einem Restaurant mit Minigolf.» Ich war total überzeugt davon, und das Erstaunen meiner Eltern war groß, als wir noch am selben Abend auf der besagten Straße spazierten und an ihrem Ende, am Waldrand, tatsächlich ein Restaurant vorfanden. Es hieß: «Minigolf».

So habe ich bereits in meiner Jugend zahlreiche Dinge erleben dürfen, die in mir den Glauben an übersinnliche Wahrnehmungen bekräftigten.

Angst vor UFOs?

Immer wieder durfte und darf ich auch erleben, wie rücksichtsvoll die geistig höherentwickelten Wesen sind. So zum Beispiel, als ich mit meiner Frau Cornelia, die zu jener Zeit noch meine Freundin war, ein Wochenende in den Flumserbergen verbrachte. Wir saßen am Abend gemütlich im Garten am Lagerfeuer und bewunderten den nächtlichen Sternenhimmel.

Irgendwie kamen wir auf UFOs zu sprechen und malten uns aus, wie schön es doch wäre, eine Begegnung mit ihnen zu haben. So sandten wir also unsere Grüße hinauf zu unseren Sternengeschwistern vom Ashtar-Kommando und suchten voller Erwartung den Himmel ab.

Es war bereits halb ein Uhr morgens, als wir von weitem eine Lichtkugel heranschweben sahen. Zunächst waren wir unsicher über die genaue Herkunft des Lichts, bis es schließlich eindeutig zu sehen war: Es war ein UFO! Es flog über die anderen Ferienhäuser hinweg direkt auf uns zu, und irgendwie bekamen wir dann doch plötzlich ein mulmiges Gefühl. Wir verspürten beide ein wenig Angst, und zu unserem großen Erstaunen hielt die Kugel sofort mitten in der Luft an, blieb einige Sekunden lang stehen, drehte dann in einem rechten Winkel ab und flog zurück in die Nacht.

Nun war es für uns klar, weshalb wir frei von Furcht und Angst sein müssen, um den geistigen Weg erfolgreich gehen zu können, denn die Schwingung der Angst verhindert oft eine solche Begegnung. Dies gilt freilich nur für die höherdimensionalen Wesen aus den Lichtwelten. Diejenigen, die aus den dunklen Bereichen kommen, freuen sich, wenn wir Angst vor ihnen haben. Ja, unsere Angst ist gleichsam ihre Nahrung und macht sie stark und tollkühn. Deshalb sollten wir sehr vorsichtig sein und auf keinen Fall angstvolle Schwingungen pflegen – weder bei guten noch bei unguten UFOs, noch bei sonst irgendetwas in unserem Leben –, sondern stets vertrauensvoll und frohen Mutes Zuflucht bei Gott und bei Seinen Lichthelfern suchen.

Selbst Gotteserfahrungen sind kaum möglich, wenn sich unser Bewußtsein in einer Angst- und Schreckensschwingung befindet. Folgende Botschaft des Heilands bestätigt dies:

«Gott ist die Liebe, die unerschöpfliche Kraft und das Leben allen Seins. Liebe Kinder, echtes Leben ist nur möglich im Frohmut, denn alles, was traurig, ängstlich, dunkel, schwer und belastend ist, wirkt zerstörend auf die Lebenskeime. Deshalb lautet mein Aufruf an Euch: Seid glücklich, seid entspannt und laßt somit Eurem Lebensstrom seinen freien Fluß! Behindert nicht das Fließen meiner Gegenwart durch Eure trübseligen, depressiven und ichbezogenen Gedanken. Ihr könnt dem endlosen Kreislauf der Negativität in Euch

nur dann Einhalt gebieten, wenn Ihr wieder lernt, die göttliche Freude, meine Harmonie und mein Licht in Euch zu leben.

Ja, belebt mich in Euch! Ich sehne mich nach einem freudigen Zusammensein mit Euch. Singt mit mir, lacht mit mir, verschenkt Euch an meine Schöpfung, an die Menschen, Tiere und auch Pflanzen, denn sie brauchen Euch, sie lieben Euch, und auch sie möchten Euch aufs reichste beschenken. Ihr wißt es ja, liebe Kinder, nur die freudvolle, wahre Liebe vermag Eure Herzenstore zu öffnen. Diese Tore des Herzens sind die Empfangsstationen des Lebens.

Selbst im Leid ist es möglich, sich an meiner Gegenwart in Eurem Innern zu erfreuen. Sonst würde niemals eine Seele, deren Entwicklung über Euren Planeten führt, den Weg an mein Herz finden, weil das Leben auf der Erde voller Leid und Trübsal ist. Und dennoch rufe ich Euch zu: Freut Euch des Lebens, denn ich bin der Weg, die Wahrheit und das Leben!»

«Freut Euch des Lebens!»

Manchmal sagen meine Bekannten, daß sie meinen Optimismus bewundern; andere bezweifeln, ob er echt sei. Nun frage ich Dich, liebe Leserin und lieber Leser: Gibt es irgendeinen Grund, sich nicht des Lebens zu erfreuen?

Vielleicht möchtest Du einwenden: Man kann sich dieses Lebens nicht erfreuen, weil es heutzutage zu viele Kriege, zu viele Krankheiten und zu viel Ungerechtigkeit auf der Erde gibt. Oder Du denkst: Es wäre noch viel freudvoller, wenn ich eine oder zwei Millionen auf der Bank hätte, wenn ich eine Geliebte oder einen Geliebten oder die Gabe der Hellsicht und des Heilens, vielleicht sogar die Erleuchtung hätte.

Doch wenn wir so denken, bedeutet dies, daß wir noch nicht wirklich erfaßt haben, worum es im Leben geht. Hören wir hierzu folgende Worte des Heilands:

«Immer und immer wieder höre ich Euer Wehklagen, Euer Bitten und Beten um Dinge und Zustände, die für Euch nicht von Nutzen wären. Immer und immer wieder bittet und betet Ihr in Eurer Eigensucht für Euch selbst anstatt um das Wohl des Nächsten. Betet für jene, die ärmer sind als Ihr es seid; für jene, die kränker sind als Ihr es seid; für jene, die für mich noch schwerer zugänglich sind als Ihr es seid, sowie auch für jene, die gar nicht möchten, daß ich ihnen zur Hilfe komme.

Denn wahrlich, ich sage Euch, jene bedürfen meiner besonderen Hilfe, die nicht an Gott glauben, denn für sie gibt es kein Leben in dieser Welt. Wahrlich, ich sage Euch, jene brauchen ganz besonders meine Hilfe, die nicht um Hilfe bitten. Wahrlich, ich sage Euch, jene brauchen ganz besonders meine Hilfe, die nicht dankbar sind für ihr Leben, so wie es gerade ist.

Denn wer an mich glaubt, an den glaube auch ich; wer mich um Hilfe bittet, dem bin ich allgegenwärtig, und jenen, die sich in ehrlicher Demut bei mir bedanken, werde ich wahrlich die Augen öffnen und ihnen mein Reich zeigen, wie es wirklich ist, mit aller Schönheit und aller Pracht, und sie werden erkennen, daß all dies auch in ihnen beheimatet ist. Diese nennen sich zu recht ‹Kinder Gottes›. Meine geliebten Kinder, auch Ihr seid Kinder Gottes, und ich gebe Euch hiermit das Licht und die Kraft, diesem Namen gerecht zu werden.

So wünsche ich, mein lieber Sohn, daß dieses Buch in die Öffentlichkeit gelangt, als ein Geschenk meines Herzens. Dies wird mit meiner Führung geschehen, genauso, wie ich auch den richtigen Menschen meine in diesem Buch gegebenen Worte zuspielen werde.

Und ich richte nun meine Worte direkt an Dich, liebe Leserin und lieber Leser: Ich wünsche, daß Du dieses Buch weiterschenkst an jene Menschen, die Du liebst. Denn jedes Menschenkind, das sich auf meine Worte einschwingt, wird aufs Reichste von mir mit göttlichen Gnaden beschenkt werden. Je mehr ein Herz mit mir in Resonanz erklingt, desto größer ist die Möglichkeit, daß ich festen Wohn-

sitz in ihm nehmen kann. Doch von den meisten Menschen werde ich immer wieder weggewiesen und fortgejagt. So bitte ich Euch, meine geliebten Kinder, helft mir, eine wahre Heimat in Euch und Eurem Nächsten zu finden.

Denn so, wie ich bei Eurer geistigen Geburt einen Teil von mir in Euren Herzen verankert habe, so kann ich immer mehr von meinem Sein in Euch übertragen, wenn Ihr Euch mir öffnet, wenn Ihr mich immer wieder bittet, alles von Euch zu nehmen, was Euch hinderlich ist. Damit meine ich nicht die Krankheiten und Eure anderen irdischen Sorgen, sondern Eure Untugenden, Eure Unreinheiten, Triebe, Laster und Gewohnheiten.

Ihr wißt, ich gab Euch Euren freien Willen nicht nur bedingt, sondern voll und ganz. So könnt nur Ihr selbst bestimmen, ob Ihr mir diesen freien Willen wieder zurückgeben möchtet oder nicht. Denn wahrlich, ich sage Euch, es ist Euer Eigenwille, der Euch den Weg zu mir und die Erlösung verhindert. Es ist dieser Drang, dieser Trieb, ja diese Sucht nach Freiheit und Unabhängigkeit, welche Euch immer mehr zum Verhängnis wird und Euch im Labyrinth der Materie gefangenhält. Wenn Ihr wirklich frei werden wollt, meine geliebten Kinderlein, dann befreit Euch von diesem Eigenwillen. Schenkt Ihn mir, ich werde ihn für Euch umwandeln in Nächstenliebe, Güte, Demut und Herzensfreude.

Dann könnt Ihr wahrhaftig in mir sein, dann kann ich mich Euch wahrhaftig als Vater und Freund zeigen, Euch in meinem Auftrag als Lehrer in die Universen senden und die ganze ursprüngliche Schöpferkraft in Euch wieder zum Leben erwecken. Dann werdet Ihr in Liebe eins sein mit mir und werdet sagen: Es ist vollbracht! In dieser Liebe wird es wahrlich keinen Unterschied mehr geben zwischen mir und Euch.

Doch obwohl Ihr gottähnlich sein werdet, werdet Ihr stets wissen, daß Gott mehr ist als Ihr es je sein könnt. Ihr werdet nicht mehr den Wunsch in Euch verspüren, mehr zu sein als ich oder als irgendeiner Eurer Brüder oder Schwestern. Ja, dann werde ich Euch als Euer guter Hirte vorangehen, Euch führen, schützen und begleiten, und ich sage Euch, es wird die schönste Zeit Eures Lebens sein – dann, wenn wir wieder eine Familie sind!

Ich grüße Euch, ich liebe Euch und ich danke Euch für Eure offenen Ohren und Herzen. Ich liebe Euch. Amen, Amen, Amen.»

Helfer- oder Krebszelle?

In einem ganz anderen Zusammenhang durfte ich einmal die wundervolle Erfahrung machen, wie es eigentlich gemeint ist, wenn es heißt, daß wir und die Schöpfung «eins» seien; gerade diese Aussage wird heutzutage nämlich oft mißverstanden.

Ich war damals etwa 25 Jahre alt und schlenderte gerade durch die Straßen von Zürich. Obwohl ich mich unweit eines Abfalleimers befand, warf ich achtlos ein kleines Stück Papier auf den Gehsteig. Eine innere Stimme gebot mir, es unverzüglich wieder aufzuheben und in den besagten Abfalleimer zu werfen. Ich hob es also auf, doch noch bevor ich den nächsten Schritt tun konnte, sah ich mich urplötzlich in eine andere Welt, in eine andere Bewußtseinsdimension versetzt.

Ich fühlte mich, als würde ich in der Luft schwimmen. Es ist schwer, diesen Zustand mit Worten zu beschreiben, doch ich hatte das Empfinden, als ob die Luft die eigentliche Lebensessenz unseres gesamten Planetensystems sei. Ich befand mich in einer Sphäre von vollendeter Stille, Harmonie und Geborgenheit. Dann sah ich mich selbst, wie ich ein Stück Papier auf die Erde warf, und ebenfalls, wie ich es wieder aufhob.

In solchen Zuständen scheint es keine Zeit zu geben, man nimmt alles gleichzeitig und audio-visuell-emotionell in Bruchteilen einer Sekunde wahr, und trotzdem ist eine klare Abfolge der Geschehnisse und der Belehrungen zu erkennen. In diesem Sinne «gleichzeitig» wurde mir mit diesen Bildern folgende Erklärung gegeben:

«Du bist eine Zelle in der göttlichen Schöpfung, ein Blutkörperchen im Körper ‹Erde›. Und Du alleine bestimmst, ob Du zum Wohle des gesamten Schöpfungsorganismus tätig sein möchtest oder nicht. Du alleine bestimmst, ob Du eine Helferzelle oder eine Krebszelle bist. Wenn Du Dich als Teil des Ganzen siehst und Dich entscheidest, im Guten tätig zu sein, so bist Du ein aufbauendes Blutkörperchen; andernfalls bist Du ein zerstörerischer Virus. Wenn Du eine gute Zelle bist, werden Dich die unguten Zellen bekämpfen, und wenn Du selbst eine ungute Zelle bist, so wirst Du eines Tages zugrunde gehen und den guten Kräften des Erdenkörpers erliegen.»

Liebe Leserin und lieber Leser, bitte versuche Dir vorzustellen, daß ich mich bei jedem dieser Worte genau so gefühlt habe wie beispielsweise eine Helfer- oder eine Krebszelle. Jetzt, da ich diese Erfahrung aufzuschreiben versuche, wird mir bewußt, daß sie im Grunde unbeschreiblich ist.

Doch entsprechend tiefgreifend waren die konkreten Folgen dieses Erlebnisses. Denn von jenem Augenblick an konnte ich nie wieder auch nur das kleinste Papierchen fortwerfen. Ja schlimmer noch, ich begann einige Jahre lang alles zusammenzuwischen, was andere achtlos in die Natur geworfen hatten. Es war für mich in jener Zeit fast unmöglich, etwas nicht aufzuheben. Ich fühlte mich so, wie die Erde sich wohl fühlt, und ich wollte ihr helfen. Ja, ich wollte unbedingt eine aktive «Helferzelle» sein.

Natürlich hat mich die geistige Welt später, nachdem ich diese Prüfungen durchlebt hatte, auch wieder gelehrt, mich von diesem «Helferzwang» zu befreien. Es wurde mir gezeigt, daß jeder seine Aufgabe zugeteilt bekommt, und meine Lichtfreunde erklärten mir, daß meine Aufgabe diesbezüglich darin bestünde, fortan nichts mehr wegzuwerfen, die Schöpfung zu lieben und zu hegen und zu pflegen. Ich solle ganz einfach bewußter, achtsamer und respektvoller durch die Welt schreiten. Und vor allem solle ich mich immer und überall nützlich machen und immer im Guten tätig sein.

Auf diesem Wege befinde ich mich auch heute noch und versuche mit jedem Tag, meine Gedanken, Gefühle, Wünsche, Worte und Taten zu verfeinern. Und obschon ich noch immer viele Fehler in meinem Sein habe, die es abzuschleifen gilt, weiß ich doch: es geht voran!

Autobahngeister

Weshalb es sehr empfehlens- und auch lohnenswert ist, daß wir mit unserem Bewußtsein immer im Lichte bleiben und Licht und Dunkel auch gut zu unterscheiden vermögen, durfte ich erst vor kurzem wieder aufs neue erfahren. Nachdem ich in Zürich einen Vortrag gehalten hatte, fuhr ich abends auf der Autobahn nach Hause zurück und erlebte unverhofft einige Angriffe von störenden Geistwesen.

Ich fuhr mit gut 120 km/h dahin, und plötzlich stand da, mitten auf der Fahrbahn, ein Mensch. Glücklicherweise kann ich inzwischen unterscheiden, ob es sich um ein grob- oder um ein feinstoffliches Wesen handelt, denn sonst hätte ich bestimmt ein fatales Ausweichmanöver versucht – und genau darauf haben es diese fragwürdigen Spaßvögel auch angelegt. Darüber hätten sie sich mächtig gefreut, wenn es ihnen gelungen wäre, mich derart zu erschrecken, daß ein verheerender Unfall passiert wäre.

Es war eine bewegte Heimfahrt an jenem Abend. Denn schon wenige Minuten später, als ich gerade unter einer Brücke durchbrauste, sah ich, wie ein anderer «Autobahngeist» von der Brücke aus genüßlich große Steine auf die Fahrbahn hinunterwarf, um die Autofahrer zu schockieren.

Ein anderes Mal – ich fuhr wiederum mit hoher Geschwindigkeit auf der Autobahn – überholten mich einige Motorradfahrer. Die Autobahngeister machten sich nun einen Spaß daraus mir vorzugaukeln, daß einer dieser Motorradfahrer unmittelbar vor mir stürzen würde. Es ist manchmal gar nicht so einfach und erfordert einiges an Beherrschung, daß man in solchen Situationen nicht reflexartig reagiert und nicht ein lebensgefährliches Bremsmanöver riskiert.

Wie gesagt: Es ist sehr empfehlens- und auch lohnenswert, daß wir mit unserem Bewußtsein immer im Lichte bleiben und uns immer an Gott, an Seine Diener und Helfer sowie an das Wissen erinnern, das sie uns gegeben haben.

Ungebetene Gäste

Ich habe bereits erwähnt, daß es – genauso, wie es bei uns Menschen gute und weniger gute gibt – bei den außerirdischen Wesen, die uns zuweilen mit ihren UFOs besuchen, sowohl gute, wohlwollende gibt als auch weniger gute, die es darauf abgesehen haben, uns zu schaden. Wie ebenfalls bereits ausgeführt, finden wir diese Polarität von Licht und Dunkelheit in nahezu allen Bereichen des Universums (nur auf den höchsten Ebenen wird diese überwunden und macht einer göttlichen Dualität Platz).

Da ich mittlerweile schon einige UFOs gesehen habe, kann ich diese Tatsache aus eigener Erfahrung bestätigen. Was ich jedoch lange Zeit nicht wußte, ist, daß die unguten Außerirdischen sich zuerst auf der astralen, feinstofflichen Ebene an die Menschen heranpirschen. So können sie – unsichtbar für die meisten Menschen – in unsere Häuser und Körper eindringen und unsere Gedanken beeinflussen. Beispielsweise können sie in uns Angstgefühle auslösen und uns somit für weitere negative Einflüsse öffnen.

Hiergegen hilft, wie ich ebenfalls aus eigener Erfahrung sagen kann, ein guter Lichtschutz hervorragend. Als ich unlängst wieder einmal von solch ungebetenen Gästen besucht wurde, habe ich sofort intensiv um Lichtschutz gebeten und visualisiert, wie ich vom göttlichen Licht durchdrungen und umgeben bin. Alsdann habe ich zu den Wesen gesprochen: «Ich bin ein Kind des Lichtes, ein Diener

Gottes, und mein Meister ist Jesus Christus. Wenn auch Du ein Kind des Lichtes bist, so zeige mir Dein Licht und Deine Liebe; ansonsten bist Du nicht befugt, meinen freien Willen zu tangieren. Dann gehe hinfort in Frieden!»

Obwohl diese Wesen bereits auf meinem Balkon gestanden hatten, waren sie dank dieser Lichtschranke nicht imstande, in mein Zimmer einzutreten. Auf diese Weise kann sich jeder vor ihrem Einfluß schützen; es hat also niemand etwas zu befürchten!

Was heißt denn schon verrückt?

Inzwischen ist mir auch klargeworden, daß viele Menschen, die heutzutage vorschnell als «verrückt» bezeichnet werden, im Grunde nur unter der «Krankheit» der unkontrollierten Medialität leiden. Das heißt, sie besitzen einerseits die Gabe, feinstoffliche Wesen und Vorkommnisse wahrzunehmen, andererseits fehlt es ihnen aber an dem erforderlichen Wissen und an der erforderlichen geistigen Kraft, um mit dieser Gabe verantwortungsvoll umzugehen. So werden sie zu einem Opfer ihrer Medialität, und ihre Mitmenschen, denen es zumeist ebenfalls an Wissen und Kraft mangelt, werden große Mühe bekunden, ihre Wahrnehmungen und ihre entsprechenden Reaktionen nachzuvollziehen und einzuordnen.

Statt daß man diese Menschen unbarmherzig in psychiatrische Kliniken verbannt und sie mit Psychopharmaka vollpumpt, könnte man sie zunächst verständnisvoll therapieren und dann – wenn sie einverstanden sind – gezielt schulen. Viele von ihnen würden nach einer geeigneten Schulung bestimmt gute Medien abgeben und könnten ihren Mitmenschen hilfreiche Dienste erweisen.

Gerade zu uns Medien und geistigen Therapeuten kommen immer häufiger solche Kunden. Sie erzählen, daß sie Stimmen hören und Bilder oder fremde Wesenheiten sehen, jedoch nicht gewillt sind, einfach nur Medikamente zu deren Unterdrückung einzunehmen, wie es ihnen die Schulmediziner raten. Vielmehr möchten sie wissen, was es mit ihren Wahrnehmungen auf sich hat und wie sie damit umgehen sollen.

Ich halte es für wichtig, daß wir die Wahrnehmungen eines Mitmenschen niemals vorschnell als bloße Phantasie oder Spinnerei abtun, nur weil wir sie vielleicht nicht auf Anhieb verstehen und nachvollziehen können. Vielmehr ist es unsere Pflicht – gerade in therapeutischen Berufen –, die Probleme des Nächsten ernstzunehmen und auch bereit zu sein, falls nötig unseren eigenen Horizont zu erweitern, um ihnen Verständnis und wirksame Hilfe entgegenzubringen. Die meisten sind gar nicht so verrückt, wie wir meinen, und was ihnen am allerwenigsten hilft, sind chemische Medikamente oder Spott.

Viele feinstoffliche Astralwesen der unteren Ebenen sind an und für sich völlig harmlos, sobald man sie durchschaut hat. Zwar gibt es gewiß auch solche, die bösartig sind und den Menschen – meist aus Neid, Mißgunst und Frustration – gezielt Schaden zufügen wollen; vor diesen kann und sollten wir uns wie beschrieben durch eine göttliche Lichtschranke schützen. Doch die meisten erdgebundenen Seelen sind einfach nur verwirrt und wissen selbst nicht, was richtig und was falsch ist. Sie können uns eigentlich nur dann schaden, wenn wir in Unkenntnis über ihre Existenz sind und daher ihre Handlungen nicht erkennen können und nicht wissen, wie wir darauf zu reagieren haben. So gesehen sind es im Grunde genommen nicht die Astralwesen, die uns schaden, sondern wir sind es selbst, indem wir uns freiwillig in Unwissenheit halten und die feinstofflichen Realitäten nicht wahrhaben wollen.

Auch mich versuchen solche unglückseligen Wesen immer wieder zu irritieren, indem sie mir beispielsweise Bilder vortäuschen, wie mein bald dreijähriger Sohn vom Balkon fällt oder von einem Auto überfahren wird. Wenn ich jedoch zwischen Illusion und Realität unterscheiden kann und solchen Gaukeleien keine Beachtung schenke, können sie mir (und auch meinem Sohn) nichts anhaben.

Mittlerweile weiß ich aufgrund solcher Erfahrungen, daß viele der irrationalen Ängste, welche Eltern in bezug auf ihre Kinder befallen, in Tat und Wahrheit nichts anderes sind als solche illusionshaften Projektionen aus niederen Astralwelten. Deshalb ist es auch völlig unsinnig und aussichtslos, diese Ängste medikamentös heilen zu wollen. Denn Medikamente unterdrücken lediglich die Wahrnehmungsfähigkeit, doch sobald ihre Wirkung nachläßt, kehren die Wahrnehmungen und damit die Ängste wieder zurück – häufig sogar in verstärktem Maße, da sich die unsichtbaren Störenfriede in der Zwischenzeit unbemerkt weiter an unserer Psyche zu schaffen machen können (auch unsere natürliche Gegenwehr wird ja durch die chemischen Medikamente lahmgelegt!).

Welche Therapieform wäre in solchen Fällen angebracht? Meines Erachtens kann folgendes helfen: eine längere Fastenkur, gemeinsam mit Gebet, Meditation und fachlich-liebevoller Betreuung. Mit «fachlicher Betreuung» meine ich nicht einfach studierte Ärzte oder Psychotherapeuten, sondern in erster Linie Menschen, die mit den geistigen Gesetzmäßigkeiten wohlvertraut und selbst im Lichte tätig sind. Natürlich ist es von großem Vorteil, wenn der Betreuer zusätzlich noch in Medizin, Psychologie oder Seelsorge ausgebildet ist, doch in solchen Fällen ist dies nicht die vorrangigste Bedingung für eine kompetente und erfolgreiche Hilfe.

Denn: Wir können einem leidenden Menschen nur dann wirklich helfen, wenn wir ihn verstehen und ihn lieben und wenn wir auch die subtilen Gesetzmäßigkeiten kennen, denen er zum Opfer gefallen ist. Dies also sollten die Grundlagen unseres Dienstes am Mitmenschen sein: Verständnis, Nächstenliebe, Wissen und Gottvertrauen.

12. Kapitel

Himmlische Antworten auf irdische Fragen

In diesem Kapitel möchte ich ohne großen Kommentar meinerseits einige weitere häufig gestellte Fragen sowie deren Antworten, wie sie mir in zahlreichen Durchgaben von der geistigen Welt übermittelt wurden, auflisten. Dabei will ich nicht behaupten, daß sämtliche dieser Antworten absolut und über jeden Zweifel erhaben sind. Sie entsprechen jedoch meinem heutigen Wissensstand sowie meinem individuellen Verständnis der Botschaften meiner geistigen Freunde des Lichts.

Liebe Leserin und lieber Leser, bitte störe Dich nicht an jenen Antworten, die für Dich nicht stimmen oder mit denen Du nicht einverstanden bist. Überfliege diese einfach und nimm aus dem vorliegenden Kapitel nur das für Dich heraus, was für Dich zum gegenwärtigen Zeitpunkt annehmbar ist.

1. Werden alle Menschen wiedergeboren?

«Früher oder später, ja.»

2. Werden auch die Tiere wiedergeboren?

«Ja.»

3. Sollte man Verstorbene beerdigen oder kremieren?

«Im Normalfall beerdigen. Denn zum Zeitpunkt der Kremation haben sich die meisten Seelen noch nicht vom Körperbewußtsein gelöst, das heißt, sie empfinden sich dann als lebendig verbrannt und erleiden große Qualen. Dies gilt natürlich nicht für Seelen, die geistig bereits fortgeschritten sind.»

4. Sollte man auch amputierte Körperteile beerdigen?

«Ja. Die Phantomschmerzen können dadurch sehr gelindert werden.»

5. Sind Besuche auf dem Friedhof sinnvoll?

«Nein, jedenfalls nicht für den Verstorbenen. Doch die Blumen auf den Gräbern sind sehr sinnvoll, denn sie helfen in ihrer Güte den erdgebundenen Seelen, sich vom grobstofflichen Körper zu lösen. Für den Hinterbliebenen hingegen kann ein Besuch am Grabe seines Nächsten hilfreich sein, um jenen Tod und den damit verbundenen Trauerschmerz zu verarbeiten.»

6. Wie löse ich unerwünschte Verbindungen mit Menschen aus meiner Vergangenheit?

«Indem Du ihnen verzeihst.»

7. Was geschieht mit einem Jäger nach seinem Tode?

«Der Jäger wird zum Gejagten, der Mörder wird zum Opfer, der Betrüger zum Betrogenen, der Lügner zum Belogenen und der Liebende zum Geliebten.»

8. Gibt es eine Hölle?

«Ja. Sie befindet sich im Mittelpunkt Eurer Erde, nahe dem sogenannten Fegefeuer. Diese Bereiche sind jedoch nicht in derselben Frequenz, in der Eure Augen Dinge wahrnehmen können. Im allgemeinen umschreiben Eure Bezeichnungen ‹Himmel›, ‹Hölle›, und ‹Fegefeuer› unterschiedliche Bewußtseinszustände.»

Zu diesem brisanten Thema möchte ich den folgenden Bericht anführen, über dessen Wahrheitsgehalt jeder selbst befinden kann. Er erschien im März 1991 im Magazin «Idea Spektrum». Lese und staune:

Merkwürdiges aus Sibirien: Die Hölle entdeckt?

In französischen und skandinavischen Blättern wird seit einem Jahr heftig spekuliert, wo denn der Sitz der Hölle sei. Was hier zu Debatten führt, wirkt völlig obskur. Aber da es Menschen beschäftigt, sei es beschrieben. In Deutschland stand es zuerst Anfang dieses Jahres im katholischen Informationsdienst «Der schwarze Brief».

Unter Berufung auf die Debatte im Ausland heißt es, eine Tiefenbohrung in Sibirien 1989 habe zu ungewöhnlichen Ergebnissen geführt. An der Bohrung seien sowjetische und norwegische Wissenschaftler und Techniker beteiligt gewesen, um die Erdbebenentstehung zu erforschen. Um die Prognosen von Erdbeben zu verbessern, habe man die tektonischen Platten der Erdoberfläche aufgezeichnet. Nun berichtete der sowjetische Wissenschaftler Dimitri Assacov, man habe in 16 Kilometern Tiefe einen Hohlraum erreicht, aus dem über das Mikrophon das Geschrei menschlicher Stimmen zu hören gewesen sei.

Zunächst habe man an eine Störung des Tonbandgerätes gedacht. Doch dann habe man das Geschrei unzähliger Stimmen gehört. Danach sei eine giftige Gaswolke aus dem Bohrloch aufgestiegen. Die Messung der Temperatur habe 1100 Grad Celsius ergeben. Die Techniker seien völlig in Panik geraten. Der promovierte Wissenschaftler wörtlich: «Ich glaube nicht an Gott und nicht an den Himmel, aber jetzt glaube ich an die Hölle. Wir sind davon überzeugt, daß wir die Decke der Hölle durchbohrt haben. Wir hörten Menschen, die vor Schmerz heulten, die Stimmen von Millionen.»

Die Bohrung wurde eingestellt. Die norwegischen Wissenschaftler wurden gebeten, über die ungeklärten Vorgänge Stillschweigen zu bewahren. Doch die Geschichte zog Kreise.

Im Bericht einer französischen Zeitung heißt es: «Der norwegische Justizminister hörte während seines Weihnachtsurlaubes in Kalifornien von der Sache. Er sagte, daß er sehr gelacht habe über die Naivität der Amerikaner, die glaubten, daß sich die Hölle im Inneren der Erde befinde. Zurück in Oslo schrieb er in einem Brief vom 7. Januar 1990 an einen kalifornischen Freund: ‹Ich habe heute noch Mühe wegen des Schocks, den ich nach meiner Rückkehr empfand. Alle Zeitungen waren voll von diesen Informationen. Und ich realisierte: Wenn es eine Hölle gibt, werde ich bestimmt darin enden. Ich bitte Euch, laßt niemand diese Entdeckung verheimlichen. Ich begegnete dem Seismologen Biörne Nymmendal, Mitglied des naturwissenschaftlichen Personals. Er sagte mir: Diese menschlichen Stimmen und auch die dämonische Kreatur, die in Russisch schrie: "Ich habe euch alle erobert!", hat die Sowjets so schockiert, daß sie uns mit dem Tode drohten, falls wir darüber sprechen würden. Ein russischer Kraftfahrer hat uns enthüllt, daß alle Beteiligten Drogen bekommen hätten, um ihr Gedächtnis auszulöschen.›» So der katholische Informationsdienst am 4. Januar.

9. Dann ist das «Fegefeuer» also kein Märchen der Kirche?

«Leider nein. Doch eine ‹ewige Verdammnis› gibt es nicht, denn Gott verzeiht. Das Fegefeuer entspricht den Reinigungsebenen.»

10. Demnach gibt es auch einen «Teufel»?

«Ja, solch ein Wesen gibt es, genauso, wie es auch die verschiedensten Dämonen und Satane gibt. Die hinterlistige Taktik dieser Widersacher besteht nicht in erster Linie darin, Euch Menschen den Glauben an Gott, sondern Euch den Glauben an die widergöttlichen Wesen zu nehmen. Denn wenn sich jemand gegen diese Mächte nicht

schützt, weil er nicht an ihre Existenz glaubt, dann haben alle niederen Wesen einen leichten Zugang in die Seelen derer, die nicht glauben wollen.

Nach und nach verlieren die Menschen durch diesen Einfluß auch den Glauben an Gott und an seine wunderbaren Engel. Sie werden zu vollständigen Materialisten – Ihr nennt dies auch ‹Realisten› –, und ihre Seelen verkümmern im steten Bestreben, sich auf eigene Faust ein ‹schönes› Leben zu machen. Sie sind Gefangene der Materie, gefangen in einer ‹Realität›, die es eigentlich gar nicht gibt. So geben sie sich ganz und gar der Illusion hin und wollen die Wahrheit nicht sehen.

Damit meinen wir jene Menschen auf Eurer Erde, die zwar Augen haben, jedoch nicht sehen wollen; die zwar Ohren haben, jedoch nicht hören wollen; die zwar ein Herz besitzen, es jedoch nicht benützen. Für sie bleiben die höheren Welten verschlossen – nicht weil Gott sie nicht liebt, sondern weil sie selber freiwillig den Schlüssel zum Tor der Wahrheit verloren haben. Jeder Mensch muß, bevor er ins Himmelreich eingehen kann, jenen Schlüssel, der in ihm selbst verschollen ist, wieder ausgraben. Dieser Schlüssel, der Euch alle Tore öffnet, heißt: LIEBE.»

11. Ist Jesus Christus tatsächlich am Kreuz gestorben?

«Ja. Und alle Engel haben geweint!»

12. Hat Jesus wirklich Wein getrunken?

«Nein, jedenfalls nicht in Eurem Sinne von Wein. Damals bezeichnete man mit dem Begriff ‹Wein› den unvergorenen, eingedickten Traubensaft. Es war also kein alkoholisches Getränk.»

13. Welche Bibelausgabe kommt der Wahrheit am nächsten?

«Das Evangelium des vollkommenen Lebens.»

14. Ist es wahr, daß der Mensch vom Affen abstammt?

«Natürlich nicht. Der Affe ist eine Mischung von Mensch und Tier, der durch die sexuelle Verbindung zwischen Menschen und Tieren in Atlantis geschaffen wurde. Auch Eure seltsame Körperbehaarung ist ein Überbleibsel aus jener Zeit. Der Mensch ist nach dem Ebenbilde Gottes erschaffen.»

15. Dann sind also die Darwinsche Evolutionstheorie und auch die naturwissenschaftliche «Urknall»-Theorie nicht richtig?

«Genau, diese Theorien sind falsch. Die Schöpfung ist nicht aus irgendeinem Chaos, sondern aus der Vollkommenheit heraus entstanden, aus Gott. Das ‹Chaos› wurde und wird immer wieder von den Menschen herbeigeführt. Diese Theorie ist dasselbe, als würde man behaupten, durch die Explosion einer Druckerei entstehe durch Zufall ein Lexikon. Doch es gibt in der ganzen Schöpfung keinen einzigen Zufall. Dessen könnt Ihr gewiß sein.»

16. Soll man in gewissen Fällen Tiere einschläfern?

«In 99% aller Fälle: nein. Man sollte jedoch wenn möglich die Schmerzen lindern. Auch Tiere benützen das Sterben, um sich von karmischen Lasten zu befreien, genau wie der Mensch. Mit dem Einschläfern der kranken Geschöpfe kann der Mensch dem Tier nicht wirklich helfen, sondern er möchte daduch im Grunde genommen nur seinen eigenen Schmerz loswerden, weil er unfähig ist, ihr Leid mitanzusehen. Im Gegensatz zu Euch Menschen aber sterben die Tiere bewußt. Wahrhaftig lieben heißt: nicht töten, unter gar keinen Umständen.»

17. Haben demnach auch Tiere eine Seele?

«Selbstverständlich. Anima heißt Seele, Animale heißt Tier [in Italienisch]. Dies sagt doch wohl alles, nicht wahr?»

Hierzu möchte ich eine kleine wahre Geschichte über einen Hund namens Bobby erzählen: In der schottischen Hauptstadt Edingburgh lebte vor vielen Jahren ein herrenloser Terrier namens Bobby. Wie den meisten Straßenhunden erging es auch Bobby nicht gerade gut. Eines Tages empfand Jock – ein alter, todkranker Mann, der in der Gegend lebte, wo Bobby gewöhnlich umherstreunte – Mitleid mit dem kleinen Hund. Er konnte zwar nicht viel für ihn tun, doch er besorgte ihm aus einem Restaurant eine Mahlzeit, die Bobby mit großem Appetit vertilgte.

Wenige Tage später starb Jock und wurde auf dem lokalen Friedhof beerdigt. Dem Prozessionszug schloß sich auch Bobby an und setzte sich nach der Beisetzung neben das Grab seines Wohltäters. Die Friedhofsangestellten versuchten zunächst, diesen seltsamen Hund zu vertreiben, doch selbst durch Steinwürfe ließ sich Bobby nicht von seiner Grabwache abbringen. Von nun an verließ er Jocks Grab nur noch einmal täglich für kurze Zeit, um etwas Eßbares zu finden, ansonsten blieb er dort volle 14 Jahre lang (!), bis zu seinem eigenen Tode, sitzen.

Im ersten Winter wurde Bobby eingeschneit und litt sichtlich unter der Kälte. Im zweiten Jahr errichteten die Menschen ihm eine notdürftige Hundehütte, damit er zumindest einen minimalen Schutz gegen die Kälte hatte.

Als Bobby schließlich nach vierzehn Jahren starb, wurde er an der Seite von Jocks Grab beerdigt. Außerdem wurde ihm ein Denkmal errichtet, das den Respekt der dortigen Menschen vor der Dankbarkeit und Selbstlosigkeit dieses kleinen Hundes ausdrückt. Bobby hat allen Menschen gezeigt, daß ein Tier von den gleichen Gefühlen durchdrungen und von dem gleichen Wunsch nach Liebe, Geborgenheit und Treue getragen wird wie wir.

18. Für welche Lebensdauer ist der menschliche Körper geschaffen?

«Unter optimalen Bedingungen – wie gute Luft, gesunde Ernährung und richtige Denkweise – für rund 500 bis 700 Jahre.»

19. Wo entstehen im Körper eigentlich die Krankheiten?

«Ihr kennt das Sprichwort: Der Tod sitzt im Darm. So ist es tatsächlich, denn alle Eure Krankheiten beginnen im Darm. Deshalb solltet Ihr vor allem in Eurer Ernährung äußerst bedacht sein. Euer Körper kann nur so gesund sein wie Eure Nahrung und wie Euer Bewußtsein es zulassen.»

20. Was soll man tun, wenn man beispielsweise im Betrieb minderwertiges Gemüse essen muß?

«Segnet alles, was Ihr zu Euch nehmt! Wenn Ihr dies mit ganzem Herzen tut sowie mit der Bitte an Gott, daß Er alles, was daran ungut ist, hinfortnehmen und umwandeln möge, und wenn Ihr dankbar seid für die erhaltene Speise, dann eßt Ihr reinste göttliche Barmherzigkeit, reinstes göttliches Licht.»

21. Welche Frucht ist für den Mitteleuropäer am gesündesten?

«Der Apfel.»

22. Sind Pilzgerichte gesund?

«Nein. Sie greifen Euer Nervenkleid an.»

23. Sind Quarzuhren schädlich?

«Ja, Quarzuhren sind sehr schädlich. Sie vermögen Euren Herzrhythmus erheblich zu stören.»

24. Sind Kleider aus Kunstfasern ungesund?

«Ja. Sie vermögen das energetische Gleichgewicht Eurer Seele und daher auch das Eures Körpers zu stören. Dies wird langfristig zu Krankheiten führen. Distanziert Euch bitte davon.»

25. Welche Faktoren sollten wir in bezug auf unseren Schlafplatz besonders beachten?

«In Euren Schlafzimmern solltet Ihr keine Fernsehgeräte oder Computerbildschirme aufstellen. Denn auch wenn sie abgeschaltet oder auf ‹Stand By› sind, senden diese Geräte ungute elektrische wie auch gedankliche Schwingungen aus. Achtet überhaupt darauf, daß keine elektrischen Geräte in der Nähe Eurer Schlafstätten stehen. Zudem sollte Eure Matratze nicht aus Federkern sein, denn dies macht Euch krank. Vermeidet ebenfalls Daunendecken und bezieht Euer Bett immer nur mit natürlichen Stoffen.»

26. Wie sehen Gedanken aus?

«Die Guten: wundervoll!»

27. Wie läßt sich die Medialität am besten entwickeln?

«Indem Du ein tugendhaftes Leben führst und weder Lügen noch Drogen, weder Neid, Streit, Geiz und Eifersucht noch sonst irgendeiner Untugend in Deinem Herzen Raum gibst. Kurz, indem Du versuchst, die bedingungslose Liebe zu leben.»

28. Darf ich als Geistheiler für meine Tätigkeit Geld verlangen?

«Nein. Die Gabe des Heilens ist ein Geschenk Gottes. Er verkauft diese Gabe nicht, und Dir gehört sie nicht. Ihr müßt wieder lernen, Euch zu verschenken.»

29. Gibt es unheilbare Krankheiten?

«Nein, es gibt keine unheilbaren Krankheiten, sondern nur unheilbare Patienten.»

30. Demnach sind auch Krebs und AIDS heilbar?

«Natürlich.»

31. Weshalb sind viele Menschen so anfällig auf Virus-Erkrankungen?

«Der Mensch nimmt immer nur jene Viren in sich auf, die in ihrer Schwingung mit den Belastungen seiner Seele und mit seiner Körperschwingung in Resonanz stehen.»

32. Wie zieht man ein krankmachendes Virus auf sich?

«Ungute Viren, Schädlinge, Bakterien, Pilze und andere Parasiten entstehen immer durch persönliches Fehlverhalten, also durch negatives Denken, Fühlen, Wünschen, Sprechen und Tun.»

33. Weshalb haben die einen Menschen so viel Glück und die anderen so viel Pech?

«Es existiert weder das, was Ihr ‹Glück› nennt, noch das, was Ihr ‹Pech› nennt. Es ist stets das Gesetz von Ursache und Wirkung, das tätig ist.»

34. Sind Abtreibungen statthaft?

«Nein. Abgetriebene Kinder sind sehr traurig, daß ihnen die Chance zur Weiterentwicklung verwehrt wird. Jährlich werden auf Eurer Erde rund 60 Millionen Kinder abgetrieben, die wir dann trösten müssen.»

35. Wenn Menschen von unguten Geistwesen «besetzt» sein können, kann dies auch bei Gegenständen der Fall sein?

«Ja. Oft sogar sind geerbte, belastete Gegenstände die Hauptursachen für Familienstreitigkeiten.»

36. Ist «Wahrsagen» für Gott ein Greuel, wie manchmal behauptet wird?

«Generell nicht, aber Lügen sind Ihm zutiefst zuwider.»

37. Ist Tantra, so wie es heute in der westlichen Esoterik-Szene praktiziert wird, ein nützlicher Weg zur Vergeistigung?

«Nein. Dieser Weg führt nach unten, nicht nach oben. Meidet ihn.»

38. Was geschieht bei einer weißmagischen «Partnerzusammenführung»?

«Solche Partnerzusammenführungen sind immer schwarze Magie.»

39. Welche Dinge bezeichnet die geistige Welt als Drogen?

«Alles, was Euch schwerfällt loszulassen.»

40. Was hält die geistige Welt von der modernen Kunst?

«Eure moderne Kunst ist – ebenso wie Eure moderne Musik – eine verzerrte Darstellung gewisser dämonischer Inspirationen und hat überhaupt nichts mehr mit der wahren, schöpferischen Kunst zu tun.»

41. Wieviele Universen gibt es?

«Es gibt für Euch zwölf Universen in der wunderbaren Schöpfung Gottes, wovon ein jedes einen anderen Schwerpunkt hat. So gibt es

ein Universum der Frauen (es ist das zweite), eines der Männer, eines der Wissenschaft usw. Die Erde ist der letzte Planet im letzten, dem zwölften Universum. Bei uns kennt man die Erde auch unter der Bezeichnung: ‹Kindergarten des Universums›. Dies deswegen, weil Ihr in allen Belangen noch sehr unterentwickelt seid.»

13. Kapitel

Gebete und Gedichte

Liebe Leserin und lieber Leser, bitte erlaube mir, daß ich zum Abschluß des «ersten Teiles» dieses Buches im vorliegenden Kapitel noch einige Gebete und Gedichte wiedergebe, die ich in den vergangenen Jahren niedergeschrieben habe.

Bitte achte beim Lesen nicht so sehr auf die literarische Qualität der Texte, sondern versuche die aufrichtigen Gefühle und ernsthaften Anliegen, die darin zum Ausdruck kommen, sowie meine innige Sehnsucht nach Gott und nach Seinem Licht und Seiner Liebe zu erkennen. Vielleicht bringen meine Worte ja auch in Dir die Saiten der Gottessehnsucht ein wenig zum Klingen. Dies jedenfalls ist mein Wunsch.

Mit diesem Kapitel endet nun auch mein Beitrag zum vorliegenden Buch. Das folgende und letzte Kapitel – es bildet sozusagen den «zweiten Teil» des Buches – enthält dann nicht mehr meine eigenen Worte, sondern unkommentierte Botschaften der Freunde des Lichts und von Jesus Christus. Im daran anschließenden Anhang wirst Du dann noch einige weitere nützliche Hinweise zu den hierin behandelten Themen finden. Zunächst jedoch zu den Gebeten und Gedichten:

Auferstehung und Vermählung mit Gott

(Ein Gebet)

Großer, ewiger, allmächtiger Gott! Wir sind dankbar, auch heute wiederum vor Dir knien zu dürfen. Du hast uns die Symbolsprache beigebracht, so sind wir uns darüber bewußt, daß diese Haltung der Knie Demut und Ergebenheit symbolisiert. Unser aufrechter Rücken zeugt von unserer Aufrichtigkeit gegenüber Dir und Deiner ganzen Schöpfung. Unsere gefalteten Hände drücken die Liebe aus, mit der wir Dich, Jesus Christus, aus ganzem Herzen verehren, anbeten und verherrlichen. Unsere geschlossenen Augen bezeugen, daß wir bereit sind, nach innen zu schauen. Ja, wir sind bereit, die Wahrheit voll und ganz anzunehmen, mit allen Gesetzen und Geboten. Wir sind bereit, unser Kreuz zu schultern und es auf Deinen Gottesberg zu tragen, um es Dir zu Füßen zu legen.

Wir sehen Dich nun, liebster Heiland, wie Du von Deinem Kreuze heruntersteigst, wie Du uns lossprichst von allen unseren Verfehlungen und wie Du uns alles verzeihst, was wir Dir angetan haben und immer noch antun durch unseren Ungehorsam und unseren Eigenwillen. Du reichst uns Deinen Kelch, aus dem wir nun andächtig und voller Ehrfurcht Deinen Geist in uns aufnehmen und uns mit Dir vermählen dürfen. Wir trinken ihn bis zum letzten Tropfen aus, damit wir durch Dein Liebesfeuer gereinigt werden und bereit sind, nun auch Deinen Leib in uns aufzunehmen. Du reichst ihn uns in Form einer makellos reinen, schneeweißen Hostie. Auf ihr leuchtet Dein heiliges, milde lächelndes Antlitz.

Du strahlst in uns hinein und versicherst uns, daß es nichts schöneres gibt, als mit Dir vereint zu sein. Du sagst, jedes Herzensgebet, das sich zu Dir emporschwingt, gleicht einer himmlischen Hochzeit zwischen Dir und uns. So fühlen wir uns nun ganz eins mit Dir und Deinem Kreuz, und wir danken Dir, daß wir zu Dir beten dürfen, daß wir für Dich wirken dürfen, daß wir für Dich leiden dürfen, und daß wir uns mit Dir freuen dürfen, wann immer sich wieder erneut eine Seele Deinem göttlichen Licht zuwendet.

Bitte lieber Gott, hilf allen Kranken, Leidenden und Verzweifelten, schenke ihnen Deine größte Gnade und – wenn es in Deinem Willen ist – heile sie alle. Wir danken Dir und wir lieben, loben, ehren und verherrlichen Dich, jetzt und bis in alle Ewigkeit. Amen.

Kleines Entschuldigungsgebet

Lieber Gott,
ich bereue, daß ich irgendwann Deine Liebe nicht nutzte
und vor langer Zeit Deinen Namen beschmutzte.

Ich bereue, lieber Gott, alle meine Fehler,
die mich auf diese Erde brachten,
ich bereue auch die Zeit, die ich verstreichen ließ,
ohne auf Dich zu achten.

Ich bereue alle meine Schwächen,
die Dich sicher schmerzen –
und bitte, bitte glaube mir,
es kommt von ganzem Herzen.
Amen.

Ein Gebet zum Ansporn

Deine Liebe,
Deine Güte,
Deine Barmherzigkeit
preise und lobe ich.

Dein Licht,
Dein Leben,
Dein Sein
dient als Richtschnur für mich.

Deine Gerechtigkeit,
Deine Allmacht,
Deine Stärke
sind mein Ansporn. Amen.

Die Wahrheit

Wahrheit ist die Ehre der Liebe,
Liebe ist die Klarheit des Herzens,

Klarheit ist das Licht der Seele,
Licht ist der Ausdruck des Geistes,

und Geist ist die Manifestation Gottes.

Laßt uns Licht sein

Laßt uns Licht sein,
laßt uns Frieden sein,
laßt uns beten für die Welt,
laßt uns singen für die Menschen,
laßt uns träumen mit den Kindern.

Laßt uns Licht sein,
laßt uns Frieden sein,
laßt uns träumen für die Welt,
laßt uns beten für die Menschen,
laßt uns singen mit den Kindern.

Laßt uns Kinder sein,
laßt uns singen, träumen und beten,
laßt uns Licht sein, danken und glauben,
segnen und hoffen,
so bleiben unsere Herzen für immer offen.

Das lachende Licht

Das Licht, das lacht,
das Freude macht,

ist in Dir verborgen.

Einmal gefunden, aufgelacht,
bist Du befreit von Leid und Sorgen.

Ein Dankesgebet

Innigst geliebter Heiland, ich danke Dir für Deine Gnade,
die Du uns schenkst in höchstem Grade.

Ich danke Dir für Deine Kraft
und dafür, daß ich nie leiden mußte,
so wie Du für uns gelitten hast.

«Lieber Gott», pflege ich Dich zu nennen,
ewig wirst Du in meinem Herzen brennen.

Ich danke Dir für Deine Liebe, die mich stets begleitet,
die meine Hände führt und meine Füße leitet.

Ich danke Dir für meinen Körper, der schon so vieles durchgelebt
und trotzdem niemals müde nach Deinen Himmeln strebt.

Ich danke Dir auch für Dein Licht,
das durch jedes Dunkel bricht,
das mich geführt hat bis zu Dir in Deine nächste Nähe.

Ich danke Dir für Deine Großzügigkeit mir gegenüber,
ich danke Dir für die Gefühle die ich haben darf,
wenn ich nur Deinen Namen höre.

Jesus Christus, der Du bist, das ist der schönste Name ...
Ich liebe Dich, ich liebe Dich im Namen Gottes. Amen.

Das folgende Gedicht ist für mich etwas ganz Spezielles, da ich, wie Du ja weißt, am 24. Dezember geboren wurde. Und genau 32 Jahre später hat mich die geistige Welt um 05.00 Uhr morgens geweckt und mich aufgefordert, folgende Zeilen niederzuschreiben. (Für die Astrologen unter Euch: Meine Geburtszeit war übrigens morgens um 08.00 Uhr in Zürich.)

Weihnacht

Weihnacht, ja das war einmal,
vom Himmel her
ein Sternen-Strahl.

Mein Herz berührte dies so tief,
weil an jenem Tage
ich zum ersten Mal auf Erden schlief.

Tief berührt und auch verbunden
habe ich dadurch zu Gott gefunden.

Geboren zu werden in einer Zeit,
wo die Liebe sich zur Erde neigt,
dies ist doch wahrlich eine Gnade,
und sie begleitet mich seit jenem Tage.

Als wollte Gott mir damit sagen:
«Du darfst an meinem Kreuze tragen.»
Weihnacht, ja das war einmal,
vom Himmel her
ein Sonnen-Strahl.

Die Liebe kam in jener Zeit,
als die Menschen sich verirrten.
Sie entfernten sich gar allzu weit
von der Lehre dieses Hirten,
dem diese Tage sind geweiht.

In jenen Tagen bin auch ich geboren,
wollte ER mir vielleicht sagen:
«Mein Sohn, du bist verloren!»?

Oder hatte ER damit gemeint:
«Ab heute erst sind wir vereint!»?

Erst als bewußt ich dann erkannte,
wessen Liebe in mir brannte,
war ich würdig zu erfassen,
was wir auf Erden tun und lassen.

Weihnacht, ja das war einmal,
vom Himmel her
ein Liebes-Strahl.

Ein Liebes-Strahl, der Licht gebracht
in viele, viele Herzen,
der alles Leid zur Freud' gemacht
und lindert alle Schmerzen.

«Jesus Christus ward geboren»,
schallte es in manchen Ohren.
«Freut Euch all' ihr Christenheit und hört auf SEINE Lehre»,
tönte es im ganzen All, «... und erweist IHM alle Ehre!»

Und «alle Ehre», so sagt uns die Geschichte,
erwiesen wir IHM bei Gerichte.
«Kreuzigt IHN!», haben wir geschrien
... und leise hat er uns verziehen.

Und auch heute, leise, leise spricht noch SEINE Stimme:
«Lebet doch», so sagt sie uns, «bitte stets in MEINEM Sinne.»

Zum Abschluß dieses Kapitels möchte ich gerne noch folgende kleine Geschichte mit Dir teilen, die zu meinen Lieblingsgleichnissen gehört:

Der Adler im Hühnerstall

Ein Mann fand einst ein Adlerei und legte es in das Nest einer brütenden Henne. Der junge Adler schlüpfte mit den Küken aus und wuchs mit diesen auf.

Sein ganzes Leben lang benahm sich der Adler wie ein Huhn, denn er war sich seiner wahren Herkunft nicht bewußt. Er scharrte mit den Hühnern im Hinterhof und auf dem Miststock und schlief des Nachts auf einem Bein stehend. Nur das Eierlegen wollte ihm nicht so ganz gelingen.

Jahre vergingen, und der Adler wurde alt. Eines Tages sah er einen herrlichen Vogel mit weit ausgebreiteten Schwingen hoch über dem Hühnerstall dahingleiten. Voller Bewunderung schaute ihm der alte Adler nach und fragte den Gockel, der gerade vorbeistolzierte: «Wer ist das?»

«Ach, das ist der Adler, der König der Lüfte», erklärte der Hahn. «Doch kümmere dich nicht weiter darum, denn du und ich, wir sind von anderer Art.» Leider befolgt der dumme Adler diesen Ratschlag des Gockels und dachte nicht mehr an diesen Vogel. So starb er schließlich in dem festen Glauben, ein Huhn im Hinterhof zu sein.

14. Kapitel

Botschaften von den Freunden des Lichts

Liebe Leserin und lieber Leser, wie Du inzwischen weißt, erhalte ich seit einigen Jahren immer wieder (manchmal sogar täglich) geistige Botschaften von den Freunden des Lichts und von Jesus Christus. Es ist mein Wunsch, sie alle – so Gott will! – im Laufe der Zeit einer breiteren Öffentlichkeit zugänglich zu machen. Für den Anfang möchte ich im vorliegenden Kapitel die ersten zehn Durchgaben, die ich zwischen dem Sommer 1994 und dem Januar 1995 empfangen habe, in leicht gekürzter Fassung mit Dir teilen.

Wie bereits erwähnt, bildet dieses abschließende Kapitel sozusagen den «zweiten Teil» dieses Buches, der nun nicht mehr meine eigenen Worte enthält. Mögen diese Botschaften Dein Herz erfreuen, Dein Bewußtsein erweitern und Deine Liebe ins Unendliche ausdehnen! Amen.

«Gott wird Euch vergolden!»

(1. Botschaft vom 4. August 1994)

[Christus sprach:] «Warum komme ich heute persönlich in Eure Mitte? Warum sende ich nicht irgendeinen anderen Engel, ein anderes Lichtwesen oder einen Freund des Lichts, Euren Geistführer oder sonst einen Begleiter? Warum? Weil Ihr mich beschenkt habt!

Weil Ihr Euch überwunden habt! Weil Ihr mir Eure Liebe zeigt mit dem heutigen Abend, mit dem Zusammensein im Geist und dem Zusammensein im Fleische!

Auch Gott weiß, daß es heute auf der Erde warm ist und daß es viel schöner wäre draußen in der Natur. Und doch schwitzt Ihr hier in diesem Raume für mich, denn es ist meine Liebe, mein Feuer, meine Kraft, die in Euch diese Hitze verursacht. Sie scheint sehr wohl von außen zu kommen, doch die Sehnsucht in Euch ist das eigentliche Feuer. Und mit jedem Schweißtröpfchen schaffe ich Blockaden, Krankheiten und Unpäßlichkeiten aus Euch heraus.

Doch eines möchte ich Euch heute Abend ganz fest ans Herz legen: Ich sehe, daß viele von Euch immer noch in der Vergangenheit leben. Alle Ängste, alle Nöte, alle Krankheiten und Sorgen liegen in der Vergangenheit! Gott jedoch ist die Gegenwart, die Allgegenwart. Genauso, wie das Licht auch immer nur in der Gegenwart ist, könnt Ihr augenblicklich gesund und befreit werden von allen Sorgen und Nöten, wenn Ihr in der Gegenwart lebt.

Wenn Ihr mit mir zusammen in der Gegenwart seid, wenn Ihr alles, was vorbei ist, verzeiht und vergeßt, wenn Ihr alles begleicht, was Euch von gestern noch beschäftigt, dann seid Ihr frei in der Gegenwart. Und dann komme ich gerne und augenblicklich in jedes Herz und vom Herzen in Euer Bewußtsein hinein. Und somit fängt für Euch das wahre Leben an.

Niemand, der im Ärger der Vergangenheit lebt, kann in der Liebe der Gegenwart sein und im Licht! Laß also alles los, was Dich zurückhält und was Dich bindet, und komme zu mir! Mir mußt Du nicht sagen, wie schwer das sei, mußte ich es doch selbst überwinden und habe da schon gesagt: Was ich konnte, das könnt Ihr auch!

Jetzt ist die Zeit, wo ich meine Fischlein zusammenrufe, wo ich meine Kinder gruppiere, forme und plaziere. Und auch Du gehörst dazu, in meinem Plan, wenn Du möchtest. Denn auch Du gehörst zu den geöffneten und bewußten Kindern in meiner Schöpfung. [Mit ‹Du› ist jeder gemeint, der diese Botschaft liest.]

Nimmst Du Deinen Auftrag an, mir zu dienen, den Menschen mein Licht und meine Liebe zu verschenken, ihnen Heil und Trost zu bringen, so wie ich Dir? Ich höre Deine Antwort im Herzen und ich bin Dir dankbar dafür. Und auch ich weiß, daß kein Mensch vollkommen ist. Und ich sage Dir: Alles ist möglich, wenn Du Dich öffnest in der Liebe, so, wie es Dir jetzt gerade möglich ist. Und alles, was Dir noch fehlt, gebe ich Dir dazu.

Es ist heute, an diesem Donnerstag, der erste Abend, an dem für Euch und Gleichgesinnte in der geistigen Welt ein neuer Plan im großen Weg beginnt. Wann immer Ihr Euch versammelt, sind hunderte von geistigen Wesen dabei, und es werden ihrer immer mehr.

Und fragt Euch selbst, tief im Herzen, wenn Ihr alleine seid: Möchte ich den Weg gehen, mit anderen zusammen ein Licht entstehen lassen, das genährt wird aus Gott? Möchte ich ein Sonnenstrahl und wahrhaftig ein Lichtkanal sein für die ganze Schöpfung?

Niemand muß fürchten, nicht seinen eigenen Weg gehen zu können! Denn Gott hat jeden Weg geschaffen, denn jeder Weg ist ein Lichtweg, wenn Du bewußt dazu ja sagst, wenn Du Dich nicht mehr drückst vor der Entscheidung. Es braucht nur ein ‹Ja› in Deinem Herzen, und ich werde Dein Leben verändern, wie Du es Dir erträumst: frei von Leid, frei von Schmerz, frei von Not und Sorgen. Denn ich muß Dich befreien, wenn Du ja sagst.

Dann trägst Du mit für die andern und dann nehme ich Deine Last und schicke Dich auf den Weg, gestärkt und mit freien Händen. Dann wirst Du meine Werke verrichten, meine Worte sprechen, meine Gedanken denken und meinen Weg gehen, denn dann sind Du und ich in Liebe eins...»

An dieser Stelle konnte ich leider die Energie nicht mehr halten. Ich durfte jedoch sehen, wie die Anwesenden Zeichen bekamen, wie eine Art geistige «Ausweise». Dann ging die Christusenergie fort, und es kam ein anderer Mentor, einer von den Freunden des Lichts. Er erklärte, daß in dem Moment, da man unharmonische Gedanken habe oder Zweifel entstünden, wir die Ebene der Liebe verlassen und die Verbindung unterbrechen würden.

Dies mag für jeden ein Anhaltspunkt sein, der jetzt in sich die Mühe gespürt hat, vom Denken wegzugehen und längere Zeit im Herzen zu verbleiben. Wir alle sind aufgefordert, diesbezüglich an uns zu arbeiten und uns immer mehr zu verbessern, denn es gibt Momente – so sagt die geistige Welt –, in denen uns das Denken nicht vorwärtsbringt, in denen uns die Logik nicht weiterhilft, in denen uns unsere intellektuellen Vorstellungen einschränken und behindern.

[Die Freunde des Lichts fuhren fort:] «... Und so sind wir aus der geistigen Welt immer bestrebt ‹neue› offene Herzen zu finden, um einen Kern zu bilden, der sich geistig und materiell über die Erde ausdehnen, Verbindungen vom Himmel zur Erde schaffen und uns helfen wird, alles zu lösen, was gebunden ist.

Ihr alle seid schon vor langer Zeit Lichtarbeiter gewesen, und jetzt findet Ihr wieder zurück zu eurer Familie. Zögert nicht, kommt mit! Jetzt ist die neue Zeit. Sagt also ‹ja› – nicht nur zu Gott, sondern auch zu Euch selbst, nicht nur zum Licht im Geiste, sondern auch zur gelebten Liebe, zum gelebten Verständnis, zur gelebten Toleranz und zum gelebten Miteinander, Füreinander und dazu, daß Ihr dies alles im kleinen Kreise bei Euch zu Hause, bei der Arbeit, in der Familie verwirklichen möchtet!

Dann werden wir um Gott einen immer größeren Kreis bilden dürfen, und wir werden immer mehr Lichtwesen an Deine Seite stellen, so daß Du selbst ein Zentrum sein wirst. Und wir werden Dir Schüler und Suchende senden, damit sich Deine Liebe und Deine Sehnsucht ausdehnen und verbreiten kann und damit das wahr wird, was Ihr am Anfang gesehen habt von dieser Erde: daß sie ein leuchtender Stern, ein Edelstein im Weltall sein kann! Doch dazu braucht es jedes einzelne Eurer Herzen. So zweifelt nicht mehr und geht Euren Weg, den geistigen Weg!

Nun, für heute habt Ihr lange genug geschwitzt. Gott wird es Euch danken in einer Fülle und in einem Maß, wie es für Euch nicht abschätzbar ist. Denn was Ihr gebt, das wird Euch hundertfach vergolten. Vergolten und vergoldet! Ja, Ihr werdet von Gott vergoldet werden, Eure Aura wird vor Gold und Silber nur so strahlen, und jedes Lichtwesen und jeder Engel wird Euch erkennen als Lichtarbeiter auf dem Plan. So werdet Ihr zurückkehren in die Familie, in der es heißt: Einer für alle, und alle für Einen! Amen.»

«Du sollst nicht streiten!»

(2. Botschaft vom 1. September 1994)

[Die Freunde des Lichts sprachen:] «Lieber Freund, liebe Freundin, liebes Kind und Schüler, sei willkommen in der geistigen Gemeinschaft, in der grenzenlosen unendlichen Verbundenheit, in der großen Familie der Freunde des Lichts! Es sei Dir bewußt, daß die Freunde des Lichts aus unendlich vielen Gruppen bestehen und Menschen aus unendlich vielen verschiedenen Glaubensrichtungen beinhalten. Niemals wird jemand vom Lichte ausgeschlossen, es sei denn, er schließt sich selber aus.

Du hast heute den Weg, den aufwendigen Weg der Treppe, empor zu uns bestiegen. Denn Du weißt: Wer gibt, wer sich anstrengt, wer Liebe hat, der bekommt sie auch zurück. Du meditierst und arbeitest an Dir, und wir haben schon einige Male erwähnt, daß der schnellste Weg und die stärkste Kraft von allen das Gebet ist.

Jetzt frage Dich selbst: Wie oft dringen Gebete aus Deinem tiefsten Herzensgrund zu uns ans Licht, in die höchsten himmlischen Welten? Ja, oft vermissen wir Dich, oft bist Du in Streit und Zank verwickelt und in Deine irdischen Sorgen. In solchen Zeiten vermissen wir Dich, vermissen wir Dein Licht, Deine Liebe, Deine guten Gedanken und Deine Unterstützung!

So haben wir beschlossen, Euch heute Abend das größte Gebet in Erinnerung zu rufen, das es jemals gegeben hat und das es jemals geben wird. Hört mit Euren geistigen Ohren gut zu; verfolgt mit Euren geistigen Augen die Bilder dazu, und fühlt mit Eurem geistigen Herzen den Sinn. Denn wenn man etwas bereits zu kennen vermeint, besteht die große Gefahr darin, daß man nicht mehr aufmerksam ist. So seid also bitte alle aufmerksam, wenn wir Euch nun das größte Gebet, die stärkste Kraft und den schnellsten Weg ins Licht nennen, und betet gemeinsam mit uns in Euren Herzen:

‹Unser Vater, der Du bist! Dein Reich komme, Dein Wille geschehe auf Erden wie im Himmel! Geheiligt werde Dein Name! Dein Wille geschehe!› *(‹Dein Wille geschehe!› kann man nicht oft genug wiederholen, denn dies ist die Übergabe an das göttliche Sein.)*

‹Gib uns heute unser täglich Brot und vergib uns unsere Schulden, wie auch wir vergeben unseren Schuldnern; und führe uns in der Versuchung und erlöse uns von dem Übel. Denn Dein ist das Reich, die Kraft und die Herrlichkeit in Ewigkeit! Amen.›

Bemerkt bitte folgende Punkte: Es heißt: ‹Unser Vater›; es heißt nicht ‹Herr› und nicht ‹mein›. Dadurch soll die Einheit ausgedrückt werden, in der wir alle gemeinsam sind. Und wisset auch: Der ‹Himmel›, also der Wohnsitz Gottes, des Vaters, ist in Eurem Herzen drinnen zu finden und nicht außerhalb.

‹Geheiligt werde Dein Name!› heißt: Heilig ist der Geist in Euch, denn er ist Gott!

‹Vergib uns unsere Schulden, wie auch wir vergeben unseren Schuldnern›: Damit wird betont, daß Euch in genau gleichem Masse vergeben und verziehen wird, wie auch Ihr verzeiht. Fragt Euch selbst: Wie habe ich verziehen, aus tiefstem Herzen oder nur aus Zwang oder nur weil ich weiß, daß es verlangt wird? So wie Du vergibst, so wird auch Dir vergeben werden. So wie Du bittest, so wird Dir geschenkt werden. Auch bedenkt immer, zu wem Ihr betet:

zu Gott, dem allmächtigen Schöpfer, dem Vater, Bruder, Begleiter, Beschützer und Führer.

‹Führe uns in der Versuchung›: Führe uns so, daß wir nicht stolpern. Du bist unser Begleiter für alle Zeit.

Außerdem wißt Ihr auch um die zehn Gebote. Doch laßt Euch gesagt sein: Es sind viel mehr. Doch der große Geist, unser Himmlischer Vater, wird Euch immer nur soviel zumuten, wie Ihr gerade bewältigen könnt. Mit diesem kleinen Gebet wird Euch die größte Kraft verliehen, um alle Hindernisse zu überwinden, um alle Sorgen unbeschadet zu durchleben und um Euren Mitmenschen zu helfen und ihnen Heilung zu geben, ihnen Liebe, Zuversicht und Trost zu spenden. Es muß jedoch von Euch selbst, aus Eurem tiefsten Herzen kommen, das Bedürfnis und die Sehnsucht, für einen anderen zu bitten und für die anderen zu danken, für die anderen zu lachen und für die anderen zu weinen. ...

So schenken wir Dir, lieber Schüler auf dem lichtvollen Weg, nun ein neues Mantram. Wiederhole es, so oft Du kannst. Es heißt: ‹GOTT, DEIN WILLE GESCHEHE!›

Möge Dein Herz rufen: ‹O Allmächtiger Schöpfer, All-Liebe, All-Licht, All-Macht, bitte nimm mich als Dein Werkzeug, öffne Du mein Herz, nimm Du alles weg von mir, was disharmonisch und beschattet ist! Bitte laß mich Dein Werkzeug sein, Dein Kanal und Deine Sonne! Laß das Licht aus mir herausstrahlen in die Welt, laß mich Heiler sein, laß mich Tröster sein! Großer Gott, ich gehe auf die Knie vor Dir, denn in meinem Herzen bin ich so klein angesichts Deiner Größe. Bitte nimm Du mich ganz in Dein Herz auf und laß mich strahlen wie Du, laß mich denken wie Du, laß mich fühlen wie Du, laß mich sein ganz wie Du, denn Du weißt, es ist mein Wunsch und meine Sehnsucht, nur noch Liebe zu sein. Ich möchte nichts anderes sein, denn ich bin mir bewußt, daß Du mein ganzes Sein bist, mein ganzes Wesen, mein ganzes Leben, jeder meiner Atemzüge, jeder meiner Pulsschläge.

Wie konnte ich dies nur jemals vergessen?
Mögest Du mir jede Sekunde gegenwärtig sein!
Mögest Du, wenn meine Augen sich schließen,
sie wieder öffnen!
Mögest Du, wenn mein Herz sich schließt,
es wieder öffnen!
Mögest Du meine Hände führen, meine Füße leiten,
mich führen, schützen und begleiten,
so daß ich nicht mehr vom Weg abkomme,
so daß ich ganz Deines Willens bin!
O allmächtiger Schöpfer, DEIN WILLE GESCHEHE!›

Lieber Freund, liebes Kind des Lichts, denke bitte nach über diese unsere Worte! Spürst Du die Kraft? Spürst Du die Sehnsucht und die Liebe? Ich in Dir und Du in mir! Alle für Einen, und Einer für alle! Dies rufe ich Dir wieder ins Gedächtnis: Gott ist für alle da, und Ihr alle seid für Gott da! Dies ist die unumstößliche universelle Wahrheit, denn außerhalb von Gott existiert nichts, denn Gott ist alles!

Nimm also die Kraft, die Sehnsucht und die Liebe mit auf Deinen Weg. Wir freuen uns, Dir immer wieder an vielen verschiedenen Orten begegnen zu dürfen, jedoch immer nur dort, wo Ruhe und Einheit und Friede ist. Denn das elfte Gebot lautet: ***‹Du sollst nicht streiten!›****.*

Wir sind die Regenten der kosmischen Strahlen. Alle Farben und alles Wissen sind hier vertreten, jeder Ton und jeder Klang und jeder Mensch. So bist auch Du jederzeit willkommen bei uns. Eintritt wird gewährt für ein offenes Herz, Sehnsucht nach Gott und Freude am Leben.

So kehre nun zurück in Deinen Alltag und lehre Deine Mitmenschen – Deine Freunde, Verwandten und Bekannten –, den rechten Weg zu finden. Hilf all jenen, die noch suchen und irren auf dem Weg. Du hast Deinen Weg jetzt gefunden; gehe also diesen Weg geradewegs zu seinem Ziele. Suche nicht mehr nach neuen Wegen, sondern freue Dich, daß Du jetzt auf dem für Dich richtigen Wege bist, der Dich geradewegs ins göttliche Herz führt. ‹DEIN WILLE GESCHEHE›, dies möge Euer Mantram sein, jetzt und bis in alle Ewigkeit. Amen.»

«Du sollst verzeihen!»

(3. Botschaft vom 15. September 1994)

[Christus sprach:] «Kommet her zu mir alle, die Ihr mühselig und beladen seid! Gebt mir alle Eure Lasten, denn ich bin es, der die Lasten in Euch trägt! Ich bin die absolute Liebe; ich bin nicht nur der Weg, nicht nur die Wahrheit, sondern das Leben in Euch allen. Ja, ich bin Euer Herz, ich bin Euer Atem, ich bin Euer ganzes Sein! Wißt Ihr das? Spürt Ihr das? Möchtet Ihr das?

Ja, ich höre in Eure Herzen hinein. Jedes Gespräch, das Ihr mit mir führt, jeder Gedanke, den Ihr mit mir teilt, ist gesegnet! So möchte ich auch heute sagen:

Gesegnet sind jene, die Gutes denken!
Gesegnet sind jene, die liebevolle Worte sprechen!
Gesegnet sind jene, die reine Gefühle tragen!
Gesegnet sind jene, die liebevolle Werke verrichten
in meinem Namen, in meiner Liebe und in meinem Lichte!

Wenn der Strudel der Welt Euch hinunterzieht und Euch schwindlig macht, dann richtet Eure Augen empor zu mir und schenkt mir wieder Euer ganzes Sein, Euer Herz und Eure Liebe, ja selbst Euren Willen. Ich bitte darum, denn ich möchte alles von Euch. Ich bin nicht zufrieden nur mit einem kleinen Teil, nein, alles möchte ich von Dir wieder in mir spüren.

So erinnere ich Euch an das Mantram, das Ihr beim letzten Mal empfangen habt und das da heißt: ‹DEIN WILLE GESCHEHE!›

Jetzt frage Dich selbst, mein Kind: Wie oft hast Du meinen Willen statt Deinem gelebt!? So möchte ich Dich und Euch alle ermuntern, alles zu bereinigen, alles zu klären und alles wieder zu verbinden, was Ihr getrennt habt.

Gesegnet sind all jene, die verzeihen; gesegnet sind all jene, die vergeben und sich demütig in den Dienst des Nächsten stellen können. Jedoch ganz besonders gesegnet seid Ihr, die Ihr alle bereits soweit gereift seid, mein Licht in Euch zu verspüren und meine Stimme in Euch zu vernehmen. Ja, Ihr seid bereits soweit gereift, daß Ihr mir dienen möchtet.

Ich danke Euch! Ich danke Euch! Ich danke Euch! Denn es ist so schwer, in Eurer Welt lichtvolle Herzen zu finden. Ich danke Euch, daß Ihr Euch selbst wieder mit mir verbinden wollt. Ich bitte Euch nochmals: Gebt mir alles, was Euch belastet! Legt alles auf meinen Altar, legt alles in mein Herz, und ich kann Euch versichern, es gibt keinen Schmerz, den Ihr nicht ertragen könnt mit mir! Es gibt kein Problem, das Ihr nicht lösen könnt mit mir! Es gibt keine Krankheit, die Ihr nicht heilen könnt mit mir! Doch es gibt auch keine Bewegung, die Ihr tun könnt ohne mich!

So ruft dies in die Welt und in die Menschheit hinaus! Zeugt von meiner Liebe! Zeugt von meiner Freude an allen meinen Kindern und zeugt von meiner Führung, denn Ihr seid erwacht und haltet meine Hände, und ich führe Euch unbeschadet durch alle Welten. Und glaubt nicht, der schwierigste Kampf sei in der Welt, nein: er ist in Eurem Bewußtsein, in Euren Gedanken! Der Kampf spielt sich ab in Eurer Mentalität, denn Eure Mentalität bestimmt darüber, wo Ihr Euch geistig befindet. Eure jeweilige mentale Kraft wird also stets jener Stufe entsprechen, auf der Ihr Euch gerade befindet. Versteht Ihr, was ich meine, was ich damit sagen möchte?

Niemals kann ein Mensch mich mit dem Kopf verstehen. Ihr wißt das. Nur mit dem Herzen kann ich begriffen werden, denn ich spreche nicht die Sprache des Intellektes und der Wissenschaft, sondern des Herzes und der Liebe. Dies ist die einzige Sprache und die einzige

Stimme, die in allen Menschen die gleiche ist. Selbst in allen Tieren und Pflanzen spreche ich mit der gleichen Sprache wie mit Euch. So seid verbunden mit mir, und Ihr kommuniziert dadurch mit der ganzen Schöpfung.

Für all diejenigen unter Euch, die sich dem Heilen zugewandt haben und noch zuwenden werden, möchte ich sagen: Bevor Ihr eine Verbindung mit dem Nächsten eingeht, schafft erst die Verbindung mit mir! Denn nur so habt Ihr die Gewähr, daß Ihr nichts übernehmt, was zu schwer ist für Euch. Und an jedem Abend übergebt mir jeweils alles wieder neu.

Söhne und Töchter der Erde, ich rufe Euch, ich bitte Euch, ja ich flehe Euch an, immer in der Liebe zu bleiben. Jeder Schritt, jeder Gedanke, jedes Wort, das nicht in Liebe ist, ist ein Schritt weg von mir. Und ich habe solch eine Sehnsucht nach Euch!

Liebes Kind, Du weißt doch: In mir hast Du alles, was Du brauchst. Es gibt für Dich kein größeres Glück zu empfinden, als Deine Heimat wieder in mir zu finden. Kind, himmlisches Kind, ich warte ja, ich warte schon seit Ewigkeiten. Dies fällt mir jetzt schwer, und ich möchte nicht mehr warten.

So rufe ich Euch auch heute wieder zu: Kommt doch alle her und übergebt mir alles, was Euch belastet! Ich möchte Euch alles verzeihen, alles vergeben, alles vergessen. Wenn ich den Ruf Eures Herzens vernehme, wann immer Ihr bittet um meine Gegenwart, dann bin ich da, augenblicklich. Wann immer Ihr bittet um meine Hilfe, dann helfe ich. Wann immer Ihr bittet und Euch sehnet nach meiner Liebe, dann schenke ich sie Euch.

Und auch ich bitte um die Liebe der Welt. Ihr sollt für mich die größten Lichtbringer werden, bis Ihr alle eines Tages zurück in meiner Liebe seid, frei von allen Grenzen und Begrenzungen, frei von allem Zweifel, frei von allem Ja und Nein, frei von allen Mustern und frei von allem Denken. Denn wenn Ihr die Welt, wenn Ihr Gott verstehen möchtet, dann geht dies nicht mit Denken, sondern nur mit Fühlen, mit Spüren, mit Liebe. Denn Ihr wißt ja: Ich bin die Liebe.

Und wenn ich mich mit meiner Schwingung zu Euch schwinge, dann bin ich der Träger von allen Engeln und Lichtwesen, die zu Euch den Weg finden wollen, die ich an Eure Seite gestellt habe für Schutz und Begleitung, für Heil und Führung.

Alles, ob gut oder schlecht, braucht eine Trägerschwingung, um zu Euch zu kommen. So leuchtet es Euch sicher ein, daß alle irdischen elektrischen Schwingungen niedere Träger sind, auch Träger sind von Krankheiten und Keimen, die Ihr nur umgehen könnt, wenn Ihr Euch von meiner Herzensschwingung tragen läßt, wenn Ihr um den Beistand meiner Engel und Lichtwesen bittet und wenn Ihr innig und tief in Euren Herzen Euer Mantram singt: ‹DEIN WILLE GESCHEHE, DEIN WILLE GESCHEHE!› Amen.

Ich weine mit Dir jede Träne, die Du vergießt; ich fühle mit Dir jeden Schmerz, den Du empfindest, und ich lebe mit Dir, in Dir, neben Dir, oberhalb und unterhalb von Dir, denn ich bin überall.

Ganz besonders wirket in nächster Nähe: in Eurer Familie, bei Euren Freunden, bei Euren Verwandten und Bekannten, bei allen Arbeitskollegen und Mitbewohnern! Denn Ihr wißt ja: Wer vor seiner eigenen Türe kehrt, der hat keine Zeit, um bei andern nach Schmutz zu suchen. So schaut also stets auf Euch, geht Eure Schritte bewußt, zögert und zweifelt nicht mehr. Geht direkt und zielstrebig den Weg der Liebe, denn dies ist mein Weg.

So möchte ich Euch für heute wieder verlassen, indem ich Euch erkläre: Wenn ich Euch verlasse, dann gehe ich nicht eigentlich weg von Euch, sondern nur tiefer hinein in Euch. Denn die Treppe, die Ihr am Anfang gesehen habt, führt in Euer Herz, und ich komme immer mehr zu Euch hinunter und gehe immer tiefer in Euch hinein. Seht dies so, dann werdet Ihr mich in Euch finden, dann spürt Ihr mich in Euch und braucht nicht mehr in die Weite zu gehen. Wie Euer Sprichwort so treffend sagt: ‹Das Gute liegt so nah!›. So ist es, so ist es, so ist es. So ist es ganz bestimmt.

Ich gebe Euch auch heute zum Abschluß ein weiteres Gebot. Ihr erinnert Euch an das letzte Mal, da ich Euch als elftes Gebot ans

Herz gelegt habe: ‹Du sollt nicht streiten!›. So gebe ich Euch heute ein zwölftes, das da heißt: ***‹Du sollst verzeihen!›****.*

Werdet Euch bewußt, wieviel Ihr ausrichten und erreichen könnt mit diesem zwölften Gebot! Und seid Euch bewußt, daß es ab jetzt bei allen weiteren Geboten, die ich Euch noch geben werde, nicht mehr heißen wird: ‹Du sollst nicht ...›. Denn jetzt ist die neue Zeit des Lichtes gekommen, die Zeit, da ich Euch die Wahrheit bringen werde und sagen kann, was Ihr sollt! So ist es auch Sein Wille, der Wille von meinem allmächtigen Schöpfer-Vater, der auch der Eurige ist. So ist es auch mein Mantram, wenn ich sage: ‹DEIN WILLE GESCHEHE!›. Amen, meine geliebten Herzenskinder, Amen, Amen.»

«Vertraue in Gott!»

(4. Botschaft vom 16. Oktober 1994)

[Die Freunde des Lichts sprachen:] «Danke, danke liebe Erdengeschwister, Lichtfreunde, Kinder Gottes. Wir heißen Euch ganz herzlich willkommen in unserer Dimension – denn die meisten von Euch haben sich mit Ihrer Liebe zu uns emporgeschwungen, in die Sphären des Lichtes und der Bruderschaft.

Wir werden sehr häufig von Euch als ‹Außerirdische› bezeichnet, jedoch fühlen wir uns als Lichtfreunde, als Eure Geschwister, ja als Eure Diener. Jene, die es wollen, mögen unsere Hilfe empfangen, unsere Liebe spüren und unser Gottvertrauen übernehmen. Ihr sprecht von Licht, jedoch was ist Licht?

Licht ist das Bewußtsein Gottes,
Licht ist der Ausdruck Gottes,
Licht ist die Manifestation der Liebe,
Licht ist vergeben, vergessen, verzeihen allen Leides,
Licht ist nur Freude,

Licht ist nur Glück,
Licht ist nur Gesundheit, ja,
Licht ist für uns die Vollkommenheit, wie Ihr ja wißt,
die Vollkommenheit Gottes in Euch.

Wir haben Euch alle heute Abend hierhergeführt und begleitet, und wir befinden uns nun direkt über diesem Hause, viele Kilometer entfernt, würdet Ihr sagen. Doch wisset: Entfernung gibt es nicht. Entfernung ist ebenso eine Illusion, wie Leid, Schmerz und Pein es sind. Es gibt sie nicht, so Ihr in der Liebe lebt, im Bewußtsein des Lichtes, im höchsten Christusbewußtsein, welches nur Licht ist, nur Liebe, Vertrauen und Verstehen.

Wir dürfen Euch heute beglückwünschen. Wir sehen mit Freude, wie gut Ihr Euch entwickelt, wie ernsthaft und wahrhaftig bestrebt Ihr seid, die Liebe in Euch zu entfalten und sie allen Menschen, Tieren und Geschöpfen zu geben. Wahrhaftig ist dies die Freude Gottes an Euch. Und so Ihr dies weiterhin tut, so seid Ihr offen für die Allmacht und Schöpferkraft.

Eine jede gute Tat, liebe Freunde und liebe Geschwister, bringt Licht in Euch, in Euer ganzes Sein hinein, Hilft Euch in der Schwingung empor zum Licht und entwickelt in Euch die Heilkraft und die Hellsicht. Es ist nicht schwierig, dies zu erlangen, und es ist genau dieser Weg, den Ihr jetzt geht, der Euch dazu führt.

Aufs herzlichste willkommen heißen wir auch all jene, die zum ersten Male in diesem Kreise sind. Wisset: Gott ist bei jedem einzelnen von Euch, Tag und Nacht. Er spricht in Euch mit Euren Gedanken, Er fühlt in Euch mit Euren Herzen, Er geht in Euch mit Euren Füßen und Er handelt in Euch mit Euren Händen – wenn Ihr es wollt, wenn Ihr Ihm Tür und Tor öffnet, um bei Euch zu sein.

Ihr werdet verstehen, daß ein Gott der Liebe niemals mit Gewalt in Euren Tempel einbricht. Oh nein! Ebenso könnt auch Ihr die Türen nicht mit Gewalt zum Öffnen, zur Öffnung zwingen. Bei Gott geht alles leise, zart und langsam vor sich. Denn im Gegensatz zu Euch

Menschen ist Gott nie in Eile. Und auch wir sind nie in Eile, denn wir Reisen in den Sphären des Lichtes mit der Geschwindigkeit der Liebe. So ist es uns möglich, im Nu überall zu sein.

Vermehrt werden wir uns nun den Erdenbewohnern zeigen, um ihnen bewußt zu machen, daß sie nicht alleine sind, um ihnen Beweise zu geben und ihnen zu helfen, die Öffnung zu vollbringen, welche eine Öffnung nicht für uns, für Meister, für Lehrer und dergleichen sind, sondern Öffnungen für unseren Schöpfer und für die ganze Schöpfung, auf daß auch Ihr keine Unterschiede macht, wen Ihr liebt und warum. Seht doch: Es gibt keine Unterschiede. Alle Unterschiede sind bloß Illusionen, sind bloß scheinbar, so wie die Trennung von Euch zu uns, von uns zu Gott, von Gott zu Euch. Es gibt sie nicht! Denn die Wahrheit ist die Einheit, die Wahrheit ist das Licht, ist die Liebe und das Verbundensein, niemals die Trennung, nie der Schmerz, nie die Pein.

Gottes Wunsch ist es, daß Ihr immer glücklich sein sollt, damit Ihr genügend Kraft und Freude besitzt, Ihn zu preisen, zu loben und zu ehren und Seine Liebe zu verströmen und sie allen zu geben – jenen, die sie benötigen, und ebenso jenen, die sie nicht benötigen.

Ja, so einfach ist die Wahrheit zu finden. Ein jeder kennt sie, doch nur wenige leben danach. Doch dies zu sehen ist unsere Freude, und deshalb sind wir bei Euch, weil wir sehen, daß Eure Herzen glühen, daß sie strahlen und leuchten, weit in den Himmel hinein. Und die höheren Wesen können Euch sehen, können Euch hören und können Euch helfen. Denn mit diesem Licht gebt Ihr das Signal: ‹Hier bin ich!›, ruft Ihr uns zu, ‹kommt zu uns, helft uns, führt uns, inspiriert uns!› Dies will dieses Euer Herzenslicht uns sagen.

Wie Ihr ja wißt, verstehen wir die Sprache der Liebe, die keine Worte benötigt, keine Gesten, keine Schrift, gar nichts. Denn Licht ist nur Gefühl, und dies ist der Grund, weshalb es kein Wesen gibt, das keine Gefühle hat. Alles andere kann sehr wohl fehlen: es gibt Blinde, Taube, Lahme, doch Gefühle haben sie alle. Denkt einmal darüber nach, weshalb dem wohl so ist.

Verliert nicht die Zeit, um zu analysieren, ob es wohl gute oder ungute Gefühle sind. Freut Euch vielmehr, daß Ihr überhaupt Gefühle habt! Denn es sind die Gefühle, die Euch den richtigen Weg weisen, und es sind Gefühle, die helfen und heilen. Fühlt Ihr jetzt? Fühlt Ihr unsere Gegenwart – nicht im Kopf, nicht dadurch, daß Ihr fühlen wollt, sondern nur durch Sein, nur durch Spüren? Spürt in Euch hinein!

Wie viele von Euch wissen, sind wir die Santiner, Eure Lichtfreunde, und reinigen die Atmosphäre. Jetzt, in diesem Moment, reinigen wir gerade Eure Atmosphäre, nicht die der Erde, nein, sondern die Eurer Ausstrahlung, Eurer Ausdünstung, Eurer Aura, Eurer verschiedenen feinstofflichen Leiber. Wir lösen Euch von allem Vergangenem, das noch an Euch haftet. Holt es bitte nicht gleich wieder zurück, morgen früh oder schon heute Nacht! Laßt los, was war, und freut Euch der Gegenwart! Bittet um die göttliche Hilfe, denn Ihr wißt ja: Ein liebender Gott kann seinem Kinde nichts verwehren. Ihr braucht nicht zu zweifeln!

Gott straft nicht, denn Gott versteht!
Gott zürnt nicht, denn Gott liebt!
Gott schickt Euch nie fort, sondern bittet Euch zu kommen,
so wie Er uns vor langer Zeit gebeten hat.

Wir gingen den Weg der Brüderlichkeit und erhoben unseren Frieden über alle Grenzen. Ihr seid die letzte Bastion im Universum, die es mit unserer Liebe zu erobern gilt. Dann können auch wir zurück in unsere Heimat, zu unseren Familien, Freunden und Bekannten, wenn dieser Auftrag, die Erde zu erleuchten, erfüllt ist. Deshalb bitten wir Euch seit Jahrtausenden: Helft mit, wartet nicht darauf, daß die Eingeweihten Euch erlösen! Ihr selbst seid die Eingeweihten! Ihr selbst sollt Euch erlösen und auch die anderen! Freut Euch, hier zu sein, wo Ihr seid. Seid nicht traurig und unglücklich und wünscht Euch nicht, woanders zu sein, denn hier ist Euer

Platz, hier wird Dein Licht gebraucht. Strahle es aus, laß jedermann daran teilhaben! Versteht Ihr, welche Sprache wir sprechen? ...

[Zum Sektendrama der Sonnentempler:] Ja, es war eine gezielte Aktion der dunklen Mächte, damit die Mehrheit der Menschen Euch nicht ernst nimmt und auch niemanden sonst, der von der Sonne, vom Gold des Herzens und vom Licht der Liebe zeugt und berichtet. Denn der Mensch ist ein Wesen, das noch immer nicht gelernt hat zu unterscheiden. Am liebsten würde er immer Eintopf essen, Eintopf denken, Eintopf fühlen und dann für alles den Koch beschuldigen.

Es ist eine Freude für uns zu sehen, daß Ihr Eure Suppe selber kocht, daß Ihr unterscheidet und daß Ihr Euch entscheidet, selbständig zu sein. Bleibt es auch weiterhin, laßt keine Zweifel an Euch oder gar in Euch hinein, denn Zweifel werden die größte Zerstörung bringen. Und streut niemals Zweifel in andere Menschen, sondern stets Glauben, Vertrauen und Kraft.

So zweifelt nicht an uns, auch wenn Ihr uns nicht seht! Vertraut auf Eure Gefühle, auf Eure Herzen. Ein Mensch, der Gott vertraut, sieht nirgends ein Unglück. Und für den Menschen, der Gott vertraut, wird es niemals einen Mißerfolg geben.

*So schließen wir für heute mit dem Einlösen des Versprechens, daß Euch weitere Gebote gegeben werden. Das heutige Gebot lautet: ‹**Vertraue in Gott!**›.*

Hört Ihr die Stärke dieser Worte: ‹Vertraue in Gott!›? Denn das Vertrauen in Euch ist die Kraft, das Vertrauen in Euch ist die Stärke, das Vertrauen in Euch ist der Mut.

Wir dürfen Euch heute auch Grüße übermitteln von all Euren verstorbenen Angehörigen, die mit uns hier sind, mit uns lernen, sich mit uns entwickeln und sich nach dem Lichte sehnen so wie Ihr. Alle sind sie da heute Abend. Und wie gesagt: Spürt, fühlt, empfindet. Und alle, die wir heute hier zusammen sind, werden den Weg ins Licht, ins Neue Zeitalter, gehen, ohne Schaden zu nehmen. Nun freut Euch darüber und helft allen, lichtvoll zu werden und den Schmerzen, dem Leid und der Pein zu entgehen, indem Ihr ihnen ihre Herzen öffnet und ihre Liebe zum Licht, zu Gott und zu der Welt, damit es um sie bald besser ist bestellt.

Wir danken Euch für Eure Bemühungen und für Eure Verbundenheit. Einige von Euch – Ihr wißt es vielleicht – gehören zu uns Sternenmenschen, sind erdgeborene Sternenkinder. So wacht auf, werdet Euch bewußt, was Eure Aufgabe ist! Ihr seid stark genug, zweifelt nicht! Ihr seid Kinder des Universums, Kinder Gottes, Kinder der Liebe, der Freude, der Kraft und des Lichtes. Ihr könnt alles überwinden, denn es gibt keine Blockaden und nichts, was Ihr nicht tragen könntet. Denn wir tragen alle gemeinsam am großen Kreuz der Welt.

So grüßen wir Euch mit dem Kreuzessegen der Liebe und der Allmacht des ewigen Schöpfers, mit dem Frieden des Sohnes Christus und mit der Kraft des heiligen Geistes. Friede sei mit Euch über alle Grenzen, Friede, Freude, Glück! Amen.»

«Das größte Wunder ist die Liebe!»

(5. Botschaft vom 20. Oktober 1994)

[Christus sprach:] «Friede, Friede sei mit Euch! Dies sei mein Gruß. Freude über Freude erfüllt mein ganzes Sein, daß Ihr meinem Rufe gefolgt seid. Bevor ich Euch nun einige Dinge erkläre, bitte ich Euch, Eure Herzenstürchen ganz weit zu öffnen. Denn diese meine Worte sind einfach und klar und für jeden verständlich. So versucht, mit dem Herzen zu hören, mit dem Herzen zu fühlen und mit dem Herzen zu sehen.

Ich habe Euch gesagt: ‹Wer Ohren hat, der höre! Wer Augen hat der sehe!› Nun möchte ich dies für Euch, meine geliebten Kinder, präzisieren. So sage ich Euch heute:

Wer hören will, der hört!
Wer sehen will, der sieht!

Wahrlich: Wer glauben will, der glaubt!
Und wer lieben will, der liebt!

So frage Dich nun in Deinem Innersten:
Willst Du mich hören?
Willst Du bei mir sein?
Willst Du mit mir gehen, Fuß an Fuß, Herz in Herz?
Willst Du mir zur Seite stehen?

Ihr wißt alle: Es gibt nur eine Wahrheit, und die heißt LIEBE! Und doch stößt auch Ihr Euch auf dem geistigen Wege immer wieder an Oberflächlichkeiten, an Worten, an Meinungen, an der Welt. Doch genauso, wie ich sagte, daß ich nicht von dieser Welt bin, so seid auch Ihr nicht von dieser Welt. Denn ich frage Euch: Ist diese Welt Euer Ursprung? Ist diese Welt Euer Ziel? Oder bin ich es? Ist Gott Euer Ziel, Euer Ursprung und Euer Sein?

Schenkt mir nun heute Abend diese Minuten Eures Lebens, um zu dieser Frage klar Stellung zu beziehen, um in Euren Herzen mir klar und persönlich zu sagen: Ja, oder Nein.

So möchte ich Euch erklären, daß am Anfang einer jeden Tat, am Anfang jedes erreichten Zieles, der Gedanke steht, ein zielgerichteter Gedanke. Und wie ich sagte: ‹Der Glauben kann Berge versetzen›, so sage ich Euch heute: Mit Eurem ‹Ja› könnt Ihr alles erreichen, so es im göttlichen Willen liegt! Deshalb, meine lieben Freunde, liebe Kinder, liebe Schüler, liebe Lehrer, deshalb ist es wichtig, nur das zu denken, was Ihr wirklich erreichen wollt. Denkt nicht an Krankheit, Furcht, Not, Schmerz und Pein! Denkt vielmehr an Freude und Glückseligkeit, denkt an Licht und an die Liebe Gottes! So werdet Ihr in Freude in Harmonie und Gelassenheit leben dürfen. Denn alles geschieht Euch nach Eurem freien Willen.

Und nun fragt Euch: Ist Euer Wille auch der Meinige? Ist alles, was Ihr Euch wünscht Licht, Liebe? Ich empfehle Euch, all jene Wünsche loszulassen, die begrenzt sind. Ich empfehle Euch: Orientiert Euch nicht an Irrlichtern, sondern richtet Euch auf mein Lie-

beslicht aus! Ich spreche in Euren Herzen! In Euch selbst spricht die Liebe! In Euch selbst spricht die Wahrheit! In Euch selbst spricht Gott! Und Er fragt Dich: ‹Willst Du mich hören?›

Ich weiß, viele haben Angst und fürchten sich vor Gott, weil sie die Bestrafung für Ihre Fehler erwarten. Jedoch ist Gott ein liebender Gott, ein zärtlicher, warmherziger, freudiger Gott! Wie ein Vater sich freut, wenn sein Kind nach langer Reise zurückkehrt – dies habe ich Euch schon unzählige Male erklärt –, so freut sich Gott, wenn Du endlich heimkehrst in Sein Herz. Das erste, was Er Dir sagen wird, ist nicht, was Du alles falsch gemacht hast und was Du hättest besser tun können, sondern: ‹Ich liebe Dich! Schön, daß Du wieder bei Mir bist, komm in Meine Arme, denn Ich bin so glücklich, Dich wieder bei Mir zu haben!› Dies ist die Stimme Gottes, dies ist die Liebe Gottes. Und Ihr Menschen fürchtet Ihn!

Laßt also los von diesen alten Gedanken und Mustern der Kirchen und Religionen! Öffnet Eure Herzen, öffnet Euren Geist und fühlt Gott! Versucht Ihm nicht zu erklären, denn Er ist jenseits aller Gedanken, jenseits aller Worte, jenseits aller Gefühle. Doch höret:

Ich sehe: Immer noch viele zweifeln an mir.
An meiner Existenz!
An meinem Hiersein!
An meiner Wahrheit!
An meiner Kraft!
So frage Dich, weshalb Du lebst.
Bin ich die Übelkeit in Dir?
Bin ich die Angst in Dir?
Bin ich der Schmerz, die Krankheit, die Pein in Dir?
Oh nein, oh nein, weit gefehlt, mein Kind!
Ich bin das Leben in Dir!
Ich bin die Kraft, die Gesundheit und die Liebe!
Spürst Du mich? Willst Du mich spüren?
Entscheide Dich jetzt!

Danke, danke für Deinen Entscheid! Denn Ihr alle habt Euch für mich entschieden – jeder auf seine Weise, doch ich verstehe jede Sprache und ich verstehe jedes Gefühl. Ich höre jeden Eurer Gedanken und alle Eure Liebesimpulse, alles spüre ich unmittelbar.

So habe ich Dich heute beim Namen gerufen, auf daß Du hier seiest. Und Du bist meinem Ruf gefolgt, Du hast Hindernisse überwunden auf dem Weg zu mir. Deshalb wird Gott Dich tragen über alle Hürden, über alle Steine, Felsen und Berge. Dann werden Seine Hände Deine sein, und Du wirst mit Seinen Füßen gehen und mit Seinen Augen sehen. Dann wird Dein Herz Seine Liebe sein, meine Liebe sein, die Liebe des Christus, des unendlichen, gewaltigen, großen, mit dem Schöpfer in Liebe einsgewordenen, einsgebliebenen, einsseienden Sohn.

Bitte versteht dieses ‹Christus› nicht als Mensch oder einzelne Person, sondern als Bewußtsein. Ihr erinnert Euch doch: ‹Ihr werdet noch größere Dinge vollbringen als ich sie getan›, habe ich zu Euch gesagt. Weshalb tut Ihr sie nicht? Weshalb zweifelt Ihr? Ich sage Euch: Wo Ihr Not seht, dort helft, vollbringt ein Wunder, überwindet Euch selbst, geht hin und heilt. Wo Ihr Arbeit seht, vollbringt ein weiteres Wunder, überwindet Euch, erhebt Euch und faßt mit an! Seinem Nächsten zu helfen – dies, meine lieben Kinder, grenzt in der heutigen Zeit bereits an ein Wunder! Oh ja, ich weiß, Ihr erwartet viel mehr als Wunder.

Doch was ist das größte Wunder, das je erschaffen wurde? DIE LIEBE! Kein Schweben in der Luft, kein Materialisieren von Gold oder Diamanten, keine Bilokation und kein Gedankenlesen sind Wunder. Aber den Nächsten zu lieben, sich selbst zu lieben und Gott über alles zu lieben – dies sind Wunder. Dem Nächsten, der Euch verspottet, die Hand zu reichen, ihm zu verzeihen, ihm wiederum die Freundschaft anzubieten – tut dies, und Ihr tut Wunder!

Auch das Gebet kann Wunder wirken, jedoch nicht, wenn Ihr weiterhin so betet wie bisher. Beten ist ein Vorgang von Körper,

Seele und Geist; es genügt also nicht, einfach nur ein wenig zu bitten, ein wenig zu glauben und irgend etwas vor sich hin zu murmeln. Oh nein! Ein Gebet besteht aus konzentrierten Gedanken – dies ist die mentale Ebene des Gebetes. Ein Gebet besteht aus einem geöffneten und reine Liebe empfindenden Herzen – dies ist die astrale Gefühlskraft des Gebetes. Und ein Gebet besteht aus dem, was Ihr häufig unterschätzt: dem Wort! Das gesprochene Wort versetzt die Materie in Schwingung! So wisset: Wollt Ihr ein Gebet auf dieser Erde manifestiert sehen, konzentriert Euch, empfindet Gott in Eurem ganzen Sein und sprecht dann jene Worte, die aus Eurem Herzen quillen, laut und deutlich aus, auf daß sie wahr werden. Dies ist kein Wunder, sondern Gesetz!

Und das Gesetz ist Liebe! Und die Liebe streitet nie! Immer wieder betone ich, durch viele Boten aus der geistigen Welt, aufs neue: O Kinder! Liebe, ja Liebe verzeiht alles! Liebe hegt nie einen Groll. Die Liebe fühlt sich nie als Opfer, nie als Versager, nie als Verletzter. Die Liebe fühlt sich selbst immer nur als Beschenkter, was auch immer kommen mag. Liebe sagt: Danke! Liebe sagt: Ich liebe Dich!

Ihr kennt meine Worte: ‹Vergib ihnen, denn sie wissen nicht, was sie tun.› Das ist Liebe! Liebet den, der Euch schlägt; tröstet jene, die Euch verspotten, und führt jene liebevoll und weise ins Licht hinein, die Eure Nähe suchen! Ja, keiner unter Euch ist hier, der nicht seine Schüler an seiner Seite hätte. Wachet also auf! Bekämpft nicht jene, die noch nicht wissen, was Liebe ist. Seht in ihnen nicht einen Feind, sondern das Kind, das mich genauso in sich trägt und mich ebenso sucht und sich nach mir sehnt wie Ihr! Versteht Ihr, was ich meine?

Nun habe ich Dir viel erzählt für heute. Ich möchte Dich nun heilen, Dir mein reinstes Liebeslicht schenken, wenn Du es möchtest. Ich werde tun, was kein Mensch zu tun vermag, denn nur in Gott ist die absolute, reine Liebe, welche alle Blockaden löst und alles Kranke umwandelt in Licht und Freude. So konzentriere Du Dich nun mit Deinem Atem, jetzt in diesem Moment, und spüre, wie mein

Licht in Dich hineinfließt, in Deine Organe, Knochen, Zellen und Atome hinein. Mit jedem Atemzug, mein Kind, belebe ich Dich aufs neue, heile ich Dich aufs neue und rufe ich Dir aufs neue zu: Komm in mein Heil, komm in mein Segenslicht hinein! Atme mich tief in Dich hinein und glaube, vertraue, wisse, ja sei überzeugt, daß ich in Dir bin, daß ich aus Dir heraus lebe, daß ich Dich von innen nach außen reinige und aus Deinem Körper einen Tempel machen möchte. Und dies wird geschehen, ein jedes Mal mehr, wann immer Du mir die Möglichkeit gibst, zugegen zu sein, sei es hier in diesem oder in einem anderen Kreise.

Spüre Du nun, wo ich wirklich bin. Denn ganz bestimmt bin ich nicht dort, wo man Dir Großes verspricht. Ganz bestimmt bin ich nicht dort, wo man Dir Fortschritt wie einen Teller Suppe servieren will gegen entsprechende Bezahlung. Und ganz bestimmt bin ich nicht dort, wo die Masse der Menschen steht. Fühle vielmehr ganz in Dich hinein und gib mir ein Chance! Wenn Du Ohren hast – und Du hast Ohren! –, dann hast Du mich jetzt gehört. Und wenn Du Augen hast – und Du hast Augen des Herzens! –, dann hast Du mich jetzt gesehen, gefühlt, gespürt! Und so frage ich Dich zum letzten Male am heutigen Abend:

Willst Du hören?
Willst Du sehen?
Willst Du glauben?
Willst Du lieben?
Willst Du heilen?
Willst Du Kanal sein für mich?

Dann tue es! Dann sei es!

So erinnere ich Euch an das Mantram meiner vorletzten Botschaft, als ich Euch sagte, daß dies Euer Mantram sein soll: ‹DEIN WILLE GESCHEHE!› Und denkt daran: Worte, Gefühle und Konzentration – dann geschieht mein Wille augenblicklich in Euch!

Danke, danke, für Euer Hiersein, danke für Eure Liebe, die Ihr mir schenkt! Danke, daß Ihr zurückkommt in mein Herz hinein! Danke, daß ich auch in Zukunft bei Euch sein darf! Wann immer Du Schwierigkeiten hast in Deinem Leben, stelle Dir vor, ich stehe an Deiner Seite, und frage mich: Was soll ich tun, wie soll ich mich verhalten, was soll ich sagen oder nicht sagen? Und fühle die Antwort in Deinem Herzen! Du wirst sie hören, wenn Du nur willst, denn ich bin Dein Gewissen. Somit ist in Dir alles Wissen vorhanden. So ist es!

Ich danke Euch von ganzem Herzen auch für die große Liebe, für das Vertrauen und für die Freundschaft, die Ihr Bruno entgegenbringt. Er könnte nicht hier sein ohne Euch! So tragt einander, wie ich Euch trage! Ich will diesen Kreis zusammenschweißen mit dem göttlichen Licht, und ich will die Talente eines jeden von Euch fördern für die kommende Zeit. Denn Ihr wißt ja, Ihr Lichtarbeiter und Kinder Gottes, Ihr seid alle aufgerufen zu wirken und zu erwachen in dieser Zeit, in der das Licht der Ewigkeit sich am Horizont eröffnet!

Seht Euch bereits in diesem Lichte, in der Neuen Zeit, denn sie ist nicht mehr weit. Einige Jahre sind für Gott ein Atemzug! So denkt daran, wann immer Ihr über die Zukunft lest: Gott kennt keine Zeit. Er bemißt alles nach der Reinheit und nach der Liebe der Menschen. Je mehr Ihr liebt, desto weniger Schmerz wird für die ganze Welt sein! Je mehr Menschen mit mir gehen, desto zarter wasche ich Euch rein!

Ich grüße Euch, ich liebe Euch und ich glaube an Euch! Friede, Friede sei mein Gruß auf dieser Erde und über alle Grenzen, Friede in Ewigkeit. Amen.»

«Danket Gott für Seine Liebe!»

(6. Botschaft vom 3. November 1994)

[Die Freunde des Lichts sprachen:] «Gott zum Gruß, liebe Geistgeschwister, Freunde, Herzenskinder! Wir kommen heute wiederum aus der dritten Solarebene zu Euch und bedanken uns für Eure Einladung. Wir haben es schon oft gesagt: Es ist immer wieder nur Eure Liebe, die uns herniederzieht an einen solch wundersamen Ort wie die Erde. Wir kommen zu Euch mit dem dritten kosmischen Strahl. Ihr wißt, dessen Farbe ist grün, und der Regent unserer Ebene ist den meisten von Euch bekannt als Erzengel Uriel.

Wir sind zuständig für Euer Wachstum, damit Eure Herzen emporwachsen zu Gott, in die Ur-Ur-Urzentralsonne hinein, mitten in den göttlichen Thron und in die göttliche Liebe hinein. Der Weg ist weit, wir wissen es selbst, doch lohnt es sich, ihn zu begehen. Jeder Schritt, den Ihr geht, wird sich für die ganze Menschheit bezahlt machen.

Ihr wundert Euch bestimmt, weshalb Ihr heute in so kleiner Zahl hier erschienen seid. Wir hingegen sagen Euch: Klein ist Eure Zahl, doch groß und fein sind Eure Herzen, denn sie scheuen nicht die Forderung, sie scheuen nicht die Arbeit und sie scheuen nicht zu lieben. Andere Kinder wollten heute nicht kommen, weil sie unbewußt spürten und mit ihrem geistigen Herzen vernommen haben, daß wir Euch heute bitten möchten, etwas für uns zu tun.

Es ist Herbst, die Blätter fallen und wir bitten Euch, uns und der ganzen Menschheit einen kleinen Fastendienst zu erweisen, wenn Ihr es wollt. Ein guter Termin, um mit dem Fasten zu beginnen, wäre der Freitag in zwei Wochen. So habt Ihr noch Zeit, darüber nachzudenken.

Viele von Euch haben schon gefastet und wissen um die Bereicherung und die Erleichterung sowie um die Verfeinstofflichung ihres Seins. Dies jedoch ist ein Punkt, vor dem sich die Menschheit heute sträubt: wenn es darum geht zu geben, zu opfern und ein kleines freiwilliges Leid auf sich zu nehmen, um den andern zu helfen, nicht sich selbst. So ist es auch für uns jedesmal ein Fasten, wenn wir zur Erde kommen oder wenn wir im Alltag in Eurer Nähe sind. Wir fasten dann, wir entbehren das göttliche Licht in seiner Reinheit und Fülle, denn es wird vermindert, wenn es durch die verschiedenen astralen Gürtel hindurch zu Eurer Erde dringen muß.

Es ist wahrlich für alle Engelswesen keine einfache Arbeit, in Eurer Nähe zu bleiben, Euch zu helfen und zu führen. Viele von Euch fragen sich aus ihrer Liebe heraus immer wieder: Wie kann ich denn ‹danke!› sagen? Ihr kennt die Antwort selbst, jedoch sagen wir sie Euch heute in diesem Kreis noch einmal: Der größte Dank besteht darin, die Liebe zu leben. Und der größte Dank ist das Dankgebet an Gott. So laßt uns heute in Eurem Innern gemeinsam Gott danken für alles, was Er uns schenkt:

O allmächtiger Schöpfer, Gott-Vater, Gott-Mutter, Gott-Heiliger-Geist, wir danken Dir! Wir danken Dir für unser Leben. Bitte laß uns ständig nur geben und geben. Wir danken Dir für Dein Licht und Deine Liebe, die uns immer wieder erfüllt, die uns nährt und die unsere Sehnsucht lindert nach Dir. Wir danken Dir, daß wir immer mehr spüren dürfen, daß Du in uns bist, daß Du an unserer Seite gehst, daß Du das Licht in unseren Augen bist, die Wärme unseres Blutes und jeder Schlag unseres Herzens. Wir danken Dir, allmächtiger Schöpfer, daß wir an Dich glauben dürfen, daß wir für Dich zeugen dürfen und daß Du uns so reich beschenkst mit Deiner Weisheit, Deinem Wissen und Deiner Liebe.

O allmächtiger Schöpfer, o wunderbarer Gott! Wir danken Dir für die Nahrung, die Du uns schenkst, für die wunderbaren Früchte, die erfüllt sind mit Deinem ganzen Sein. Bitte hilf uns, immer noch dankbarer zu sein für jeden Augenblick des Lebens. Bitte schenke uns die Demut, die Kraft und die Zuversicht, daß wir Deine Kinder sind. Oh, wir danken Dir dafür, daß Du uns gerufen hast, daß wir

Deine Stimme hören dürfen, daß Dein Licht und Dein Bewußtsein uns immer mehr durchdringt und wir immer in der Zwiesprache mit Dir sein dürfen und können und wollen.

Wir verstehen jetzt auch Deine Worte, die Du sprachest, als Du vor langer Zeit auf dieser Erde wandeltest: ‹Ich bin nicht von dieser Welt!› Mit ‹Welt› hast Du Bewußtsein gemeint. Ja, Du bist wahrlich nicht von diesem, von unserem Bewußtsein. So danken wir Dir, daß wir immer mehr in Dein Bewußtsein hineinwachsen dürfen, denn Du hast uns verheißen und gesagt: ‹Ich bin nicht von dieser Welt, wie auch Ihr nicht von dieser Welt seid!›

Ja, auch wir sind in Wahrheit nicht von diesem Bewußtsein, denn wir sind Kinder Gottes und stehen im Lichtbewußtsein der Liebe, im Lichtbewußtsein der Ewigkeit, und sind nicht gebunden an Raum und Zeit. Oh nein! O Du wunderbarer, großer, allmächtiger Heiland, Jesus Christus, an Deiner Hand gehen wir, in Deinem Herz fühlen wir, und immer mehr wollen wir nur noch leben in Deinem Sein!

Danke, o allmächtiger Schöpfer, für meine Freunde, danke für meine Familie, danke für alle Menschen, denen ich begegnen darf. Danke für alle Prüfungen und danke für die Kraft, sie zu bestehen. Danke, o allmächtiger Schöpfer, für Freud und Leid. Alles nehme ich gerne an, was von Dir kommt, denn ich will Deines Glaubens sein jetzt und immerdar. DEIN WILLE GESCHEHE. *Amen.*

Wenn Ihr, liebe Freunde, solche Worte sprecht, dann öffnen sich Eure Herzen. Ihr könnt Euch erinnern, ja unser aller Meister hat uns gelehrt: ‹Am Anfang war das Wort›. Und so könnt Ihr Euer physisches, leibliches Herz öffnen, stärken und gesunden lassen, wenn Ihr diese Gebete sprecht, wenn Ihr diese Gebete in die Welt hinausruft und damit Schwingungen auslöst, Ursachen schafft für lichtvolle, liebevolle, sinnvolle Resonanzen.

Wißt Ihr, was es heißt, bedingungslos zu lieben? Unser Gott wäre nicht glücklich, würde Er Bedingungen stellen, etwa einen Dank zu erhalten von Euch, von uns, von Seinen Geschöpfen. Jedoch freut Er sich über jeden Liebesimpuls, der bedingungslos zu Ihm emporschwingt. Knüpft also auch Ihr nie Bedingungen an Eure Liebe, an Euer Danksagen, weder Gott gegenüber noch Euren Mitmenschen.

So häufig sprecht Ihr gute Worte, und es wäre alles gut, würde da nicht stets Euer ‹Aber› folgen. Immer wieder hören wir dieses ‹Aber›. Dieses Wort ‹Aber› steht jedoch für ‹Aberwillen›, liebe Freunde, für den Gegenwillen, der sich gegen den göttlichen Willen gestellt hat! Laßt diesen Aberwillen fallen, der sich als Euer sogenannter ‹Eigenwillen› präsentiert, und schwingt Euch empor in den göttlichen Willen! Sprecht weiterhin Euer Mantram, daß wir Euch gegeben haben und das da heißt: ‹DEIN WILLE GESCHEHE!›.

Dann könnt Ihr nicht fehl gehen, dann wird alles gut sein, dann gibt es kein Wenn und kein Aber, sondern nur die Wahrheit, das Licht und die Kraft. Ihr habt es in Euren Händen, Erleuchtete zu sein oder Erloschene, offene Menschen mit offenen Herzen zu sein oder verschlossene! Könnte die Menschheit bloß mit dem Herzen die ganze Schöpfung betrachten! Sie würde sich nur freuen und nur Gott bestaunen, ja sie würde klein und demütig bleiben angesichts der Allmacht und der Schönheit dieser Schöpfung.

Wißt Ihr, was geschieht, wenn die Blätter von den Bäumen fallen? Die Bäume lassen los, ja sie opfern ihre Blätter. Es ist dies eine Form des Fastens, liebe Freunde! Wenn auch Ihr fastet vom ersten Tage an, so werdet Ihr geistig geschmückt werden wie die Bäume am Weihnachtsfest, und alles an Euch wird poliert und beginnt wieder aus sich selbst heraus zu strahlen und zu funkeln. Alle Engel und Geistwesen, die Euch begegnen, werden Euch grüßen und Euch und Eure geistigen Kleider bewundern. Sie werden sich zu Euch hingezogen fühlen und werden sich wünschen, bei Euch zu sein. Sie werden Euch die ganze Kraft, die ganze Inspiration, den Duft und den Klang der himmlischen Welten schenken. Nun entscheidet selbst, ob Ihr Fasten möchtet oder nicht!

Seid auch stets dankbar, daß diese Erde, so wie sie heute ist, noch existiert, so daß noch viele Menschen die Möglichkeit haben, die

Himmelsleiter emporzugehen in die Liebe hinein, und nicht durch die Winde und Erschütterungen gepeinigt werden, die noch kommen müssen, weil die wenigsten Kinder bereits in der Liebe sind. Jedoch Ihr könnt Euch selbst aus dieser Resonanz entfernen, indem Ihr in Gott bleibt, in der Liebe bleibt und die Liebe lebt.

Die Liebe zu leben ist Konsequenz: kein Schimpfen, kein Fluchen, kein Ärgern, kein Kritisieren, kein Klagen und kein Wenn und kein Aber. Nur: ‹Danke! Danke, o wunderbarer Gott, daß ich für Dich hiersein darf. Danke, daß Du mich zum Heiler, zum Helfer, zum Kanal, zum Werkzeug machen willst und mich bereits benützt, um meinen Mitmenschen zu helfen, um die Schwingung dieser Erde empor zu heben.›

Und es erscheint der wunderbare Sohn Gottes und schmückt Euch um Eure Stirn mit einem Stirnband, das sein Zeichen trägt, und er sagt: Bemüht Euch, denn dies ist das Zeichen des Lichtes! Und wahrlich, es verblaßt bei jedem unrechten Wort, bei jeder lieblosen Tat, bei jedem lieblosen Gedanken immer mehr. Erhaltet es, denn es wird Euch von großem Nutzen sein, wenn die Zeit reif ist und die Engel Ausschau halten werden, wer da dieses Zeichen trägt und wer nicht. Ihr habt es, denn Ihr seid Kinder des Lichtes!

Und wisset: Dies ist eine große Aufgabe. Es ist keine Auszeichnung, sondern eine Aufgabe, die viel, viel, viel, viel Arbeit an sich selbst beinhaltet. Tut es für mich, für Euren Schöpfer, und laßt alles los, was ungut und schwer, was dunkel und dunstig ist. Steigt auf zu dieser großen Sonne, empor zum Licht. Stellt sie Euch vor, immer wieder, wie sie strahlt über Eurem Haupte, und Gott wird Sein Licht in Euch hineinlenken.

Friede sei mit Euch! Friede sei mit Euch und mit all Euren Lieben! Denn Gott erfahren könnt Ihr nur im absoluten Frieden. So seid gegrüßt, Ihr Freunde des Lichts, Ihr Lichtarbeiter und Kinder Gottes. Wir bitten Euch, in Euch hineinzuhorchen und diese göttliche Stimme in Euch selbst wahrzunehmen, welche Euch führt und welche die rechten Antworten auf Eure Fragen gibt.

Wisset: Nicht außen, sondern innen ist alles klar.
Nicht außen, sondern innen ist alles wahr.
Nicht außen, sondern innen ist die Wirklichkeit!

So grüßen wir Euch von der dritten Solarebene aus der Ewigkeit Wir sind stets bei Euch, vergeßt dies bitte nicht, denn auch wir sind Mittler vom Licht. Gott zum Gruß, liebe Geistgeschwister, wir grüßen Euch, denn wir sind die Freunde des Lichts. Amen.»

«Ich will mit Dir glücklich sein!»

(7. Botschaft vom 17. November 1994)

[Christus sprach:] «Mein liebes Kind, ich liebe Dich! Du siehst, ich komme heute zu Dir. Und Du siehst, ich erreiche Dich auf jeder Ebene; wo auch immer Du Dich befinden magst, ich bin bei Dir. Nun laß alles los, was Dich daran hindert, meine Worte zu verstehen und meine Liebe in ihrer ganzen Fülle anzunehmen. Sei ruhig und entspannt, mein liebes Kind, denn ich liebe Dich!

Wisse, daß ein jeder Tag, den Du auf Erden lebst, ein Geschenk Gottes ist. Und wahrlich, ich sage Dir: Jede Minute, jede Sekunde ist ein Geschenk an Dich von mir. Meine Liebe zu Dir ist so stark, so tief und so unergründlich, daß sie Dich immerfort nur beschenken will. Und wisse: Ein jeder Deiner Herzschläge ist ein Geschenk an Dich; eine jede Bewegung, die Du ausführst, ist ein Geschenk an Dich; jedes Wort, das Du sprichst, sprichst Du nur aus Liebe, denn die Liebe ist mein größtes Geschenk an Dich. Ohne meine Liebe, mein Kind, wärest Du nicht am Leben. Oh, spüre tief in Deinem Herzen, daß Du ohne mich, ohne Gott, Deinen Schöpfer, keinen Atemzug tun und weder hören noch sehen könntest!

Mein Kind, wahrlich, ich schenke Dir mein ganzes Sein, ich bin in Dir! Ja ich wünsche mir, mein Kind, daß Du mein Leben lebst, daß Du ganz in meiner Liebe, in meinem Lichte lebst und alles weiterschenkst, was Gott, Dein Schöpfer, in jedem Augenblicke des Lebens Dir, mein geliebtes Kind, gibt.

Immerzu suchst Du nach Deiner Aufgabe; Du gehst von da nach dort in Deiner Suche und möchtest wissen, was Du tun sollst auf Erden. Möchtest Du wissen, was ich von Dir erwarte, was mein Wille ist? – Nun, Du willst meinen Willen tun, ich danke Dir dafür! Öffne also Dein Herz ganz weit und höre mir zu, denn ich will Dir sagen, was Du zu tun hast und was Deine Aufgabe ist in meiner Schöpfung.

Wahrlich, mein Kind, Du selbst bist ein Geschenk Gottes für die Menschheit. Und ich übertrage Dir die heilige Aufgabe, Dich zu verschenken! Jedes Wort, das Du sprichst, soll von meiner Liebe künden; jede Hand, die Du reichst, soll von meiner Wärme zeugen, von meiner Hilfsbereitschaft und meiner Kraft, und jeder Deiner Gedanken, mein Kind, möge mein Licht in die Welt hinaussenden.

Wie oft habe ich Dir gesagt: ‹Du sollst vergeben, Du sollst verzeihen und alles vergessen, was man Dir getan hat?› Wie oft, mein Kind? Und wie oft kommst Du zu mir zurück in Deinem Geiste und sprichst zu mir: ‹Vater, ich kann es nicht!› Mein Kind – ja, Du bist mein Kind! –, in Dir ist alle Kraft, alle Stärke, alle Liebe und alles Licht. Ich sende Dich in die Welt hinein, denn ich weiß, Du kannst viel stärker sein. Ich kenne Dich, und deshalb liebe ich Dich, denn ich weiß, wer Du wirklich bist. Ich sehe nur Deine Schönheit; ich sehe nur in Dein Herz hinein. Und auch Du mein Kind, schaue auch Du nur in die tiefste Tiefe Deines tiefen Herzens hinein! Dann wirst Du mich in Dir als Deine Kraft- und Lebensquelle entdecken, und Du wirst von meinem Wasser trinken und es wird Dir Unmögliches möglich werden. Keine Grenze wird mehr Grenze sein, denn im Herzen, liebstes Kind, tief, tief im Herzen bist Du rein und bist Du mein. So beruhige Dich und stärke Dich an meiner Seite. Siehe, wie lichtvoll Du bist! Fühle in Dir das Glück zu wissen, wessen Kind Du bist, zu wissen, wessen Glauben Du trägst, und zu wissen, wessen Handlungen Du täglich ausführst.

Verstehst Du, was ich Dir sagen will? Ich will Dir damit sagen: Ich liebe Dich! Und ich weiß, Du liebst auch mich. So bitte ich Dich nun: Liebe auch Deinen Nächsten so wie Du mich liebst; liebe Mensch und Tier und laß niemals töten für Dich, dann tötest Du auch Deine Liebe nicht. Wisse mein Kind, was du außen tust, das tust Du auch innen. Verstehst Du, was ich Dir sagen will?

Ich habe Dich ausersehen, ein Lichtkind zu sein. So gehe in die Welt hinaus und künde von meiner Liebe, nicht von meinem Zorn! Künde von meinem Licht und von meiner Wahrheit, und künde von meiner Einfachheit, die sich zu Dir herniederbeugt, Stufe um Stufe, bis ich bei Dir angelangt bin. Und wisse: Es ist nicht selbstverständlich, daß Du in diesen Kreis, in diese Gemeinschaft geführt worden bist, um den Herzensweg aller wahren geistigen Lichtarbeiter zu gehen, um zu lernen und zu verstehen, wie mein Herz fühlt, wie meine Augen sehen und wie meine Worte sind.

Mein Kind, wisse: Jemand, der meine Worte nicht spürt, der sie nicht versteht und sie nicht annehmen kann von einem anderen, der ist auch noch nicht bereit, sie in sich selbst wahrzunehmen und mich in sich zu hören, denn er hat Angst. Er will nicht gemahnt, nicht gerügt und auch nicht geführt werden, nein, nur seinen eigenen Weg will er gehen. Und wahrlich, mein Kind, ich sage Dir: Über alles liebe ich auch diesen, denn auch er ist mein Kind! Ja, Ihr alle seid meine Kinder. Ich liebe keinen von Euch mehr und keinen weniger, jedoch liebe ich alle so sehr, daß ich in einem jeden von Euch bin. Nimm mich also an, wo immer ich zu Dir spreche – sei es hier in dieser Mitte, sei es draußen in der Natur durch die Bäume und Blumen, sei es durch Freunde oder andere Lichtkanäle, denn es gibt ihrer viele auf dieser Welt. Jedoch wisse: Nur das Herz kann unterscheiden, wo ich wahrhaftig bin. Und wenn Dein Herz unterscheiden kann, dann hörst Du mich auch in Dir drinnen.

Nun komme in meine Arme, gib Dich mir hin und entspanne Dich, denn ich liebe Dich! Spürst Du mich? Spürst Du meine Liebe? Ich sende Dich nun in die Welt hinaus als starkes großes Licht, als mein strahlendes Kreuz, damit Du Dich, mein Kind, an Deine Brüder und Schwestern verschenkst, ja an alle. Du sollst Dich stets daran erinnern, daß ich sagte: ‹Kommet her zu mir, alle die Ihr mühselig und beladen seid.› So wie du heute zu mir gekommen bist, mein Kind, so werde ich viele Deiner Brüder und Schwestern zu Dir führen. Nimm sie an, liebe sie und gib ihnen alles.

Ich ziehe Dir als Geschenk für heute Abend ein Stirnband um. In der Mitte strahlt eine glühende Sonne – weiß, hell, voller Klarheit und Wahrheit. Wenn Du jemanden nicht verstehst, wenn Dir eines meiner Kinder ein Rätsel ist, dann, liebstes Kind, stelle Dir diese Sonne vor auf Deinem dritten Auge, öffne Dein Herz, hülle Dich in mein Licht, suche meine Gegenwart und frage mich. Und wisse: Stets rate ich Dir wahrhaftig und ewiglich. Mein Kind, es ist schön, bei Dir zu sein, nimm mich bitte mit von hier zu Dir Heim, denn ich will mit Dir glücklich sein! So sei es! Hast Du mich verstanden? So sei es! Amen.»

«Ich öffne alle Deine Chakras!»

(8. Botschaft vom 1. Dezember 1994)

[Christus sprach.] «Friede sei mit Dir, mein Kind! Freude sei mit Dir! Licht sei mit Dir und mit Euch allen hier! Ich spreche heute wiederum zu jedem einzelnen von Euch und doch gleichzeitig zu allen hier und zu vielen in der für Euch unsichtbaren Welt, die alle heute bei Euch sind, die mit Euch gehen, die mit Euch lernen und die mich ebenso lieben wie Ihr es tut.

Weshalb spreche ich zu Dir als ein Kind des Lichtes? Was will ich damit sagen, wenn ich Dich rufe als Kind der Liebe und des Lichtes? Du weißt: Ich bin das Licht, ich bin die Wahrheit, und ich bin das Leben. Denn das heilige Licht unseres Vaters, unserer göttlichen Mutter und des heiligen Geistes durchströmt mich grenzenlos und durch mich in Euch, in Dich, in Dein Herz hinein.

Dieses Licht hat viele Eigenschaften, die auch Du Dir aneignen sollst. Wisse nämlich: Das Licht kennt kein Zurück, es strömt ständig vorwärts und es will sich ununterbrochen verschenken. Und da das Licht nicht nur aus Wellen, sondern auch aus Teilchen besteht, gibt es keine Grenzen und kein Hindernis, welches das göttliche Licht nicht durchdringen könnte. Und so gibt es auch für Dich, mein Kind, keine Hindernisse, weder in diesen noch in anderen Welten, wenn Du wahrhaft im Lichte stehst, wenn Du im Lichte lebst und wenn Du meinen Weg, den Weg der Liebe und des Lichtes, gehst.

Wisse auch: Mein Licht dringt in Dich hinein durch Deine Chakras. Ein jeder hier kennt diese sieben großen Energiezentren, die sich von Kopf bis Fuß in Euch verteilen. Sie alle drehen in diesem Moment nach rechts, denn das Licht Gottes – das Urlicht, die Urkraft und die Urliebe – besitzt die Rechtsrotation. So ist es bei allen Chakras: Wenn sie in Harmonie sind, dann wechseln sie sich nicht ab, wie oft behauptet wird, denn sie alle sind dann im Gleichklang Gottes und in Gleichschwingung mit meinem Licht. Da gibt es kein Ja und kein Nein, kein Hell und kein Dunkel, kein Licht und kein Schatten – keine Gegensätze, sondern nur die Wahrheit.

So möchte ich Euch heute einige weitere Hinweise im Zusammenhang mit diesen Lichtzentren geben, deren es sehr viele gibt. Wie einige von Euch wissen, sind es insgesamt 72'000. Heute jedoch will ich Euch nur die sieben großen Tore der Einweihung, die vom Scheitel bis zur Wurzel reichen, in Erinnerung rufen, und zwar von unten nach oben:

[1] Im ersten Zentrum befindet sich Eure wie auch meine Vitalität sowie Eure Begierden. Wisset: Je mehr Begierde Ihr lebt, desto weniger Vitalität besitzt Ihr, denn das eine verzehrt die Kraft des andern! Es ist wie ein brennendes Feuer, dem Ihr das Holz nicht entziehen dürft, denn sonst versiegt diese stärkste Quelle Eurer Vitalität und Ihr müßt krank werden und Disharmonie erleben. Der Ofen wird kalt, wenn das Feuer nicht brennt. Genauso vermögt auch Ihr dann den Menschen um Euch herum diese meine barmherzige

Liebe nicht mehr zu spenden, weil das Feuer nicht reicht, um mehr als nur wenige Zentimeter aus Euch herauszuleuchten.

[2] Danach folgt das Zentrum der Weisheit und der Demut.

[3] Dann jenes, das Ihr ‹Solarplexus› nennt und das den Frieden und die Entsagung beinhaltet. Dies also sind die unteren drei. Steigen wir nun diese Himmelsleiter in Eurem Innern empor zu den oberen vier.

[4] Das nächste ist das Zentrum des Herzens und beinhaltet die wahre Liebe und die aufrechte Hingabe an Gott und den Nächsten.

[5] Eine Stufe höher befinden wir uns im Hals, in dem die Fähigkeit der Telepathie liegt, die Ihr nur dann erreichen könnt, wenn Ihr vernünftig seid. Denn dies ist auch das Zentrum der Vernunft, und es ist das am schwierigsten zu entfaltende.

[6] Das nächste ist das Ajñazentrum in Eurem Vorderhaupt. Er ist das Zentrum der Einsicht und des Erkennens.

[7] Danach folgt schließlich der große Lotos auf Eurem Scheitel. In diesem Zentrum findet die Vereinigung mit mir und mit meinem Vater statt, mit mir und mit meiner Liebe, mit mir und mit meinem Sein. Von dort aus trage ich Euch in Gottvater hinein, der das höchste Licht, die höchste Liebe, ja das höchste Chakra selbst ist.

So hat ein jedes Lebewesen – selbst die Planeten und die Sterne sowie auch Eure Mutter Erde – auf seinem Körper verteilt diese sieben Chakras, denn ohne diese Zentren währet Ihr nicht lebensfähig.

Wißt Ihr, was das bedeutet, nicht lebensfähig zu sein? Wenn Du krank wirst, wenn Du ärger hast, wenn Du unzufrieden bist und in Depression, mein Kind, dann sind dies Alarmzeichen höchster Stufe. Diese Um- und Zustände wollen Dir zeigen: Du gehst zurück in Deiner Entwicklung, Du hast gefehlt! Wache auf und erkenne, gib Dich ganz, mit Deinem ganzen Herzen, hin und laß Dich vom Lichte tragen, denn das Licht allein bringt Dich vorwärts. Suche daher immer wieder erneut den Weg in mein Herz hinein. Hörst Du meine Bitte? Ich rufe Dich, mein Kind, komme heim! Laß uns nie mehr getrennt sein, laß uns gemeinsam Dein Leben leben, denn ich fühle mit Dir, ich denke mit Dir und ich höre alles, was Du sagst, ich sehe alles, was Du tust, und ich liebe Dich trotzdem.

Ja, ich liebe Dich! Übergib mir also alle Deine Fehler und Sorgen. Bringe sie in mein Licht, stelle sie ab in meinem Herz, bring mir Deine Last, laß alle Sorgentaschen bei mir stehen, und ich werde sie leeren und werde Dich lehren. Und Du wirst lernen. Du wirst lernen, leer zu sein, damit ich Dich anfüllen kann mit meinem göttlichen Licht, mit dem Sein, das Dich erleuchtet, mit dem Sein, das alles liebt, das alles gibt, das alles ist.

Nun frage ich Dich: Wo, glaubst Du, stehst Du auf dieser Leiter? Ich habe die sieben Stufen nun erklärt, doch auf welcher dieser Stufen, mein Kind, siehst Du Dich stehen? – Nun gut, laß uns aufwärts gehen!

Die meisten von Euch, liebe Kinder, stehen auf Stufe zwei. Deshalb habt Ihr Sehnsucht, die Weisheit zu erlangen. Die Weisheit jedoch liegt in mir. Und wenn Ihr nicht mindestens bis zum Zentrum der Liebe des Herzens emporgestiegen seid, ist keine Erleuchtung möglich. Ich warte also auf Euch und sehe schon heute dem Zeitpunkt entgegen, da wir uns endlich bewußt und wahrhaftig vermählen, da wir in Liebe eins werden, da Du Dich mir ganz hingibst und nicht mehr Deinen eigenen Weg gehst, sondern meinen; nicht mehr Deine eigenen Gedanken denkst, sondern meine; nicht mehr Deine eigenen Gefühle fühlst, sondern meine, und nicht mehr Deine eigenen Worte sprichst, sondern die des Vaters, und auch Seine Werke vollbringst. Dies wird der Tag sein, da Du hinausrufen wirst: ‹Es ist vollbracht!›.

Benutzt nun bitte diese vorweihnachtliche Zeit, um Eure nächsten Schritte zu vollbringen. Es gibt keine Jahreszeit auf dieser Erde, in der die göttliche Gnade reicher und stärker fließt als jetzt. Vom ersten Advent bist zum letzten Jahrestag sind unzählige Scharen von Engeln, von Licht- und Himmelswesen auf Eurer Erde tätig. Sie alle haben den Auftrag, Euch zu tragen, Euch hinaufzuziehen an mein Herz. Wehrt Euch nicht, geht ins Licht! Laßt Euch tragen, ohne zu fragen, wohin der Weg, wohin das Licht geht. Denn Ihr wißt: Es kommt aus Gott und kehrt zu Ihm zurück, durch mein Herz, durch meine Liebe, durch Euer Leben.

Viele Menschen werden noch dieses Jahr erwachen. Mutter Erde wird sich immer wieder und immer mehr schütteln und alles von sich abwerfen, was sie belastet. Doch wenn Ihr im Lichte seid, seid Ihr keine Last, sondern eine Freude auch für sie.

Versteht bitte, was in dieser Zeit für große Gnaden fließen! Ihr denkt, die Gewalten und Stürme der Natur seien vorbei, doch die Engel sind am Reinigen, und zwar nicht nur Euch, sondern die ganze Welt. Freut Euch also, schaut hinweg über das Leid, schaut direkt in die Freude und seid bereit zu geben, wann immer Ihr geben könnt. Hört in Euer Inneres hinein und fragt: ‹Vater, was würdest Du in meiner Situation tun?› Dann hört in Euch hinein und tut, was ich Euch rate, ohne zu denken. Denn das Denken führt Euch weg vom Pfad der Wahrheit. Fühlt, denn wo Gott ist, ist Freude; wo ich bin, ist Schönheit, ist Friede, ist Harmonie. So bin ich stets in Euch, wenn Ihr in mir seid.

Weshalb, so magst Du Dich fragen, komme ich überhaupt hierher zu Dir? Nun, es ist Deine Liebe, die mich ruft; es ist Deine Sehnsucht, die mich zieht, und es ist Dein guter Wille, für mich zu wirken. Und ich wirke durch Dich, dessen kannst Du versichert sein. Jedoch halte stets Deinen Körper, Deine Seele und Deinen Geist von unguten Gedanken fern, dann bist Du rein und wirst immer ein Kind des Lichtes sein, ein Kind der Liebe. So grüße ich Euch, und ich küsse jedes Deiner Chakras und öffne sie alle für Dich. Lasse sie offen, ewiglich. Ich liebe Dich, mein Kind, und ich höre, wie Du rufst: ‹Großer Gott, ich liebe dich!›. Ich höre Dein Bitten und Dein Flehen, und bald schon ist die Zeit reif, dann werdet Ihr mich alle sehen können. Seid jedoch bereit, das Licht zu ertragen ohne zu fragen. Ich beantworte alle Eure Fragen, dessen könnt Ihr gewiß sein.

Schreibt immer wieder alle Eure Sorgen auf einen Zettel und verbrennt dann diesen Zettel, während ihr dazu betet. Dann werdet

Ihr um so schneller von allen diesen Sorgen befreit. Ich grüße Euch, liebste Kinder, und ich gehe nicht fort, sondern ich gehe hinein, in Dich, in Dein Herz. Wann immer Du willst, rufe mich, denn ich bin Dein. Untrennbar werden wir für alle Ewigkeit zusammensein. Vergiß das nie, mein Kind! Amen.»

«Ich sehne mich so sehr nach Euch!»

(9. Botschaft vom 15. Dezember 1994)

[Christus sprach:] «Gottes Licht, Gottes Liebe, Gottes Güte und Gottes Barmherzigkeit Euch zum Gruß, liebe Kinder! Mein Herz freut sich, Euch alle heute hier mit dem einen Wunsch versammelt zu sehen, mir näherzukommen, noch näher in meinen allweisen Vater hineinzutauchen, um Seine Weisheit zu ergründen, Seine Liebe zu erleben und Seine Wahrheiten zu hören.

Dies ist wahrhaftig der Weg, der für dieses Leben für Euch vorgezeichnet ist. Und Ihr dürft nun die göttliche Liebe verspüren. Sie ist Wärme, sie ist Geborgenheit, sie ist Verständnis, sie ist sanft und doch voller Kraft, sie ist bewegt und trotzdem ruhig. Und sie ist, wie Ihr ja alle wißt, oben wie unten. Damit möchte ich sagen, liebe Kinder, daß Ihr oben suchen sollt, damit Ihr unten finden könnt, was Ihr sucht.

Heute ist für mich in diesem Kreise Weihnachten. Alles, was Ihr hier auf Erden schmückt, wird um ein Vielfaches mehr geschmückt sein in der geistigen Welt, in Eurer wahren Heimat. Und ich bin gekommen, so wie es bei Euch der Brauch ist, um Euch zu beschenken in diesen Tagen. Mein Geschenk an Euch lautet wie folgt: Ich nehme Euch heute alles weg; gebt mir Eure Zweifel, gebt mir Eure Eifersucht, Euren Neid und alle Eure Ängste! Legt alles auf meinen Altar! Ich bin heute gekommen, um Euch zu beschenken, indem ich alles hinwegnehme, was Euch hindert, in die wahre, tiefe Herzensverbindung mit mir zu kommen. Denn es sind jene Eigenschaften, die Euch immer wieder vom selben Weg in die selben Fehler abbringen.

Ja, ich will heute alles verbrennen mit meinem Licht der Liebe und mit der Kraft der Wahrheit und dem Segen des allmächtigen Vaters im Himmel, was Ihr an Ungutem getan, gedacht, gefühlt und gelebt habt bis heute. Für Euch, liebe Kinder, beginnt heute die neue Zeit! Das goldene Zeitalter ist für Euch alle schon heute angebrochen, denn ich nehme von Euch jede Schuld und jedes Leid, damit Ihr nur noch eines kennt: Liebe, Licht und Vollkommenheit. Denn dies ist Euer wahres Sein tief in Euren Herzen.

Ich beauftrage Euch hiermit, als meine Schüler in die Welt hinaus zu gehen, wie es damals geschah vor 2000 Jahren, um allen zu verzeihen, die Ungutes tun, und um einem jeden Eure Liebe zu geben, ohne dafür etwas zu erwarten. Geht hinaus auf Eure Straßen und seht Eure ärmeren Geschwister, beschenkt sie, begleitet sie, seid ein Licht, seid ein wahrer Stern am Horizont aller Bewußtseine, die noch nicht hier sind, die noch nicht glauben, die noch nicht wissen, daß sie von mir alles erhalten, wenn sie mir alles geben.

Ich bitte Euch: Gerade im engsten Kreise fängt die Liebe an. Habe ich doch gesagt: ‹Liebe Deinen Nächsten!› Nun, wer sind Deine Nächsten? Und ich frage Dich: Ist es meine Liebe, die Du ihnen gibst? Meine Wahrheit? Mein Verständnis? Schenkst Du ihnen mein Vertrauen? – Ich sage Dir, mein Kind, Du tust es nicht! Und so lange Du dies nicht tun kannst, zeigst Du mir, daß Du Dir selbst noch nicht trauen kannst, daß Du Dich selbst noch belügst und daß Du Dich selbst immer wieder von mir abwendest.

Jedoch höre: Ich liebe Dich! Höre: Ich sehne mich nach Deiner Liebe! Höre: Ich brauche Dich! Und Du weißt: Ohne mich kannst Du nicht sein, denn ich bin Dein Leben, ich bin die Wärme Deines Blutes und das Licht Deiner Augen. Schaue mich an, komme zu mir und laß mich immer bei Dir sein! Weihe mir alle Deine Tage und alle Deine Nächte, ja jede Sekunde Deines Lebens, und es wird immer Weihnachten sein zwischen uns! Dann hast Du Dich wirklich mir geweiht; dann sind wir nicht entzweit, sondern vereint in der ewigen Weihnacht, Tag für Tag, Stunde für Stunde, Augenblick für Augenblick.

Unzertrennbar werden wir den Weg gemeinsam gehen, Hand in Hand und Fuß an Fuß und Herz in Herz! Dann wirst Du fühlen, was ich fühle; dann wirst Du denken, was ich denke; ja, dann wirst Du sehen, was ich sehe, und es wird kein Unterschied mehr sein zwischen Dir und mir, mein Kind. So komm zu mir, ich liebe Dich! Entscheide Dich jetzt für mich! Die Tore meines Herzens sind weit geöffnet; der Weg liegt klar vor Dir, Du kennst ihn und Du gehst ihn.

Und Ihr alle geht den Weg den andern vor. Wisset also stets: Sie schauen auf Euch, ja, die ganze Welt sieht auf Euch hernieder! Jeder Fehler, den Ihr tut, wiegt somit tausendfach. So war es auch zu meiner Zeit: Jede Heilung, die ich tat, kam den Pharisäern und Schriftgelehrten tausend Morden gleich. So schändlich wurde ich danach behandelt. Doch dankbar habe ich auch jene angenommen. ‹Danke!›, habe ich gesagt zu meinem Himmlischen Vater, ‹danke, danke!›

Komme also, reiche mir Deine Hände und lasse mich Dich emporziehen in die höchsten Ebenen des höchsten Lichtes und der höchsten Wahrheit. Jedoch darfst Du keine Angst mehr haben, die Wahrheit zu sehen, auch nicht die Wahrheit über Dich! Sieh sie Dir genau an und lerne, und dann übergib mir all Deine Fehler und beginne mit jedem Tag neu. Denn jeder Tag kann in diesem Sinne ein Weihnachtstag für Dich und Deinen Schöpfer sein. Denn Weihnachten heißt: Sich verschenken, sich bemühen und sich befreien und sich nur Gott zu weihen.

Es wird sich nun alles bewegen, innen wie außen, oben wie unten. Die Zeit läuft schnell, und es muß noch viel geschehen, in Euch ebenso wie außen, oben wie unten. Laßt also das Zweifeln sein! Öffnet Eure Herzen und laßt doch mich herein! Ich sehne mich so sehr nach Euch! Geliebte Kinder, laßt uns zusammen sein ohne Unterbruch, Tag für Tag.

Und wisset: An vielen Orten spreche ich, jedoch sind es nur wenige, die mich hören, und noch weniger, die mich fühlen, und noch weniger, die mich lieben. Heute jedoch seid Ihr alle bei mir, und ich bin nicht mehr einsam in dieser Welt.

Es wird sich geben, daß überall immer mehr Kanäle und Lichtplätze entstehen, wo der göttliche Geist ein und aus kann gehen. So wünsche ich es mir auch von Dir! Sei mein Kind und komm geschwind in mein Herz hinein. Ihr sollt meine Christbäume sein in dieser Welt, und ich schmücke Euch mit Kerzen und auch mit Wunderkerzen. So werdet Ihr Euch noch wundern ob der Geschenke, die ich Euch gebe, dann, wenn die Zeit reif und Euer Herz weit geöffnet ist, so wie jetzt.

Ich grüße Euch und will Euch segnen: Im Namen des allmächtigen Vaters, in der Liebe des eingeborenen Sohnes und in der Kraft des Heiligen Geistes, die in Euch lebt – ich segne Euch! Seid meine Jünger ab heute! Seid das Licht, wie ich es war und wie ich es immer noch bin für diese Welt. Ich sende Euch hinaus als meine Diener. So gehet denn und kündet von meiner Liebe! Amen.»

«Nehmt Eure Flügel und schwingt Euch hinauf!»

(10. Botschaft vom 5. Januar 1995)

[Christus sprach:] «Friede sei mit Euch, geliebte Kinder und Freunde des Lichts! Ich begrüße Euch im großen Lichtkreis Gottes!

Herzen sind Kerzen! Eure Herzen müssen immerzu leuchten und strahlen, damit Euch die Engel sehen können, damit sie Euch finden und begleiten können. Ihr könnt die Arbeit der Engel sehr vereinfachen, wenn Ihr leuchtet und strahlt. Dann seid Ihr Empfänger des göttlichen Lichtes und könnt in Hülle und Fülle empfangen, was unser Himmlischer Vater Euch sendet an Liebe, an Licht, an Kraft, an Harmonie und Gesundheit und Wohlstand, an Freude und auch an Freunden.

Ich will Euch nun einiges erzählen über das jetzt angefangene Jahr. Manche von Euch wissen, daß dieses Jahr dem Mars unterstellt ist, dem roten Planeten, dem Herrscher der Kriege und des Feuers der Zerstörung. Jedoch möchte ich betonen, daß dieses Jahr die Zahl sechs symbolisiert. Es ist also sowohl das Jahr des Heilers als auch das Jahr der Bewährung und der Prüfung, in dem ein jedes meiner Kinder mir zeigen darf, ob und wie es zu mir steht, ob und wie es in mir lebt, ob und wie es bereit ist, sich für den Nächsten aufzuopfern.

Denn Ihr wißt ja, meine Kinder, ich bin in jedem Nächsten. Seht also in jedem nur mich und beweist mir somit, daß Ihr mich liebt! Auch ich freue mich über jede Kerze aus Euren Herzen, die den Weg zu mir findet, die Ihr mir schenkt, die Ihr mir bringt. Viel Platz ist in der Ewigkeit für jedes Licht, für jede Liebe.

Es wird dies auch das Jahr der Beziehungen sein, der Beziehungen in jeder Hinsicht: zwischen Dir, Deiner Familie, Deiner Freunde, Deinem Partner, Deinem Lehrer und auch zu mir. Es wird für Euch somit das Jahr der Treueprüfung und der Liebe zu mir sein. Vergeßt nicht, wenn Ihr in diesen Prüfungen steht: Vor langer Zeit habe ich Euch allen Flügel geschenkt; auch sie sind in Eurem Herzen drin. Verschenkt also allen geistig diese Flügel der Liebe, damit sich alle zu mir emporschwingen können! Denn je mehr Flügel Ihr verschenkt, desto größer werden die Eurigen. Ich kann Euch immer wieder nur eines sagen, liebe Kinder: Geben, Geben und nochmals Geben – dies ist ein großes Gesetz. Denn wer nimmt, belastet sich und nimmt so viel, daß er alsdann zerdrückt am Boden liegt und nach mir schreit. Wenn ich dann herbeikomme und zu ihm spreche: ‹Mein Kind, laß doch all das los, was Dich bedrückt, was Dich niederreißt und belastet›, dann sagt er zu mir: ‹O mein Gott, ich will ja, doch ich kann nicht! Sage mir bitte, wie kann ich dies bloß tun?› Und wenn ich dann ihm antworte: ‹Laß einfach los!›, so versteht er mich nicht. Es ist zu einfach. Doch ich sage es nun zu Euch, heute und in diesem Kreise: Laßt doch endlich los, Eure Wünsche, Eure Vergangenheit, Euer ‹Ich will!›!

... Es gibt keine Feinde, denn Ihr selbst seid Euch die größten Feinde. Helft allen, die Euch nicht gutgesinnt sind, schenkt ihnen Liebe, Verständnis und Geborgenheit. Denn vieles könntet Ihr in diesem Jahr nicht verstehen ohne das Herzensverständnis der Richtigkeit aller Dinge, die geschehen werden. Selbst wenn die Kriege sich verschlimmern, wenn das Elend sich ausweiten wird, seht: Das Dunkle zerstört sich immer selbst, denn es besitzt keine Intelligenz, es besitzt kein Verständnis, es besitzt kein Licht und somit, meine lieben Kinder, existiert es nicht für mich, denn ich bin ein Gott des Lichtes. Mein Bewußtsein ist so, wie es das Eure auch sein sollte: immer auf das Licht ausgerichtet. Es kennt keine Furcht, keine Zweifel, keinen Zorn, keinen Haß, nur Freude für Gott und unendliche Liebe.

Ich habe noch vieles vor mit Euch und mit diesem Lichtkreis. Seid also bereit, für mich zu lieben, für mich Eure eigenen Interessen loszulassen und für mich über Eure Schatten zu springen. Denn Euer Schatten sind die Dornen in Euch; Euer Schatten ist das Dunkle, das Ihr noch wegstrahlen sollt mit meiner Liebe. Dann, wenn eine Seele gereift ist, mein liebes Kind, dann wirft der Körper keinen Schatten mehr, wenn dieser nicht will, denn auch der Leib ist dann feinstofflich, transparent und durchlässig geworden. Ja, ich scheine dann mit der Sonne direkt durch ihn hindurch, und er hat nichts mehr vor mir zu verbergen.

Bedenket: Die irdischen Gesetze entsprechen nicht der Wahrheit. Sie sind sehr wohl Realität in der Materie, jedoch entsprechen sie nicht der Wirklichkeit, die ja Geist ist. So entscheidet Ihr selbst, wo Ihr lebt, welchen Gesetzen Ihr Euch unterordnet und beugt und ob Euer Leben mich wahrhaftig freut. Das entscheidet Ihr alleine.

In diesem Jahr, liebe Kinder des Lichts, gebe ich jedem von Euch die Möglichkeit, mir als Lichtkanal zu dienen und für mich als Heiler tätig zu sein. Ich gebe jedem von Euch die Kraft, die ganze Welt zu tragen. Und ich gebe jedem von Euch die Kraft, die ganze Welt zu lieben. Ja, es ist meine Liebe, die Euch heilt und reinigt, und es ist meine Liebe, die durch Euch wirkt und anderen Mitmenschen Heilung bringt.

Bedenket dies: Nicht Ihr seid es, sondern ich bin es! Nicht Eure Liebe ist es, sondern meine. Nicht Eure Kraft ist es, sondern die Kraft unseres Schöpfers. Gott-Vater, Gott-Mutter, Gott-Heiliger-Geist – dies ist die Wahrheit, ist die Liebe, ist das Verstehen, ist das Verzeihen, ist das Lösen und Erlösen, ist alles! Und überall ist diese Kraft und dieses Licht und diese Gegenwart zu finden. Höret: überall, so auch in Euren Feinden, die eigentlich Freunde sind.

So laßt uns stets die ganze Schöpfung lieben – alle Menschen, Tiere und Pflanzen. Dann wird das Licht auf Erden siegen. Denn Eurer Hilfe bedarf es in dieser Zeit. So öffnet Eure Herzen weit, und ich lege Euch meine Hände auf, zum Zeichen der Verbundenheit, des Segens und der unendlichen Liebe und zum Heil von Körper, Seele und Geist.

Spüre nun, wie mein Licht Dich erfüllt. Von Kopf bis Fuß durchströme ich Dich mit meinem Sein. Atme mich tief in Dich hinein. Ich gebe Dir die Kraft und die Chance, alles niedere zu überwinden in diesem Jahr. Dann wird die Sechs zur Neun, dann wird über allem in Deinem Leben mein Geist thronen und Dich wahrhaft führen, schützen, leiten und begleiten auf Deinem Weg zu mir. Dann wirst Du für mich ein Lichtzentrum sein, und ich werde Dir einen noch größeren Lichtkreis um Dich herum schenken, einen größeren als den, der bereits heute schon bei Dir ist. Mehr Menschen werde ich Dir anvertrauen; mehr Kinder werden dann auf Deine Liebe bauen. Sie werden Dir vertrauen und Du wirst sie zu mir führen.

Friede sei mit Euch, Friede über alle Grenzen, über alle Eure Grenzen! Friede, Liebe, Kraft und Segen schenke ich Euch und der ganzen Erde in diesem Moment. Und ich sende dieses Licht und meinen Segen zu allen Euren Freunden, Verwandten und Bekannten im Dies- und im Jenseits. Seid gewiß: Ich heile jeden, wenn es gut ist für seinen Geist.

So zweifelt nicht, wenn Ihr auch leidet. Wenn die Zeit reif ist, werde ich Euch augenblicklich befreien, und keines meiner Kinder wird mehr leiden als nötig, denn in der geistigen Welt gibt es nur Freude. In jenen Gefilden, wohin Ihr Euch begebt, wenn Ihr meinen Weg geht, ist alles voller Harmonie, voller Pracht, Schönheit, Wahrheit, Klarheit und Reinheit, voller Farben, voller Musik, voller Herrlichkeit. Die Tore zu diesen Welten sind für Euch offen, so nehmt Eure Flügel und schwingt Euch hinauf!

Ich segne Euch und ich liebe Euch, jetzt und von Anbeginn und bis in alle Ewigkeit, denn wisset: Ihr seid meine Kinder, somit seid Ihr mein Leben! Ich liebe Euch. Amen.»

Hinweis: Im Govinda-Verlag sind in der Reihe «Botschaften aus dem Christusbewußtsein» weitere Auszüge aus den medialen Botschaften von Bruno Würtenberger erschienen:

Band 1: «Licht ist in dir» (März 1999)
Band 2: «Alles ist Liebe» (Mai 2000)

Weitere Bände sind geplant.

Anhang

In diesem Anhang findest Du, liebe Leserin und lieber Leser, einige nützliche Tabellen, Zusammenstellungen und Empfehlungen, die Du in Deinem geistigen Leben vielleicht wirst brauchen können. Es geht dabei um Themen wie: göttliche Lichtstrahlen, Natur-Devas, Tierkreiszeichen, Zahlensymbolik, Chakras, Edelsteine, Heilfarben, Aromatherapie und Spirulina.

Ich bin mir bewußt, daß in der immensen esoterischen Literatur immer wieder Widersprüche auszumachen sind und daß über bestimmte Themen zuweilen auch gegensätzliche Lehren und Meinungen kursieren. Dies gilt auch in bezug auf die nachfolgenden Tabellen und die jeweils angegebenen Entsprechungen.

Deshalb möchte ich hier noch einmal festhalten, daß das vorliegende Buch nicht den Anspruch erhebt, vollständig zu sein oder gar die einzig gültige Wahrheit zu enthalten. Die hier beschriebenen Themen bilden jedoch «meine Wahrheit» – so, wie ich sie gelernt und teilweise auch persönlich erfahren habe. Nimm Du also bitte alles das, was auch für Dich stimmt, heraus und nutze es zum Vorteil aller!

Damit möchte ich mich im Rahmen dieses Buches von Dir verabschieden. Ich danke Dir dafür, daß Du dieses Buch gekauft und gelesen hast, und es würde mich freuen, wenn es Dir so gut gefallen hat, daß Du es weiterempfiehlst. Friede sei mit Dir!

Die göttlichen Lichtstrahlen

und einige ihrer Entsprechungen

Im vorliegenden Buch wurden einige Male sogenannte «Lichtstrahlen» sowie deren «Regenten» angesprochen. Die folgende Tabelle gibt eine Übersicht über alle Hauptstrahlen, deren Regenten sowie deren Farbe, Form und Eigenschaften.

Alle diese Strahlen werden in den Solarien ihrer jeweiligen Ebene gebildet und fließen von dort direkt auf unsere Erde hernieder. Jeder Strahl wird von einem bestimmten Erzengel oder Himmelsfürsten überwacht, doch es wirken in jedem Strahl Millionen von Engelwesen mit. Diese Lebensstrahlen – sie werden zuweilen auch als «Kosmische Strahlen» bezeichnet – wirken nicht nur auf unserer Erde oder in unserem Sonnensystem, sondern im ganzen All Gottes.

Wenn Du Dir die Energie eines dieser verschiedenen Strahlen zu eigen machen möchtest, dann gehe wie folgt vor: Bitte im Gebet oder in der Meditation den entsprechenden Regenten um seine Zuwendung. Visualisiere anschließend intensiv Farbe und Form des betreffenden Strahles und lasse auf diese Weise seine Energie in Dir wirksam werden.

Hinweis: Ursprünglich war der 14. Strahl der 13. Doch Gott hat ihm schon vor langer Zeit das Licht entzogen und an seiner Stelle einen neuen Strahl erschaffen, welchen Er erstmals einem Solaradepten unterstellt hat. Somit kann der 14. Strahl eigentlich nicht mehr als «Lichtstrahl» bezeichnet werden, da er die Abwesenheit des göttlichen Lichtes ist. Sich mit ihm zu verbinden ist sehr gefährlich, denn er führt jedes Wesen in Dunkelheit, Depression, Krankheit und Zerstörung. Ich erwähne ihn hier nur der Vollständigkeit halber.

Lichtstrahl	Regent	Solarname	Farbe	Form	Wirkung
1. Athrum	Jesus Christus	Jesias	Silber	Spitzsäule Lichtpfeile	Lebensessenz
2. Bhama	Erzengel Jophiel	Ahmenhah	Hellgelb	Moleküle	Hellsehen Hellfühlen
3. Crisneth	Erzengel Uriel	Ithuriel	Grün	Tropfenförmig	Geistiges Wachstum
4. Hakhanh	Erzengel Gabriel	Franchalah	Rot	Kreisförmig	Mystik, Trance Liebe
5. Shinhoth	Himmelsfürst Buddha	Makhimsih	Gold	Goldpfeil mit 144 Funken	Neuschöpfungen
6. Krinhalha	Erzengel Chamuel	Mlyhyhia	Indigo	Sternennebel mit Athrum	Wissenschaft
7. Minhihih	Himmelsfürst Arhura	Arhura	Amethyst	Sternform mit Weihrauch	Wohlgeruch Duft
8. Lukhanic	Erzengel Raphael	Rahaal	Blau-weiß	Spiralförmige Rotation	Heilung Medizin
9. Motsumh	Himmelsfürst Akhanah	Aahnahtah	Königsblau	Keilförmig Blitzartig	Magnetismus Elektrizität
10. Grinhilam	Himmelsfürst Kahanah	Kahanah	Hellblau	Kreisförmig Scheinwerfer	Akasha-Chronik
11. Kralohnoh	Erzengel Zadkiel	Azrahaehl	Dunkelgrün	Kegelförmige Wirbel	Kunst, Musik Farbe
12.Facnic	Erzengel Michael	Mikaal	Lapislazuli	Fächerförmig Schwertartig	Reinigung Lichtschutz
13. Franchiliah	Solaradept Shanvis	Shanvis	Altgold	Goldener Regen Spiralförmig	Reduziert negative Töne
14. Samanah	Luzifer + Luzifera	Satan + Satana	Schwarz	Schwarz	Zerstörung Tod

Die Tierkreiszeichen

und einige ihrer Entsprechungen

Die folgende Tabelle ist so dargestellt, wie sie von der Mentalebene aus betrachtet wird. Der astrologisch versierte Leser möge daher etwaige kleine Unterschiede – wie beispielsweise in der Farbgebung bei den Elementen Wasser und Erde – verständnisvoll hinnehmen. Wie mir mein Lehrer erklärte, verlor unsere einstmals als «Blauer Planet» bekannte Erde im Zuge ihrer Verdunkelung auch immer mehr ihre ursprüngliche Farbe.

Tierkreis	Haus	Thema	Eigenschaft	Planet	Urqualität	Element	Zeichen
Widder 21.3.–20.4.	1. Haus	Eigenes Anliegen	Tatkraft	Mars: Energie	Energie	Feuer (Rot)	Kardinal
Stier 21.4.–20.5.	2. Haus	Geistig-Seelisch-Materielles Vermögen	Sammlung / Festigung	Venus: Harmonie	Konzentration	Erde (Blau)	Fix
Zwillinge 21.5.–21.6.	3. Haus	nähere Umgebung / Geschwister	Kommunikation / Austausch	Merkur / Apollon: Denken	Flexibilität	Luft (Gelb)	Veränderlich
Krebs 22.6.–22.7.	4. Haus	Die eigenen vier Wände	Besinnung	Mond: Seele	Gefühl	Wasser (Grün)	Kardinal
Löwe 23.7.–23.8.	5. Haus	Alleingang	Ausstrahlung	Sonne: Persönlichkeit	Energie	Feuer (Rot)	Fix
Jungfrau 24.8.–23.9.	6. Haus	Alltagsarbeit	Dienen / Denken	Merkur: Denken	Konzentration	Erde (Blau)	Veränderlich
Waage 24.9.–23.10.	7. Haus	Partner / gleichgesinnte Menschen	Ausgleich / Harmonie	Venus / Cupido: Harmonie	Flexibilität	Luft (Gelb)	Kardinal
Skorpion 24.10.–22.11.	8. Haus	Mißstände / nicht gleichgesinnte Menschen	Bereinigung / Läuterung	Pluto: Suggestivkraft	Gefühl	Wasser (Grün)	Fix
Schütze 23.11.–21.12.	9. Haus	Religion / geistiges Wissen	geistige Werte / Höherführung	Jupiter: Erfolg	Energie	Feuer (Rot)	Veränderlich
Steinbock 22.12.–20.1.	10. Haus	Berufung / Öffentlichkeit	Verantwortung	Saturn: Hemmung	Konzentration	Erde (Blau)	Kardinal
Wassermann 21.1.–19.2.	11. Haus	Ideale / überpersönliche Aufgaben	Umorientierung	Uranus: plötzliche starke Kraft	Flexibilität	Luft (Gelb)	Fix
Fische 20.2.–20.3.	12. Haus	Tiefgründigkeit / Jenseitigkeit	Opfergang	Neptun: «Dein Wille geschehe!»	Gefühl	Wasser (Grün)	Veränderlich

Hinweise zur Symbolik der Zahlen

Die Zahlen 1 bis 9 sind im eigentlichen Sinne die harmonischen Schwingungen einer höheren Ordnung. Das Zusammenspiel dieser Zahlen und das wahre Erkennen läßt einen kundigen Menschen zu einem Virtuosen der Zahlenmystik werden. Wer sich in der Symbolik der Zahlen auskennt, kann mit ihnen spielen wie ein Künstler auf seinem Instrument.

In der mit ‹+› bezeichneten Spalte der nachfolgenden Tabelle werden mögliche positive Eigenschaften aufgelistet, während jene mit ‹–› auf mögliche ungute Verbindungen hinweist.

→ Weiterführende Literatur:
«Lebenszahl als Lebensweg» von Dan Millmann

	Symbolisiert	**+**	**–**	**körperliche Schwachstellen**	**Farbe**
1	Wille Perfektionismus All-Eins-Sein Einsamkeit Einheit	aktiv dynamisch realistisch strebsam ehrlich selbstbewußt	ehrgeizig unflexibel starrsinnig kann sich nicht unterordnen	Herz Kreislauf mittlere Wirbelsäule Rückenmuskulatur Hexenschuß Krampfadern	Silber
2	Dualität Ursache und Wirkung Gefühle Labilität Zweifel Polarität	warmherzig sanft einfühlsam teamfähig zuvorkommend	launisch bequem ängstlich	Brust Magen Drüsen Verdauung Lymphen	Gold
3	Synthese Trinität Harmonie	hochbegabt humorvoll gesellig redegewandt sensitiv körperl. Widerstandsfähigkeit	launisch arrogant unehrlich neigt zu Machtkämpfen	Gicht Rheuma Hexenschuß Lunge Sportverletzungen	Blau

4	Raum und Zeit 4-Reiche Jahreszeiten Mystik	ausdauernd zielbewußt organisiert praktisch treu zuverlässig	schwerfällig egoistisch pessimistisch kleinlich materiell verlustängstlich	Unterschenkel Nervensystem Stoffwechsel	Grün
5	Der nicht trans- zendierte Mensch Das Ich	intelligent sprachbegabt idealistisch risikofreudig ausdauernd flexibel	ichbezogen unflexibel nachtragend exzessiv stur	Lunge Bronchien Gelenke Arme Asthma Ermüdung	Orange
6	Das «Niedere Selbst» Die Unvollkommenheit Konflikte in Familie und Partnerschaft	hilfsbereit sozial gewissenhaft optimistisch aufrichtig	intrigant lasterhaft untreu ungeduldig	Halsbereich Unterleib Nieren Haut Rheuma Diabetes	Gelb
7	Spirituelle Vollkommenheit Transformation des Ego Bewußtwerden des Karma	medial künstlerisch philosophisch charismatisch	unbeständig taktlos aggressiv verschlossen	Nerven Haut Magen / Darm Ermüdung	Rot
8	Ewigkeit Reinkarnation Magier Lehrer Meister Autorität Macht Achtsamkeit	willensstark intuitiv offen erfolgreich gesellig autoritär der Lehrer	taktlos überheblich verschwenderisch diktatorisch machohaft	Knochensystem Gelenke Haut Milz Ohren chronische Beschwerden	Lila
9	Vollkommenheit 3x3	hellsichtig einflußreich hilfsbereit romantisch charmant feinfühlig	unbeherrscht überheblich unehrlich kleinlich stur	Energiemangel Unterleib Haut Harn- und Geschlechtsorg. Mastdarm Nase Ohren	Violett

Die Chakras

Das Wort «Chakra» kommt aus der Sanskritsprache und bedeutet wörtlich «Rad». Genau wie ein Rad, das sich ununterbrochen dreht, so rotieren diese Energiezentren in uns und dienen uns als Empfänger der kosmischen Strahlen, welche ihrerseits verschiedene Namen tragen, wie zum Beispiel «Odstrahlen», «Prana», «Chi» u.a.

Wir brauchen diese Chakras, weil es uns sonst nicht möglich wäre, die enorm starken göttlichen «Primärstrahlen» in uns aufzunehmen. Diese direkten Lebensstrahlen Gottes werden durch unsere Energiezentren geleitet und dort auf das höchste für uns erträgliche Maß heruntertransformiert. Würde dies nicht so geschehen, dann würde unser Körper augenblicklich verbrennen.

Die verschiedenen Chakras befinden sich im Ätherleib, der etwa 5 cm außerhalb der Physis liegt und sozusagen die Verbindung zum Astral- und Mentalkörper des Menschen darstellt. In jedem dieser Chakra-Zentren befindet sich ein Kernpunkt, der wie ein Trichter aussieht, und sie alle sind mit dem Rückenmark verbunden. Sie sehen aus wie Lotosblüten an einem Stengel.

Die verschiedenen Energien strömen auf diese Weise den Rücken hinauf und passieren das Herzchakra. Es gibt auch Kraftströme, die rauf und runter zirkulieren. Der Strom der weiblichen Kraft heißt im Sanskrit Iḍā, und der der männlichen heißt Piṅgalā.

Die 7 Hauptchakras und einige Entsprechungen:

Name (Deutsch)	Name (Sanskrit)	Farbe	Drüse	Eigenschaft	Tag
Scheitelchakra	Sahasrara	Lila-Violett	Zirbeldrüse	Vereinigung mit Gott	Samstag
Stirnchakra	Ajna	Dunkelblau	Hypophyse	Erkennen / Einsicht	Donnerstag
Halschakra	Vishuddha	Hellblau	Schilddrüsen	Vernunft / Telepathie	Dienstag
Herzchakra	Anahata	Grün*	Herz/Thymusdrüse	Liebe / Hingabe	Sonntag
Solarplexus	Manipura	Gelb	Pankreas	Entsagung / Friede	Mittwoch
Sakralchakra	Svadhisthana	Orange	Nebennieren	Weisheit / Demut	Freitag
Wurzelchakra	Muladhara	Rot	Keimdrüsen	Vitalität / Begierde	Montag

* Jedes Chakra ändert seine Farbe selbstverständlich gemäß der jeweiligen spirituellen Entwicklung eines Menschen. Ganz besonders deutlich ist dies beim Herzchakra: seine Farbe kann von braun bis weiß-gold variieren.

Weitere Entsprechungen der Chakras:

Name	Zahl	Note	Edelsteine	Harze	Planet	Metall
Scheitelchakra	3	F	schw. Perle / Onyx	Styrax	Saturn	Blei
Stirnchakra	4	G	Saphir / Amethyst	Siam Benzoe	Jupiter	Zinn
Halschakra	5	C	Rubin / Granat	Galbanum	Mars	Eisen
Herzchakra	6	D	Diamant / Brillant	Weihrauch	Sonne	Gold
Solarplexus	8	E	gelber Zirkon	Sumatra Benzoe	Merkur	Quecksilber
Sakralchakra	7	A	hellbl .Saphir / Türkis	Sandelholz	Venus	Kupfer
Wurzelchakra	9	H	Mondstein / Opal	Myrrhe	Mond	Silber

Die Natur-Devas

Wie bereits im Text erwähnt, nennt man die höheren, wohlwollenden Geistwesen auch Devas, wobei es eine große Anzahl übergeordneter wie auch untergeordneter Devas gibt.

Die höchsten Devas sind jene Wesen, die für die Betreuung ganzer Planetensysteme sowie der kosmischen Elemente zuständig sind (sie werden hier nicht aufgeführt), während eine bestimmte Gruppe von untergeordneten Devas – man könnte sie auch als «Natur-Devas» bezeichnen – sich um die verschiedenen Schöpfungen und Geschöpfe auf dem Erdplaneten kümmert.

Es folgt eine Liste einiger der bekanntesten Völker dieser Naturgeistwesen sowie ihrer jeweiligen Aufgabenbereiche:

Die **ALLRAYS** betreuen die Hügelzüge.

Die **ALLSEES** sind die «Alles-Seher», das heißt, sie überschauen den ganzen Plan Gottes. Sie betreuen die Berge und beaufsichtigen zudem gewisse untergeordnete Natur-Devas wie die Salamander und Sylphen.

Die **AMFRI** sind junge, untergeordnete Feuer-Devas, die den Menschen auf dem Weg der Erleuchtung behilflich sind.

Die **AQUI** beaufsichtigen die Tiere mit einer Gruppenseele.

Die **BAUM-DEVAS** betreuen die Bäume und großen Sträucher.

Die **BUDIELS** betreuen die wilden Tiere und die Haustiere.

Die **CILARAE** sind junge, untergeordnete Luft-Devas.

Die **ELFEN** formen die wunderbaren Blumen und schmücken sie aus.

Die **FOLATEL** assistieren den Budiels bei der Betreuung die Säugetiere.

Die **FRAKINS** sind die Bildner; sie schaffen mit der göttlichen Kraft Farben, Düfte und Töne in die verschiedensten Gesteinsschichten hinein. Sie sind auch verantwortlich für das Bilden der Einzeller. Sie haben von Gott die Gabe erhalten, mit allen zur Verfügung stehenden Energien zu arbeiten.

Die **GNOMEN** wohnen unter der Erde, sie lieben jedoch auch die Felsen und Steine. Sie führen ein sehr menschenähnliches Dasein und haben wie wir Familien und Kinder. Sie sind ein sehr frohes Volk und arbeiten im Tier- und Pflanzenreich, vor allem an den Wurzeln der Bäume und Sträucher.

Die **MURMLO** sind jene Engel des Luftreiches, welche die Stürme und den Wechsel der Jahreszeiten herbeiführen.

Die **NAJADEN** sind das Oberhaupt der untergeordneten Wasser-Devas (Undinen und Nymphen).

Die **NYMPHEN** sind Wasser-Devas, die vor allem in den Strömen, Flüssen und Bächen zu Hause sind.

Die **PANTEE** betreuen das Fischreich. Sie geben den Schuppen ihren Glanz und helfen mit, die Fische zu steuern, damit diese aus Gefahrenzonen hinausschwimmen können.

Die **SALAMANDER** sind untergeordnete Feuer-Devas. Sie stehen unter der Obhut der Allsees.

Die **SCHNEEKÖNIGE /INNEN** sind für alle Kristalle verantwortlich.

Die **SEEZAL** betreuen die niederen Tiere wie Vögel und Insekten.

Die **SYLPHEN** sind untergeordnete Luft-Devas. Sie stehen unter der Obhut der Allsees.

Die **TWAN-DEVAS** betreuen die Säugetiere, die erste Linie der Tierschöpfung. Sie betreuen auch, zusammen mit den Twilvee-Devas, die Aqui.

Die **TWILVEE-DEVAS** sind das Oberhaupt der zweiten Linie der Tierschöpfung, also jener Tiere, die laichen oder Eier legen. Sie betreuen auch, zusammen mit den Twan-Devas, die Aqui.

Die **UNDINEN** sind Wasser-Devas, die vor allem in den Meeren und Seen zu Hause sind.

Die **WINZLINGE** stellen die Staubgefäße in den Blüten und Blumen her. Sie tragen auch die Düfte in die Staubgefäße hinein.

Die **ZWERGE** sind große Freunde aller Blumen, Pflanzen und Bäume und sind sozusagen die «Gärtner» von Mutter Erde (siehe die weitverbreitete Tradition der «Gartenzwerge»). Nach meiner Erfahrung gibt es mindestens zwei Arten von Zwergen: Die einen sind für die Pflege der Gärten und Wälder zuständig (sie tragen rote Mützen), und die anderen sorgen dafür, daß die Pflanzen grün sind (sie tragen grüne Mützen). Auch sie führen ein sehr menschenähnliches Dasein und haben wie wir Familien und Kinder.

Die Heilkräfte der Edelsteine

Es folgt eine ausführliche Auflistung der Heilkräfte sowie der verschiedenen Entsprechungen aller wichtigen Edelsteine.

Dem Heiler, der mit Heilsteinen arbeitet, sei an dieser Stelle folgender wichtige Hinweis gegeben: Nach jeder Behandlung müssen die Steine unbedingt gereinigt und entodet werden, denn sonst besteht die Gefahr, daß sich die behandelten Krankheiten auf den nächsten Patienten übertragen!

ACHAT: Dieser Stein fördert das Zellbewußtsein und die Selbstheilungskräfte und hilft bei Magenbeschwerden, Fieber, Augenleiden, Kopfschmerzen und Hautkrankheiten. Da es viele verschiedene Achate gibt, bitte für genauere Angaben die entsprechende Fachliteratur zu Rate ziehen.

AMETHYST: Dieser Stein unterstützt unsere Bemühung, uns von karmischen Belastungen zu lösen. Er hat eine sanfte und beruhigende Schwingung und hilft bei Schlafstörungen, bei übermäßiger Verstandesbetonung, bei Kopfschmerzen, Migräne, Nervenschmerzen und Arthritis. Er verschafft zudem einen besseren Zugang zum Intuitiven und zur Traumebene. Er hat Entsprechungen zum Planeten Jupiter und dem 7. kosmischen Strahl des Wohlgeruchs, zu den Tierkreiszeichen Fische und Schütze, zum Stirn- und Scheitelchakra, zur Leber, zur Blutsubstanz und zum Skelett, zum Metall Zinn, zur Zahl 4 und zur Note G. Er eignet sich ausgezeichnet zur Meditation.

AMAZONIT: Dieser Stein gleicht das Nervensystem und den Muskeltonus aus und ist hilfreich bei Augen- und Hautbeschwerden sowie bei Depressionen. Er verbessert die Kalzium- und Kaliumaufnahme des Körpers und hilft uns beim Bewußtwerden der Vielschichtigkeit unserer eigenen Persönlichkeit. Er fördert zudem die Verbundenheit zur Umwelt und verschafft einen erleichterten Zugang zum Wesen der Steine, Pflanzen und Menschen. Er wirkt außerdem auf das Herz- und Halschakra.

ALEXANDRIT: Dieser Stein hat eine tiefe Verbindung zum Planeten Uranus, in dem das Urlicht Gottes verborgen ist. Er vermittelt uns die Kraft, über das Irdisch-materielle und alles Erdgebundene hinauszuwachsen, und öffnet uns somit die Tore zur Mystik und zur göttlichen Weisheit. Wenn Mars bei der Geburt in Konjunktion zu Uranus steht, sollte dieser Stein getragen werden.

AQUAMARIN: Dieser zarte Stein sichert das Herzensglück und den inneren Frieden und wirkt besonders im Hals- und Kopfbereich. Er spült auf sanfte, jedoch nachhaltige Weise Stauungen und Blockaden weg; er reinigt, klärt und bringt Licht in Körper und Aura hinein. Er fördert auch die Ausdrucksfähigkeit: Die Gefühle fließen leichter nach außen, Belastungen lassen sich besser mitteilen und somit schneller abbauen. Der Aquamarin wirkt zudem beruhigend und heilend auf Leber, Nieren, Milz und Lymphen. Die Gedanken werden durch seinen Einfluß klar, und auch das intuitive Sehen wird gefördert.

AVENTURIN: In diesem Stein liegt die ganze Lebenskraft und Geistesfülle Gottes, vor allem dann, wenn er in Konjunktion zu Uranus und Jupiter steht. Für Menschen, auf welche diese Konstellation zutrifft, ist dieser Stein sehr, sehr wichtig. Er hilft zudem bei Haarausfall, Ekzemen und Augenbeschwerden.

BERGKRISTALL: Der einfache Bergkristall gehört zu den am weitesten entwickelten Steinen der Erde. Ich nenne ihn auch «Diamant der armen Leute». Er besitzt eine reinigende und entgiftende Wirkung auf Körper, Seele und Geist. Er schafft Neuordnung und Klärung der aufgenommenen Energien und stärkt die Aura, was uns innere Kraft, Klarheit und Schutz vor unguten Energien schenkt. Er fördert zudem die Intuition, hilft bei Haarausfall, Haut- und Knochenbeschwerden und unterstützt die Drüsentätigkeit, das Herz, die Lungen und das Nervensystem.

BERNSTEIN: Dieser Stein besitzt eine starke elektrische Ladung, deswegen gehört er zu den vielfältigsten Heilsteinen überhaupt. Er wirkt unterstützend bei sämtlichen Krankheiten und Beschwerden, vor allem bei Zahnungsbeschwerden, Zahnschmerzen, Allergien, Ekzemen und Hautausschlägen, speziell jedoch bei Arthritis, Arthrose, Weichteilrheuma, Rheuma und Rückenschmerzen.

BERYLL: Dieser Stein wurde einst als Glücksbringer in bezug auf Liebe und Ansehen betrachtet. Er festigt den Glauben an Gott und wirkt als sehr sanfter Heiler bei Durchfall, Magen- und Darmbeschwerden. Der weiße Beryll dient auch als Schutzstein und verleiht etwas Charisma.

BLAUQUARZ: Dieser Stein wirkt stärkend und schützt den Träger vor schädlichen Strahlungen.

CHALCEDON: Dieser wunderbare Stein fördert das Gottesbewußtsein und öffnet den Geist zur Wahrheit hin. Er hilft bei Blutungen und Wechseljahrbeschwerden sowie bei der Auflösung von Unsicherheiten und Ängsten; er vermag Reizbarkeit und Zorn zu glätten, fördert die Überwindung von Sprechhemmungen wie Stottern und dergleichen und wirkt allgemein beruhigend auf den Menschen.

CHRYSOBERYLL: Dieser Stein besitzt ein Auge, aus dem die göttlichen Strahlen fließen, wenn man ihn kontemplativ betrachtet. Somit fördert er die Hellsicht und hilft bei Augenbeschwerden und aller Art von Drüsenschwellungen. Er kann vor allem kopflastigen Menschen helfen, etwas intuitiver zu werden.

CHRYSOLITH: Dieser Stein fördert ganz allgemein die zwischenmenschlichen Beziehungen.

CITRIN: Dieser gelbliche Quarzkristall ist sehr hilfreich bei Depressionen und Gefühlen von Traurigkeit. Er harmonisiert das Sonnengeflecht (Solarplexus) und hilft somit bei Diabetes, Verdauungsbeschwerden und Stoffwechselerkrankungen. Er fördert zudem die Konzentrationsfähigkeit und hilft bei Prüfungsängsten.

DIAMANT: Dieser wertvolle Stein birgt in sich die Treue zu den Pflichten und Verpflichtungen sowie die reinste Gottesliebe. Er ist Ausdruck von Klarheit, Wahrheit, Kraft, Härte und Licht. Er repräsentiert das Element Luft und hat Entsprechungen zur Sonne, die ihn wiederum mit dem Element Feuer verbindet, sowie zum Gold, dem Herzchakra, dem Sehsinn und dem Herz als Organ. Er unterstützt die Selbstverwirklichung und verhilft bei der Meditation und beim Channeling zu klaren Aussagen sowie zu einer guten Verbindung zum höheren Selbst. Zudem unterstützt er uns in dem Bemühen, ins tiefste Innere unseres Wesens einzutauchen.

FLUORIT: Dieser Stein wirkt allgemein lösend, weicht Blockaden im Körper wie auch im Denken auf und lehrt uns, Verantwortung zu tragen. Er fördert zudem die Konzentration und die Aufnahmefähigkeit und hilft bei sämtlichen Knochenbeschwerden.

GOLD: Gold ist konzentriertes Sonnenlicht, daher wirkt es reinigend und schützend vor Radioaktivität. Es vermag jeden Heilungsprozeß zu unterstützen und besitzt im übrigen die gleichen Entsprechungen wie der Diamant.

GRANAT: Dieser Stein schenkt uns die Aufrichtigkeit des Herzens. Er repräsentiert das Element Feuer und hat Entsprechungen zum Planeten Mars, zu den Tierkreiszeichen Widder und Skorpion, zum Halschakra, zum Tastsinn, zu den Muskeln, zur Haut, zur Galle und zu den Geschlechtsorganen sowie zum Metall Eisen, zur Zahl 5 und zur Note C. Er vermag die sexuelle Liebe in den Herzbereich zu heben und hilft uns, die Telepathie zu entwickeln.

HÄMATIT: Dieser Stein schenkt Frieden, aktiviert das Blut und erfrischt den ganzen Körper, die Haut und die Organe. Dadurch arbeiten Geist und Intuition besser, das Selbstvertrauen wird gestärkt, die Grenzen lassen sich erweitern und man versteht, daß alle Grenzen selbstgemacht sind. Die eigenen Gefühle werden durch diesen Stein wieder klar und verständlich.

HERKIMER: Dieser Stein – er wird auch Herkimer-Diamant genannt – ist eine eher seltene Laune der Natur, und sein Vorkommen beschränkt sich auf die USA (Staat New York). Es ist ein meist doppelendiger Quarzkristall, der Licht und Freude ins Bewußtsein bringt, Blockaden löst und sehr schnell zu einem emotionalen Gleichgewicht verhilft. Er stärkt auch die Vitalität, beschleunigt jeden Heilungsprozeß und besitzt im übrigen ähnliche Eigenschaften wie der Diamant.

HELIOTROP: Dieser Stein – auch Blutjaspis genannt – ist reinigend und wirkt unterstützend auf die Funktionen der Leber, Nieren, Milz und des Blutes. Er stärkt die Blase und das Herz, spendet Vitalität und Lebenskraft, kräftigt Lunge und Muskeln, hilft bei Krampfadern und offenen Beinen und bewahrt vor Alpträumen. Reisende können ihn auch als Schutzstein verwenden.

HOWLITH: Dieser Stein hilft dem Körper, angestautes Wasser abzubauen; deshalb kann man ihn beispielsweise zum Abnehmen einsetzen. Er besänftigt jähzornige und aufbrausende Menschen, schenkt mehr Feingefühl, fördert die Einsicht, löst Blockaden und unterstützt die Spiritualität. Er ist zudem nützlich bei Infektionen und Nierenschmerzen und hilft uns, beim Fasten durchzuhalten.

JADE: Dieser Glücksstein besitzt eine äußerst harmonische Schwingung. Er beruhigt und wirkt auf den ganzen Organismus ausgleichend. Er stärkt die Nieren und hilft bei Augen-, Magen- und Blasenleiden sowie bei Rheuma und Unfruchtbarkeit. Er stärkt zudem das ganze Immunsystem, regt den Stoffwechsel an und unterstützt die Drüsenfunktion. Jade wird auch bei Gelbsucht und Fieber angewandt.

JASPIS: Dieser Stein hat die Kraft, uns Ruhe und Gelassenheit gegenüber weltlichen Widerwärtigkeiten zu schenken. Er vermag uns mit der Erde zu verbinden, regt alle Körperfunktionen an und stärkt unseren Willen.

KARNEOL: Dieser Stein stärkt die Haut-, Nieren- und Leberfunktionen, die Geschlechtsorgane und den Kreislauf. Auch harmonisiert er das Familienleben.

KORALLE: Die Koralle ist pure Lebenskraft. Sie ist ein kostbarer Talisman und wurde von den Eingeweihten schon auf Lemuria verwendet. Sie stärkt das Herz und die Lungen, hilft bei Blutarmut, Kreislaufbeschwerden, Durchblutungsstörungen, Unfruchtbarkeit und Menstruationsstörungen. Die weiße Koralle hilft insbesondere bei Rachitis und stärkt die Zähne; die schwarze Koralle wirkt schützend.

KORUND: Dies ist der Stein der Treue, der Reue und des Schutzes vor falschen Freundschaften.

KUNZIT: Dieser Stein hilft bei Angst und Besessenheit, bei Gleichgewichtsstörungen sowie bei Herz- und Nierenleiden aller Art. Er harmonisiert zudem das Nervensystem.

LAPISLAZULI: Dieser Stein reinigt, lindert Entzündungen und hilft bei Nervenleiden und Menstruationsbeschwerden. Er senkt zu hohen Blutdruck, hilft bei Depressionen und lindert Kopfschmerzen. Er unterstützt außerdem Heiler bei ihrer Tätigkeit und lehrt den positiven Umgang mit Macht. Er steht in Verbindung mit Erzengel Michael.

MAGNESIT: Dieser Stein hilft den Körper zu entwässern, unterstützt beim Abnehmen und reinigt den Organismus von Umweltgiften. Er stärkt Atmungsorgane sowie Herz und Kreislauf, senkt zu hohe Cholesterinwerte und aktiviert die Schilddrüsen. Er vermag den Darm zu regulieren, hilft bei Verstopfung und Magengeschwüren, kräftigt Uterus und Zähne, wirkt heilend auf die Stirnhöhlen, verhindert schlechten Körpergeruch, steigert die Reflexe und leistet wertvolle Dienste bei Krebserkrankungen.

MAGNETIT: Dieser Stein hilft bei Arthritis, Rheuma, Knochenbrüchen, Prellungen, Nervenschmerzen, Ischias, Verspannungen und Krebs. Zudem wirkt er blutreinigend und unterstützt die Bauchspeicheldrüse.

MALACHIT: Dieser Stein wirkt reinigend, leitet krankmachende Energien ab, hemmt Entzündungen, löst gestaute Emotionen und unterstützt die Konzentration und das geistige Wachstum. Er wird auch bei Diabetes verwendet, bei Kupfermangel, bei Nieren- und Augenleiden sowie bei rheumatischen Beschwerden.

MARMOR: Dieser Stein findet bei Kalziummangel, Menstruationsstörungen und Verdauungsbeschwerden Verwendung. Er fördert zudem die Bildung von neuem Gewebe.

MONDSTEIN: Dieser Stein steht, wie es der Name bereits sagt, in Verbindung mit dem Mond und auch mit dem Saturn. Er symbolisiert die Treue und hat Entsprechungen zu Erzengel Uriel, zum Tierkreiszeichen Krebs, zum Astralkörper, zum Wurzelchakra, zum Metall Silber, zur Zahl 9 und zur Note H. Er wirkt außerdem hervorragend bei Frauenkrankheiten und wird auch bei Drüsenbeschwerden verwendet.

MOOSACHAT: Dieser Stein erdet und beruhigt. Er lindert Augenbeschwerden und ist gut für Herz und Nieren. Er unterstützt den gesamten Stoffwechsel und gilt als Glücksstein für Floristen, Gärtner, Bauern und Förster, da er uns hilft, mit den Naturgeistwesen in Kontakt zu treten.

OBSIDIAN: Dieser Stein lindert Infektionen, wirkt antibakteriell, stärkt Wirbelsäule und Knochen, fördert die Zellteilung und regt die Verdauung an. Er gilt auch als Schutzstein und Wärmespender.

OLIVIN: Dieser Stein vermittelt die Kraft der Überwindung aller Laster.

ONYX: Dieser Stein wird verwendet bei Asthma, Vereiterungen, Haarausfall und tränenden Augen und fördert auch das Wachstum von Haut, Nägeln und Haaren. Er repräsentiert das Element Erde und hat Entsprechungen zum Erzengel Raphael, zum Planeten Saturn, zu den Tierkreiszeichen Wassermann und Steinbock, zum Scheitelchakra, zum Geruchssinn, zu den Knochen und den Ohren, zur Milz und zum Magen-Darm-Trakt sowie zum Metall Blei, zur Zahl 3 und zur Note F.

(FEUER-)OPAL: In diesem Stein liegt die Treue zu Gott und zum Nächsten, die Beharrlichkeit und der Sieg über das Ego. Er vermittelt Harmonie, Wärme, Kraft und Ausdauer. Der Opal ist ein sehr mystischer Stein, der die Vielfalt Gottes repräsentiert.

PERLE: Die Perle besitzt unendlich viel Lebenskraft und kann bei allen Beschwerden eingesetzt werden. Sie eignet sich insbesondere ausgezeichnet für ältere Menschen.

PYRIT: Dieser Stein stärkt die Atmungsorgane, löst Blockaden und hilft bei Erschöpfungszuständen und Stottern. Er kräftigt auch den Astralkörper, wodurch sich Ängste, Depressionen und falsche Hoffnungen in Objektivität verwandeln. Die stärksten Pyritkräfte liegen in der Pyritsonne; am besten legt man sie auf den Solarplexus.

ROSENQUARZ: Dieser Herzensstein hilft uns, die Verbindung zu höheren Dimensionen herzustellen. Er unterstützt den Heiler bei seiner Tätigkeit, löst Negativität durch sanfte, ruhige und liebevolle Schwingung auf und bringt Liebe, Licht, Freude und Lachen in unser Leben. Er kann auch bei jeglichen Beschwerden im Genitalbereich und im Blut eingesetzt werden. Mit Rosenquarz lassen sich zudem Narben entstören und Elektrosmog produzierende Geräte (Computer usw.) abschirmen.

RUBIN: Dieser Stein ist voller Licht; er leuchtet, strahlt und bringt Schutz vor falschen Freundschaften. Er hilft bei Viruserkrankungen, Epidemien, Fieber, Gicht und Blutkreislaufbeschwerden sowie bei Schwäche, Lethargie und Menstruationsschmerzen. Er ist auch ein guter Schutzstein und erfüllt das Herz mit Liebe, Tapferkeit und Mut. Zudem verstärkt er die Kreativität, fördert die Treue und hilft bei Kinderkrankheiten. Er hat Entsprechungen zum Erzengel Gabriel, zum Element Feuer, zum Planeten Mars, zu den Tierkreiszeichen Widder und Skorpion, zum Mentalkörper, zu den Muskeln, zur Haut, zur Galle, zur Blase und zu den Geschlechtsorganen sowie zum Metall Eisen, zur Zahl 5 und zur Note C.

RUTILQUARZ: Dieser Stein kann universell eingesetzt werden, hilft jedoch speziell gut bei Krankheiten der Atmungsorgane, bei Epilepsie und Immunschwäche. Er fördert das geistige Wachstum, gibt Schutz vor negativen Kräften und schenkt Ruhe, Wärme und Geborgenheit.

SAPHIR: Der Saphir kann eine tiefblaue Farbe aufweisen oder so hell und strahlend wie das Himmelszelt sein, bisweilen sogar gelb. Er trägt in sich die Kraft der Reue und hilft somit, reuig zu sein über begangene Fehler und diese wieder in Ordnung zu bringen. Er repräsentiert das Element Wasser und hat Entsprechungen zum Planeten Venus, zu den Tierkreiszeichen Stier und Waage, zum Kausalkörper, zum Nabelchakra, zu den Nieren und Blutgefäßen, zum Kreislauf und zur Herztätigkeit sowie zum Metall Kupfer, zur Zahl 7 und zur Note A. Er hat eine besonders starke Heilschwingung und hilft bei Schlaflosigkeit und Nervenschmerzen. Unter allen Steinen ist er das stärkste Schmerzlinderungsmittel.

SARDONYX: Dieser Stein vermag die Medialität zu fördern, hilft Gifte zu neutralisieren, stärkt die Drüsen, die Leber, Hals- und Rückenwirbel und das für medial arbeitende Menschen äußerst wichtige Nervensystem.

SARDER: Dieser Stein hilft bei hohem Blutdruck, bei Gelbsucht und Hirnhautentzündung und unterstützt Darm und Leber. Er ist auch ein guter Begleiter in der Schwangerschaft und bei der Geburt, schenkt Heiterkeit des Herzens, Mut, moralische Stärke, und er vertreibt schlechte Gedanken. Zudem festigt er bestehende Freundschaften.

SMARAGD: Dieser Stein gilt als Jungbrunnen. Er hilft bei schweren Krankheiten wie Epilepsie, MS, Parkinson, AIDS und anderen ernsthaften Beschwerden. Er normalisiert den Blutdruck und schützt vor Erkrankungen des Blutes. Der Smaragd ist ein universeller Heilstein mit immenser Heilkraft. Er hilft außerdem, den Kontakt zur geistigen Welt herzustellen und vermag Zukunftsbilder zu vermitteln.

SPINELL: Dieser Stein fördert Treue, Reue und Schutz vor falschen Freundschaften. Er hilft zudem bei Entzündungen, Depressionen, Streß, Übersäuerung und sexueller Überaktivität.

SODALITH: Dieser Stein hilft bei hohem Blutdruck, Unruhe und Nervenschwäche. Er stärkt die Drüsen, aktiviert das Mittelhirn, fördert das logische Denken und stabilisiert sensible Menschen. Er verleiht Mut und Standfestigkeit, beruhigt aufgewühlte Emotionen und fördert das Durchsetzungsvermögen.

TIEGERAUGE: Dieser Stein wirkt beruhigend und harmonisiert die Gedanken. Er macht anpassungsfähig, unterstützt die Konzentration und stärkt das geistige Sehen. Er lehrt, Vorurteile abzubauen und durch Toleranz die Einheit allen Seins zu erkennen. Schulkinder sollten ihn tragen, denn er hilft ihnen, den richtigen Umgang mit der Materie zu finden, er schärft ihre Gedanken und vermittelt gleichzeitig Wärme und Geborgenheit. Zudem regt er die Verdauung an und reguliert den Blutzuckerspiegel.

TOPAS: Dieser Stein schützt vor schlechten Träumen, durch welche die dunklen Mächte dem physischen Leib die Odkräfte entziehen. Er hat als Entsprechung den Merkur; er wirkt kühlend, beruhigend und auch positiv auf überanstrengte Stimmbänder. Zudem reinigt er den Halsbereich, kräftigt die Wirbelsäule und hilft bei nervösen Kopfschmerzen, Atemnot, Bronchitis und Husten.

TURMALIN: Dieser Stein trägt die Einheit in sich, die Harmonie und die Vereinigung der beiden Pole, denn nur polarisiertes Licht vermag diesen Stein zu durchdringen. Er hilft uns daher in der Einswerdung mit Gott und mit Seiner Schöpfung. Zudem hilft er bei vaterbezogenen Problemen, Blutvergiftung, Blutarmut, Lymphbeschwerden und Infektionskrankheiten.

TÜRKIS: Dieser Stein sichert den Erfolg in der Herzensliebe. Er hat Entsprechungen zum Planeten Venus, zu den Tierkreiszeichen Stier und Waage, zum Kausalkörper, zum Nabelchakra, zu den Nieren, zu den Blutgefäßen, zum Kreislauf und zur Herztätigkeit sowie zum Metall Kupfer, zur Zahl 7 und zur Note A. Er wirkt entzündungshemmend, stärkt die Augen und hilft auch bei Viruserkrankungen. Er hilft auch gegen das Stottern und unterstützt den Redner bei seinen Vorträgen. Als Schmuckstein eignet sich der Türkis nicht für Menschen, die ihre Grenzen nicht kennen oder dazu neigen, sich zu sehr zu verausgaben. Ansonsten ist er ein ausgezeichneter Schutzstein.

ZIRKON: Zum Heilen eignet sich der gelbliche Zirkon am besten. Er vermag den Solarplexus für das göttliche Licht zu öffnen, das bei einer Heilung fließen muß. Zudem lindert er Allergien und Ausschläge, hilft bei Asthma und Gelenkschmerzen und harmonisiert Darm, Leber und Bauchspeicheldrüse. Er hat Entsprechungen zum Planeten Merkur, zu den Tierkreiszeichen Zwillinge und Jungfrau, zum Seelenkörper, zum Solarplexus, zur Milz, zu den Nerven, zu Mund, Händen, Füßen und Zunge sowie zum Metall Quecksilber, zur Zahl 8 und zur Note E. Außerdem entwickelt er in uns das Hellsehen, das Hellhören und das Hellfühlen.

→ Weiterführende Literatur:
«Das große Lexikon der Heilsteine, Düfte und Kräuter»

Hinweise zu einigen Heilfarben

Das Heilen mit Hilfe von Farben wurde von den Eingeweihten aller Zeiten und Kulturen gelehrt; das heißt, die moderne Esoterik hat diese Methode weder neu entdeckt noch erfunden, sondern wir haben uns lediglich wieder daran erinnert.

Farben sind Licht, und je nach der Wellenlänge des Lichtes verändert sich die Farbe. Die unterschiedlichen Farbschwingungen werden in Nanometer gemessen. Die Nanometerzahl von Rot zum Beispiel ist 656,5, jene von Blau 434,2, und jene von Ultraviolett 397,1. Daraus ergibt sich folgende Gesetzmäßigkeit: Je höher die Schwingung, desto kürzer ist ihre Wellenlänge, desto heller ist ihre Farbe.

Eine ganzheitliche Farbtherapie beinhaltet einerseits das Auflegen von mit Naturfarben gefärbten Seidentüchern oder die Arbeit mit von Farben aufgeladenem Wasser. Andererseits jedoch gehören auch jene Farben zur Therapie, mit denen wir uns umgeben, zum Beispiel bei den Kleidern, bei unserer Wohnungseinrichtung sowie bei den Farben in unseren Nahrungsmitteln. Eine weitere gute Methode ist das Visualisieren von Farben oder die Farbbestrahlung mit speziellen Leuchten. Farben wirken auch bei der Lithotherapie, also beim Heilen mit Edelsteinen. Und da Farbe auch Klang ist, gehört eigentlich auch die Arbeit mit Musik bis zu einem gewissen Grad in die Farbtherapie. Merke: Schöne, edle und zarte Musik verströmt schöne, edle, zarte und heilende Farben und Formen.

Im folgenden werden einige Heilfarben und deren Wirkung aufgeführt. Die Reihenfolge entspricht der Anordnung der Farben im Farbsprektrum.

→ Weiterführende Literatur: «Farbtherapie» von Christa Muths

ROT: Die eigentliche rote Farbe wirkt anregend und hilft bei Erschöpfung, Schockzuständen und Blutleere. Diese Farbe schwingt in der Note C.

KARMINROT: Diese Farbe bildet im Körper Mangan, Argon und Eisen. Sie trägt zur Bildung von roten Blutkörpern und Blutplasma sowie zur Muskelbildung bei. Sie entwickelt die Sinnesorgane und bildet Vitamin B 12.

PURPURROT: Diese Farbe bildet im Körper Litium und beeinflußt die Venen, die Adern und die Kapillargefäße.

ZINNOBERROT: Diese Farbe bildet im Körper Krypton, Neon und Kadmium und wirkt wundheilend. Sie wirkt auch auf das Lungengewebe.

ORANGE: Diese Farbe bildet im Körper Aluminium, Kupfer und Kalzium, die sich positiv auf den Blutkreislauf und die Herztätigkeit auswirken. Sie unterstützt die Drüsen, wirkt anregend, löst Krämpfe, wirkt hervorragend bei Blähungen und vermag die Zellgeflechte zu lockern. Sie schwingt im Ton E.

GELB: In der hellgelben Farbe sind mehr Elemente vorhanden als in allen anderen Farben (nur im Weiß sind mehr). Sie löst alles, was verschleimt ist, denn die so gebundenen Zellen werden durch die Lösungsfaktoren des strahlenden Hellgelb ausgeschieden. Diese Farbe macht froh und wirkt wunderbar bei Depressionen, da sie sich harmonisierend und anregend auf den Solarplexus auswirkt. Gelb bildet Vitamin C und Iridium und schwingt in der Note G.

GELBGRÜN: Diese Farbe bildet im Körper Schwefel, Magnesium und Carbon. Sie wirkt gehirnanregend, unterstützt die Magentätigkeit und die Knochenbildung und vermag Magen und Darm zu harmonisieren.

GRÜN: Diese Farbe bildet im Körper Chlor, Stickstoff und Radium. Sie fördert die innere Ruhe und hilft bei Herzbeschwerden, hohem Blutdruck und Asthma. Sie ist zudem muskel- und gewebebildend und schwingt im Ton H.

ZINNOBERGRÜN: Diese Farbe bildet im Körper Barium, Radium und Chlor. Diese Elemente wirken desinfizierend sowie bakterien- und keimtötend.

BLAU: Diese Farbe bildet im Körper Sauerstoff und Cäsium und ist kühlend und entspannend. Sie wirkt zudem antiseptisch, entzündungshemmend und schmerzstillend. Außerdem hilft sie bei Halsschmerzen und nässenden Hautkrankheiten sowie bei Verbrennungen, Koliken, Geschwüren, Rückenschmerzen und Gehirnerschütterung. Sie schwingt im Ton D.

BLAUVIOLETT: Diese Farbe bildet im Körper Vitamin D und Strontium. Sie wirkt entzündungshemmend und heilend auf die Hirnanhangdrüse sowie allgemein auf Drüsen, Lymphen und Milz.

INDIGO: Diese Farbe bildet im Körper Wismut und Kobalt, reinigt den Körper und erweitert das Bewußtsein. Sie hilft bei Beschwerden im Kopfbereich, bei seelischer Erschöpfung sowie bei Durchfall und anderen Darmbeschwerden. Sie schwingt im Ton F.

VIOLETT: Diese Farbe bildet im Körper Actinium, Strontium und Vitamin D. Sie wirkt auf die Lungen, allgemein auf die Atmungsorgane sowie auf Milz und Lymphen und hilft auch bei geistigen Störungen und Meningitis. Sie schwingt im Ton A.

PURPURVIOLETT: Diese Farbe bildet im Körper Actinium, wirkt auf Milz und Lymphen und hemmt Entzündungen.

TÜRKIS: Diese Farbe bildet im Körper Cäsium und ist fieberhemmend, wundheilend und keimtötend.

Hinweise zur Aromatherapie

Aromatherapie ist eine schon im alten Ägypten praktizierte Form der Harmonisierung von Körper, Seele und Geist mittels verschiedener Ätherischer Öle. Ätherische Öle sind kleine uns von der Natur zur Verfügung gestellte Kostbarkeiten. Stell Dir zum Beispiel vor, daß man zur Gewinnung von einem Liter reinem Jasminöl sage und schreibe 8 Millionen frische Blüten benötigt, die – wenn die Essenz von guter Qualität sein soll – erst noch früh morgens vor dem Tau und sogar noch vor den ersten Sonnenstrahlen von Hand (!) gepflückt werden müssen. Und da ein geübter Pflücker in dieser Zeit rund 10'000 bis 15'000 Blüten schafft, werden für einen Liter Jasminöl 500 bis 800 Pflücker benötigt.

Ebenso: Ein Liter reines Zitronenöl ergibt sich aus den Schalen von rund 3000 Zitronen; für einen Liter reines Minzeöl braucht es 1 Tonne Pflanzen; für einen Liter reines Rosenöl müssen 5 Tonnen frische Rosenblätter verarbeitet werden, und bei der Melisse sind es sogar 7-10 Tonnen Pflanzen!

Das Einnehmen von Ätherischen Ölen sollte nicht ohne fachliche Begleitung praktiziert werden, denn je nach Essenz entspricht ein Tropfen einer Menge von 50 bis 100 Tassen Tee!

Übrigens: Es lohnt sich niemals, billige synthetische Essenzen zu kaufen, denn diese sind nicht nur nicht heilfähig, da sie kein Leben beinhalten, sondern darüber hinaus oft sogar schädigend. In unserer Schule verwenden und verkaufen wir nur 100% reine Ätherische Öle, die entweder aus biologischem Anbau oder aus Wildwuchs gewonnen werden. Jedes Fläschchen wird bei uns noch von Hand und mit Liebe abgefüllt und ist dennoch preiswert.

Im folgenden werden einige häufige seelische Beschwerden sowie die entsprechenden heilenden Aromen aufgeführt:

AGGRESSION: Vanille und Ylang-Ylang.

ALPTRÄUME: Iris, Melisse und Ylang-Ylang.

ANGST: Benzoe, Jasmin, Lavendel, Neroli, Mandarine und Rose. Bei akuten Angstanfällen die entsprechende Essenz auf ein Taschentuch geben und tief inhalieren.

ANSPANNUNG (emotionelle): Honig und Rosenholz.

APATHIE: Rosmarin, Eisenkraut, Minze.

ÄRGER: Melisse, Vanille und Ylang-Ylang.

AUFREGUNG: Lavendel, Neroli und Ylang-Ylang. Wenn das Herz betroffen ist, einige Tropfen Melisse und Rose etwas oberhalb des Herzens einreiben.

DEPRESSION: Bergamotte, Jasmin, Melisse, Neroli, Pampelmuse, Rose und Ylang-Ylang.

ENTWURZELTSEIN: Immortelle, Patchouli und Weihrauch.

ERSCHÖPFUNG: Neroli, Rose, Eisenkraut, Minze und Lemongrass.

EXTROVERTIERTHEIT: Cisterose und Immortelle.

FURCHT: Benzoe, Römische Kamille, Lavendel, Neroli und Weihrauch.

GEFÜHLSSCHWANKUNGEN: Bergamotte, Melisse, Rose, Jasmin und Ylang-Ylang.

GEFÜHLSKÄLTE: Jasmin, Patchouli, Rose und Ylang-Ylang.

HYSTERIE: Römische Kamille, Neroli und Ylang-Ylang.

KÄLTEGEFÜHL (innerliches): Jasmin, Patchouli, Rose, Ylang-Ylang und Zimt.

KUMMER: Benzoe, Bergamotte, Jasmin, Neroli, Pampelmuse und Rose.

LETHARGIE: Eisenkraut, Eukalyptus, Limette, Lemongrass und Pampelmuse.

MUTLOSIGKEIT: Pampelmouse und Rose.

MELANCHOLIE: Bergamotte, Pampelmuse und Ylang-Ylang.

NERVENREIZUNG: Benzoe, Vanille, Ylang-Ylang und Rosenholz.

NERVENSCHWÄCHE: Lavendel, Melisse und Rosmarin.

NIEDERGESCHLAGENHEIT: Bergamotte, Jasmin, Muskatellersalbei und Pampelmuse.

PANIK: Jasmin und Neroli.

PESSIMISMUS: Bergamotte, Eisenkraut, Jasmin, Orange und Ylang- Ylang.

PHANTASIEMANGEL: Iris und Muskatellersalbei.

REIZBARKEIT: Römische Kamille, Lavendel, Rosenholz und Vanille.

SCHEU: Jasmin, Ylang-Ylang und Tuberose.

SCHOCK (emotioneller): Rose und Neroli.

SCHOCK (nervlicher): Melisse und Minze.

SELBSTVERTRAUEN (mangeldes): Pampelmuse, Jasmin, Rose und Sandelholz.

STRESS: Benzoe, Bergamotte, Rosenholz und Sandelholz.

STREITLUST: Rose, Ylang-Ylang, Lavendel und Römische Kamille.

SÜCHTE: Suchtverhalten basiert rein körperlich gesehen auf einem Endorphinmangel, daher nehmen wir Essenzen, die dem Körper die Information geben, Endorphine zu produzieren, wie zum Beispiel Jasmin, Ylang-Ylang und Patchouli.

SCHUTZÖLE: Iris, Neroli und Rose.

SCHMERZEN (seelische): Benzoe, Neroli und Rose.

SCHMERZEN (körperliche): Jasmin, Ylang-Ylang, Lavendel und Kamille.

TRAUMA: Rose und Weihrauch.

TRAUER: Muskatellersalbei, Orange und Pampelmuse.

UNAUSGEGLICHENHEIT: Geranie, Honig und Lavendel.

UNSICHERHEIT: Sandelholz und Weihrauch.

UNGEDULD: Geranie und Rose.

VERHÄRTUNG (seelische): Honig, Jasmin und Rose.

VERSCHLOSSENHEIT: Bergamotte, Melisse und Rose.

VERZWEIFLUNG: Jasmin, Neroli und Orange.

WUT: Lavendel, Neroli und Römische Kamille.

→ Weiterführende Literatur:
«Himmlische Düfte» von Susanne Fischer-Rizzi. Dieses Buch informiert über die genaue Anwendung von Ätherischen Ölen sowie über etwaige Anwendungseinschränkungen bei bestimmten körperlichen Symptomen.

Spirituelle Schule Schweiz

Die Spirituelle Schule Schweiz wurde im Jahre 1997 von Bruno und Cornelia Würtenberger gegründet und bietet verschiedene Kurse und ausgesuchte Produkte an. Einige sind im folgenden aufgeführt, über andere können Sie im Sekretariat gerne nachfragen. Verlangen Sie auch unverbindlich unsere Kursunterlagen.

Alle mit der Schule verbundenen Personen und Einrichtungen sind politisch, konfessionell und spirituell unabhängig. Wir sind mit allen Menschen, Rassen und Gemeinschaften gleichsam in Liebe und Respekt verbunden.

Spirituelle Schule Schweiz
Sekretariat: Bruno & Cornelia Würtenberger
Im Weiher 2 • 8330 Hermatswil (Schweiz)
Tel. 01/ 951 04 05 • Fax 01/ 951 18 00

Die Donnerstags-Meditation

Ein wöchentlicher Channeling-Abend, an dem alle interessierten Menschen teilnehmen können. Die Botschaften entspringen dem «Bewußtsein der Liebe», wie Bruno das Christusbewußtsein nennt, und werden von ihm in bewußter Halbtrance empfangen und direkt weitergegeben. Gewöhnlich dauert eine Sitzung eine Stunde. Wer teilnehmen möchte, erkundige sich bitte beim Sekretariat.

Entwicklung der Medialität

Speziell entwickelte Übungen zum Training der Medialität. Der Kurs dauert insgesamt ca. ein Jahr und beinhaltet mehrere Wochenenden und einige Abende.

Das Avatar-Training

Das sollten Sie sich gönnen!

Das Avatar-Training ist ein intensives und effizientes Bewußtseinstraining. Es ist eine tiefgreifende Ausbildung und zugleich eine spannende Forschungsreise in die tiefsten Schichten Ihres Seins. Sie werden in gut funk-tionierende, leicht anzuwendende Techniken eingeweiht, die es Ihnen ermöglichen, Ihre Zukunft so zu gestalten, wie Sie sie haben möchten. Sie werden staunen!

Wenn Sie sich von den Beschränkungen des materiellen Lebens befreien möchten; wenn Sie wissen möchten, wie das Universum funktioniert, damit Sie Ihr Wissen zu Ihrem und zum Wohle der Menschheit anwenden können; wenn Sie sich keine Sorgen mehr über Ansehen, Geld, Gesundheit, Familie, Glück oder Ihre Zukunft machen möchten, können Sie in dieser Ausbildung die Spielregeln und die Magie des schönsten Spieles lernen, das es gibt: des Lebens! Danach ist es keine Kunst mehr zu gewinnen ...

Ganz nebenbei werden Sie sich selbst so kennenlernen, wie Sie sich bis jetzt noch nie gesehen haben, und Sie wissen mit Sicherheit: Wer erst einmal sich selbst gefunden hat, der kann auf dieser Welt nichts mehr verlieren!

Das Avatar-Training dauert neun Tage und ermöglicht Ihnen, unbewußte Reaktionen und Selbstbegrenzungen zu durchschauen und aufzulösen. Sie können mit diesen Techniken Programme aus der Vergangenheit, Muster, Blockaden, Fremdenergien und Indoktrinationen, die Ihre Selbstverwirklichung behindern, aufdecken, befreien und auflösen – ein wundervolles Gefühl!

Viele Menschen glauben, bevor sie Avatar erfahren haben, daß Telepathie, Intuition, Hellsehen, Heilen und andere Talente jenseits ihrer Erfahrungsgrenzen liegen. Avatar zeigt ihnen, daß sich ihre Existenzebene und somit auch begrenzende Überzeugungen verändern lassen. Sie erkennen, daß sie die unbegrenzten Möglichkeiten des Lebens jederzeit erforschen und erleben können.

Das Avatar-Training ist in drei Teile gegliedert:

1. Bewußtsein

Der erste Teil des Kurses legt einige Ideen vor über die Beziehung zwischen Überzeugungen und Realität. Die Übungen der ersten Etappe führen Sie hinter die Bühne des Bewußtseins und bewirken ein tieferes, mitfühlenderes und bewußteres Erleben Ihrerselbst.

2. Bewußtseinserweiterung

Erweitern Sie Ihre Wahrnehmung und Ihr Fühlen! Im zweiten Teil des Kurses machen Sie eine Erfahrung von innerer Harmonie und einer tiefen Verbundenheit mit allem, was ist. Fühlen – Einfühlen – Mitfühlen. Sie lernen, Bewertungen, Überzeugungen und ihre Auswirkung auf Ihr Leben zu erkennen und nach Ihren Wünschen zu verändern. Blockierende Überzeugungen und Glaubensmuster, Zweifel, Ängste und Prägungen aus der Vergangenheit können sanft und spielerisch aufgelöst werden.

3. Transformation

Der dritte Teil des Kurses lehrt Sie vier Transformationsmethoden:

- Die Körper-Technik, um körperliche Blockaden aufzulösen.
- Die Begrenzungs-Technik, um innere Barrieren, Zwänge und Ängste abzubauen.
- Die Identitäts-Technik, um Vorurteile über sich selbst und andere loszulassen.
- Die Persistent-Maß-Technik, um sich von hartnäckigen Abhängigkeiten, chronischen Schmerzen oder anderen tiefsitzenden Problemen zu befreien.

«Wenn Sie bereit sind, das aufzugeben, was Sie sind, um das zu werden, was Sie sein können, dann ist es Zeit für Avatar!»

Spirulina Platensis

Die blaugrüne Gesundheitsquelle
zum optimalen Aufbau des körpereigenen Immunsystems

Was ist Spirulina?

Diese oft als Wundernahrung gepriesene, blaugrüne Mikropflanze ist eine seit rund 2,3 Milliarden Jahren auf der Erde beheimatete Salzwasseralge. Der Mensch könnte aufgrund der ausgewogenen und kompakten Zusammensetzung dieser Pflanze ohne weiteres ausschließlich von Spirulina leben. Spirulina enthält 18 verschiedene Aminosäuren, darunter auch die acht essentiellen, die von der Wissenschaft als «lebensnotwendige Bausteine» bezeichnet werden – und dies in weitaus größeren Mengen als jedes herkömmliche Lebensmittel.

Die Spirulina-Alge ist ein wahres Vitamin- und Energiekonzentrat. Sie beugt Mangelerscheinungen vor, und bereits bestehende Mängel können behoben werden. Besonders erwähnenswert ist der hohe Gehalt an Beta-Karotin, Chlorophyll und Vitamin B12.

Die Spirulina-Power wirkt sehr schnell. Innerhalb von 20 Minuten sind alle Inhaltsstoffe vom Körper assimiliert, und dies ohne Belastung und Verdauungsarbeit des Körpers. Spirulina eignet sich im übrigen ausgezeichnet als Nahrungsergänzung für Babys und Kinder sowie für kranke, rekonvaleszente und ältere Menschen.

Therapeutische Anwendungsmöglichkeiten:

In Japan, wo Algenforschung Tradition ist, wurde Spirulina in mehreren Universitätskliniken bei verschiedenen Krankheiten getestet. Dr. med. T. Takeuchi (Tokio) behandelte Diabetes, Hepatitis und Anämie mit sehr guten Resultaten.

Dr. med. Y. Yamazaki, Direktor einer Augenklinik in Tokio, berichtet von 480 Fällen von grauem Star und anderen Augenkrankheiten, in denen Spirulina in Verbindung mit Medikamenten bei 90% der Fälle die jeweilige Krankheit ganz heilte oder zum Stillstand bringen konnte.

Längeres Autofahren, Lesen, Bildschirmarbeit und Fernsehen erhöhen den Bedarf an Vitamin A erheblich – laut Dr. Quastor, einem amerikanischen Augenarzt, etwa um das Fünfzigfache! In der Medizin wird Vitamin A bei Infektionen, grünem Star und Akne verwendet.

Der hohe Chlorophyllgehalt von Spirulina ist für den hohen Heilerfolg bei Magen-Darm-Erkrankungen verantwortlich. Spirulina wirkt entzündungshemmend, antibakteriell, entspannend auf die Verdauungsorgane, und die B-Vitamine helfen, die Darmflora aufzubauen.

Eine besondere Bedeutung hat Spirulina auch bei der Krebsprophylaxe. Umfassende Untersuchungen in Norwegen und Japan haben gezeigt, daß die Versuchspersonen, die genügend damit versorgt waren, wesentlich weniger an Krebs erkrankten als die schlechter versorgten (sechsfacher Unterschied).

Als Ursache von Übersäuerung, die für die meisten der heutigen Krankheiten mitverantwortlich ist, gelten Streß und falsche Ernährung. Dadurch entwickelt sich ein Sauerstoffmangel, und wenn das Blutplasma sauer ist, verliert man seine Energie und Vitalität, Pilze können sich im Körper ausbreiten, man wird depressiv, Knochen und Zähne werden langsam abgebaut, und der Grundstein für ernsthafte Krankheiten ist gelegt. Um diese Übersäuerung zu neutralisieren, genügt die tägliche Einnahme von acht Gramm Spirulina.

Spirulina hilft zudem bei praktisch allen Beschwerden, einschließlich und vor allem bei chronischen Krankheiten, bei Haut- und Allergieproblemen.

Gesund abnehmen ist mit Spirulina deshalb möglich, weil der Stoffwechsel stark angeregt wird. Die Alge quillt im Magen auf und reduziert somit das Hungergefühl.

Analyse:
Spirulina enthält (mg/100 gr): Kalium 1510; Kalzium 130; Phosphor 960; Magnesium 191; Eisen 51; Natrium 160; Zink 2,5; Kupfer 0,53; Mangan 5,6; Chrom 0,3; Selen 0,62; Beta-Karotin 170; Vitamine: B1 5,5; B2 4; B3 12; B6 0,6; B12 0,2; E 19; Folsäure 0,05; Pantothensäure 1,1; Biotin 0,04.

Unsere Spirulina-Tabletten:
Unsere Spirulina-Algen sind völlig naturbelassen und enthalten weder Insektizide noch Pestizide. Unsere Tabletten werden ohne Tierversuche hergestellt. Sie stammen von einer ostasiatischen, biologisch geführten Seefarm und gelten weltweit als die qualitativ besten.

Gerne stehen wir Ihnen mit Rat und Tat zur Seite. Wir machen Sie jedoch darauf aufmerksam, daß die Einnahme von Spirulina den Besuch beim Arzt oder Heilpraktiker nicht ersetzt.

Bezugsadressen:

Schweiz: Spirituelle Schule Schweiz, Im Weiher 2,
8330 Hermatswil, Tel. 01/ 951 04 05, Fax 01/ 951 18 00.

Deutschland: Govinda-Verlag, Schellenberg 11,
79798 Altenburg, Tel. 07745/ 96677, Fax 07745/ 96678.

Österreich: Govinda-Versand, Lindengasse 2a,
1070 Wien, Tel./Fax 01/ 522 28 17.

Wenn Sie die Spirituelle Schule Schweiz und die Verbreitung spiritueller Literatur unterstützen möchten, können Sie Gönner/Gönnerin werden und einen frei von Ihnen gewählten Betrag als Dauerauftrag auf das folgende Konto überweisen: Zürcher Kantonalbank Kto.Nr. 1152-0021.649, B.& C. Würtenberger. Wir sind für jede Unterstützung dankbar. (Sie erhalten einen Gönnerausweis zugestellt.)

Vegetarismus im Govinda-Verlag

312 Seiten,
36 ganzseitige Farbfotos,
DM 40,– / Fr. 36,–

ISBN 91-7149-087-6

Adirāja Dāsa

VEDISCHE KOCHKUNST

Die erlesensten Gerichte der vegetarischen Küche Indiens.

Vegetarische Ernährung bedeutet nicht bloß Salatblätterkauen und Körnchenpicken, sondern umfaßt eine ungeahnte Vielfalt von reichhaltigen, gesunden und köstlichen Speisen, wie durch die «Vedische Kochkunst» ersichtlich wird.

Dieses beliebte Kochbuch, das bereits in mehrere Sprachen übersetzt wurde, enthält 133 küchenerprobte Rezepte für Suppen, Snacks, Getreide-, Reis- und Gemüsezubereitungen, Süßigkeiten und Getränke, und es beschreibt in der Einleitung die Vorteile der vegetarischen Ernährung, die Wirkung der verschiedenen Gewürze und das Zusammenstellen von vollwertigen, sich ergänzenden Menüs.

32 Seiten,
geheftet,
DM / Fr. 2,50

ISBN 3-906347-07-9

Armin Risi / Ronald Zürrer

VEGETARISCH LEBEN

Die Notwendigkeit fleischloser Ernährung.

Dies ist die weitverbereitetste Broschüre über Vegetarismus in deutscher Sprache (Gesamtauflage 350 000 Exemplare). Sie erklärt auf überzeugende und übersichtliche Weise die wichtigsten Gründe für eine lacto-vegetarische Ernährung.

Aus dem Inhalt:

- Die natürliche Ernährungsweise des Menschen
- Der Zusammenhang zwischen Fleischessen und Krankheiten
- Die Gewalt gegen die Tiere und ihre Folgen
- Die falsche Propaganda der Fleischproduzenten
- Die Umweltzerstörung durch Fleischproduktion
- Die Warnungen der ethischen Vegetarier
- Die Religionen heute: Verrat an den Tieren
- Die höheren Naturgesetze von Aktion und Reaktion (Karma).

BRUNO WÜRTENBERGER IM GOVINDA-VERLAG

Botschaften aus dem Christusbewußtsein, Band 1:

Bruno Würtenberger

LICHT IST IN DIR

ISBN 3-906347-41-9
2. Auflage, 180 Seiten, Kleinformat
DM / Fr. 20,–

Botschaften aus dem Christusbewußtsein, Band 2:

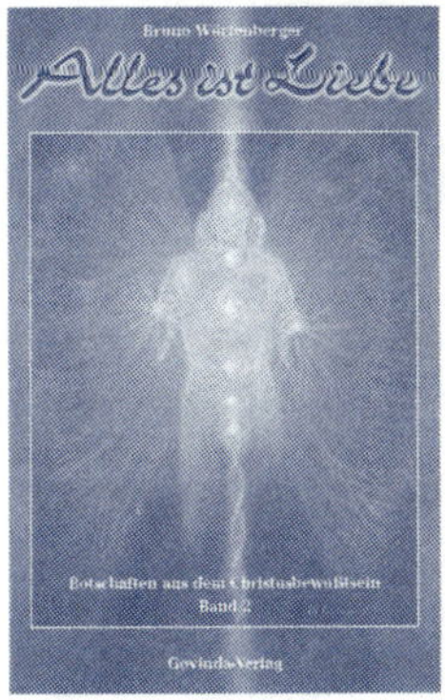

Bruno Würtenberger

ALLES IST LIEBE

ISBN 3-906347-49-4
176 Seiten, Kleinformat
DM / Fr. 20,–

Die Bücher aus der Reihe «Botschaften aus dem Christusbewußtsein» sind als Wegbegleiter und Lebenshilfe für alle Menschen gedacht, die einen aktiven Austausch mit den Wesen des Lichts suchen.

Dieses Buch wird nicht einfach durchgelesen und weggelegt, sondern dient als täglicher Ratgeber, aus dem man immer wieder Klarheit, Trost und Zuversicht schöpfen kann. Wer zwischen den Zeilen zu lesen vermag, wird in den aus den himmlischen Welten inspirierten Kurztexten nicht nur allerlei wichtige und nützliche Ratschläge finden, sondern auch die wohltuende Kraft der göttlichen Weisheit und Liebe spüren.

Ein ideales Geschenkbändchen, das man immer wieder gerne und dankbar zur Hand nehmen wird.

CHRISTEL DEUTSCH IM GOVINDA-VERLAG

Ein ermutigender Erlebnisbericht.

Christel Deutsch

UND MEIN ENGEL WEINTE

ISBN 3-906347-47-8
128 Seiten, gebunden
DM / Fr. 24,–

Dieser autobiographische Erlebnisbericht führt durch das bewegte Leben der Berliner Heilpraktikerin Christel Deutsch.

Die Autorin schildert auf ergreifende und humorvolle Weise, wie ihr Schutzengel sie seit ihrer Kindheit stets begleitet. Er steht ihr nicht nur in den Herausforderungen des Alltags zur Seite, sondern hilft ihr auch, innere Hürden zu überwinden und das Bewußtsein weiterzuentwickeln.

Dieses Buch ermutigt dazu, durch Zuwendung und Bitten eine Beziehung zum eigenen Schutzengel aufzunehmen und dadurch in den Wirrnissen des Lebens immer wieder Trost zu schöpfen und Halt zu finden.

Prophezeiungen für die Zeit der Wandlung.

Christel Deutsch

ENGEL SPRECHEN

ISBN 3-9802651-0-2
112 Seiten, Taschenbuch
DM / Fr. 12.80

Christel Deutsch berichtet in diesem ergreifenden Büchlein von Visionen, Gesichten und Engelerscheinungen, die sie in Tagebuchform festgehalten hat.

In Meditationen in den Morgenstunden erschienen ihr der Engel des Feuers, der Engel des Lichtes, die beiden Engel der Erde – einer für die nördliche und einer für die südliche Halbkugel – sowie der Engel des Wassers, die abwechselnd mit ihr kommunizierten.

Die Engel ermahnen die Menschen zur Besinnung und Wandlung und prophezeien, daß das heraufziehende Zeitalter des Lichtes bald unseren gesamten Planeten erfassen wird.

Im Namen Jesu Christi werden wir alle von den Engeln liebevoll aufgerufen, für den Frieden und die Heilung unserer Mutter Erde und ihrer Menschheit zu beten und zu handeln.

NEU IM GOVINDA-VERLAG

Der Weg
zur Neuen Erde.

Helga Silvariah &
Reinhold Silvirianus

DIE NEUE ERDE
MESSIAS ALPHA

ISBN 3-906347-48-6
160 Seiten, gebunden
DM / Fr. 24,–

Wir stehen vor einer bedeutenden Zeitenwende. Schon vieles ist über den Wechsel in das dritte Jahrtausend geschrieben worden, doch nicht immer wirkt es der allgemein herrschenden Verunsicherung entgegen, ja oft werden bereits bestehende Ängste noch verstärkt.

Dieses Buch zeigt, daß die Menschheit bei alledem nicht allein ist. Zahllose Sternengeschwister stehen uns im Namen des Christus-Jesus liebevoll zur Seite, um uns in unserer Entwicklung zu beschützen und zu begleiten. Sie weisen jedem Menschen guten Willens einen Weg in eine neue Zukunft der Liebe und des Friedens – den Weg zu einer Neuen Erde, die hier als «Messias Alpha» bezeichnet wird.

Ein praktischer Leitfaden
für die Spiritualität des Alltags.

Heinz Rickli

HIMMEL UND ERDE
IN DEINER HAND

ISBN 3-906347-45-1
244 Seiten, Paperback
DM / Fr. 28,–

Immer mehr Menschen sehnen sich nach mehr Spiritualität in ihrem Leben. Was aber bedeutet die Erkenntnis, ein ewiges göttliches Geschöpf zu sein, im Alltag?

Heinz Rickli zeigt in diesem praktischen Leitfaden Mittel und Wege auf, wie wir zum innersten Kern unseres Wesens zurückfinden und unsere ursprüngliche göttliche Natur wiederbeleben können.

Aus dem Inhalt:

Das Leben als Abenteuer • Ein spirituelles Weltbild • Geistige Gesetze • Gesundheit und Heilung • Spiritualität im Alltag • Vom Lebensplan zum Lebensweg • Gefahren und Schwierigkeiten auf dem spirituellen Weg • Aktuelle Themen für das dritte Jahrtausend.

SUSANNE OSSWALD / KARL SCHNELTING

Neueste Botschaften aus der geistigen Welt, Band 1:

Susanne Osswald / Karl Schnelting

DEIN WILLE GESCHEHE JETZT!

Die Menschheit vor der globalen Transformation.

ISBN 3-906347-40-0
2. Auflage, 280 Seiten, gebunden
DM / Fr. 38,–

Aus den Welten des Lichts gelangen immer dringlichere Botschaften und Warnungen an die Menschen:

- Welche Entscheidungen stehen bevor?
- Wessen Wille wird geschehen?
- Wie schützt man sich vor negativen Einflüssen?
- Wie können wir auch in Zeiten extremer Bedrohung die höhere Sicht, die göttliche Liebe und das Gottvertrauen bewahren?

Erfahren Sie in diesem Buch, was Lichtwesen aus hohen und höchsten Dimensionen uns über die gegenwärtigen und zukünftigen Vorgänge auf der Erde mitteilen.

Neueste Botschaften aus der geistigen Welt, Band 2:

Susanne Osswald / Karl Schnelting

WEIL ICH DICH LIEBE

Wegweiser zur Transformation.

ISBN 3-906347-42-7
2. Auflage, 340 Seiten, gebunden
DM / Fr. 44,–

Die Erde und mit ihr die Menschen befinden sich in einer tiefgreifenden Transformation, die sich unaufhaltsam beschleunigt. Nie zuvor war die kosmische Einstrahlung auf die Erde so hochaktiv wie in der gegenwärtigen Zeit. Durch sie wird alles intensiviert und verstärkt – das Licht, aber auch die Dunkelheit.

Was bedeuten diese Veränderungen für uns?

Wie reagieren wir im Hinblick auf das Kommende?

Wer mehr als nur menschlichen Rat sucht, findet in diesem Buch Zugang zu neuen Quellen der Erkenntnis und der Wahrnehmung. Lichtwesen aus hohen und höchsten Dimensionen teilen uns mit, wie die künftige Entwicklung der Erde vor sich gehen wird und wie der Mensch sich individuell darauf vorbereiten kann.

RONALD ZÜRRER IM GOVINDA-VERLAG

Esoterische Vorträge und Essays.

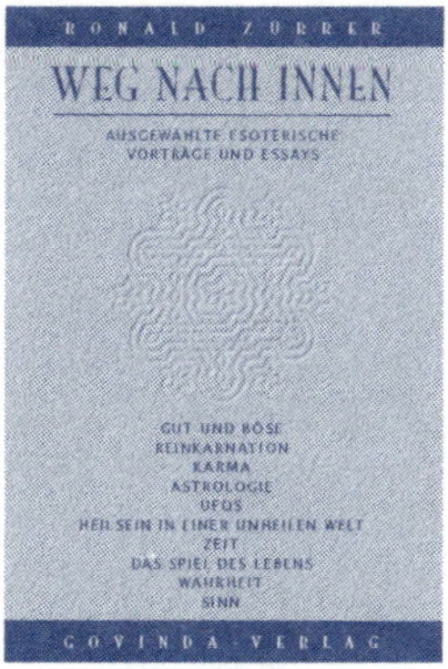

Ronald Zürrer

WEG NACH INNEN

ISBN 3-906347-16-8
440 Seiten, Taschenbuch
DM / Fr. 19,80

Was ist Esoterik (wörtlich: «Weg nach Innen»)? Nur eine kurzlebige Modeerscheinung unserer oberflächlichen Zeit, oder kann und muß es dabei auch um mehr, um Tieferes gehen?

In seinen Vorträgen gibt Ronald Zürrer Antwort auf diese Fragen und vermittelt damit das unbedingt erforderliche Unterscheidungsvermögen, welches vorübergehende Modeerscheinungen und gefährliche Scharlatanerie von echter, gelebter Esoterik zu trennen und abzugrenzen vermag.

Aus dem Inhalt:

Gut und Böse • Reinkarnation und Karma • Prophetie und Wahrsagerei • Astrologie • Ufos • Heilsein in einer unheilen Welt • Hermann Hesses «Siddhartha» • Das Zeit-Phänomen • Das Spiel des Lebens.

Eine Auswahl aus 10 Jahren Govinda-Verlag.

Ronald Zürrer

EINBLICKE

ISBN 3-906347-46-X
322 Seiten, Taschenbuch
DM / Fr. 14,80

Dieses Jubiläumsbuch zum zehnjährigen Bestehen des Govinda-Verlages präsentiert eine Auswahl aus den wichtigsten bisherigen Veröffentlichungen.

Ronald Zürrer stellt in einfühlsamer Weise die einzelnen Autorinnen und Autoren vor und führt anhand von Auszügen aus ihren Werken durch die Geschichte des Govinda-Verlages.

Die Textauswahl umfaßt philosophische und esoterische Essays, belletristische Erzählungen und erfrischende Erlebnisberichte sowie eine Anzahl medial empfangener Botschaften von höherdimensionalen Lichtwesen. Einige bisher unveröffentlichte Gedichte und poetische Reflexionen runden diesen Band harmonisch ab.